Diercke
Spezial

Australien/
Ozeanien

Autoren:
Klaus Claaßen
Sven Burkart
Thilo Girndt
unter Mitwirkung der Verlagsredaktion

Zusatzaufgaben

(Z) Die Aufgaben festigen das vorhandene Wissen und können zusätzlich zu den anderen Aufgaben bearbeitet werden.

Titelbild: Sydney (Australien)

westermann GRUPPE

© 2022 Westermann Bildungsmedien Verlag GmbH, Georg-Westermann-Allee 66, 38104 Braunschweig
www.westermann.de

Druck A[1] / Jahr 2022
Alle Drucke der Serie A sind im Unterricht parallel verwendbar.

Redaktion: Thilo Girndt
Druck und Bindung: Westermann Druck GmbH, Georg-Westermann-Allee 66, 38104 Braunschweig

ISBN 978-3-14-**115749**-9

Inhaltsverzeichnis

Der Großraum Australien/Ozeanien liegt für Europäer genauso weit außerhalb ihres Blickwinkels wie Europa für Bewohner dieser Region. Australien wird von den meisten Europäern eindeutig auf der Südhalbkugel verortet und ist als Kontinent auch klar abgrenzbar. Hingegen liegt Neuseeland („oder war das doch Neukaledonien oder Neufundland") irgendwo neben Australien und die südpazifischen Inseln mit exotischen Namen wie Fidschi, Tonga oder Tuvalu haben ihren Platz im Nirgendwo. In ein paar Nationalflaggen ist die Verbindung zu Europa (Vereinigtes Königreich) noch im Union Jack erkennbar, die Lage einiger Staaten auf der Südhalbkugel wird durch das Kreuz des Südens am Firmament ausgedrückt.

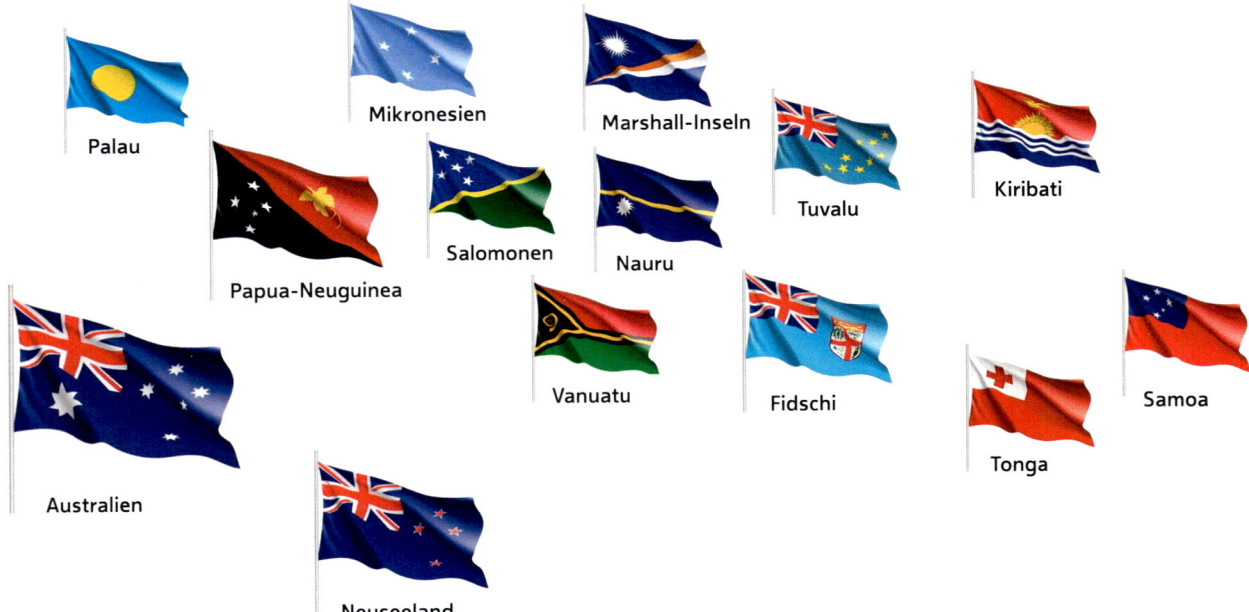

Palau

Mikronesien

Marshall-Inseln

Papua-Neuguinea

Salomonen

Nauru

Tuvalu

Kiribati

Vanuatu

Fidschi

Tonga

Samoa

Australien

Neuseeland

Gliederung des Bandes

- Im ersten Kapitel werden nach einer kurzen Vorstellung der drei Teilräume Australien, Neuseeland und der südpazifischen Inseln die Naturräume näher betrachtet. Wichtige Aspekte dabei sind die Vulnerabilität der Region gegenüber Naturgefahren, dem Klimawandel und Bioinvasoren.
- Das zweite Kapitel thematisiert demografische, bevölkerungs- und stadtgeographische Fragestellungen. Dabei werden die Besiedlung, die Bevölkerungsverteilung und -entwicklung – insbesondere auch der Aborigines-Bevölkerung –, der demografische Wandel sowie die Einwanderungsproblematik behandelt.
- Das dritte Kapitel widmet sich den Themen Landwirtschaft und Wasser. Während in Neuseeland und im großflächig ariden Australien Agrarwirtschaft auf höchstem Produktivitätsniveau für den Weltmarkt betrieben wird, steht mit wenigen Ausnahmen auf den südpazifischen Inseln noch die Subsistenzlandwirtschaft im Mittelpunkt.
- Im vierten Kapitel wird ein Blick auf die verschiedenen Ressourcen des Raumes geworfen, von den großen Eisen- und Kohlevorkommen Australiens bis zum Nickelbergbau auf Neukaledonien. Doch der reiche Segen an Rohstoffen ist vielerorts auch Fluch.
- Im fünften Kapitel wird schließlich der Tourismus als Wirtschaftsfaktor in der Region analysiert, in der die Besucher zwischen spektakulärer Natur und paradiesischen Stränden wählen können. Nicht selten ist der Fremdenverkehr mit ökologischen und sozialen Problemen verbunden.
In der Kopfzeile findet sich auf jeder Doppelseite ein Hinweis, mit welchen der drei Teilräume (Australien, Neuseeland, südpazifische Inseln) sich die Doppelseite beschäftigt. Ozeanien im eigentlichen Sinne umfasst Polynesien (mit Neuseeland), Melanesien (mit Papua-Neuguinea) und Mikronesien. Der Ausdruck südpazifische Inseln (Südpazifik) soll in diesem Buch den Raum Ozeanien ohne Neuseeland beschreiben, auch wenn einige Inseln Polynesiens, Melanesiens und Mikronesien nördlich des Äquators liegen.

Zur Konzeption der Reihe

Das vorliegende Konzept der Reihe Diercke Spezial stellt das selbstständige, problemorientierte Arbeiten und Lernen in den Vordergrund. Erklärende Autorentexte treten in diesem Konzept hingegen weitgehend zurück. Fertige Antworten wird man vergebens suchen. Es wird eine Vielzahl von Materialien wie Grafiken, Karten, Diagramme und Textquellen eingesetzt. So wird nicht nur Fachwissen vermittelt und räumliche Orientierung ermöglicht, sondern auch Methodenkompetenz angebahnt, Kommunikation angeregt und Beurteilungsfähigkeit gefördert. Die doppelseitigen, aufgabengeleiteten Arbeitsseiten beginnen jeweils mit einer kurzen Einleitung in die Thematik und der Problematisierung. Die Erschließung des Themas ist an die Bearbeitung der Aufgaben gebunden, die mithilfe der Materialien dann in der Regel individuell oder kooperativ erfolgt. Webcodes führen zum Internetangebot schueler.diercke.de bzw. zu den Atlasseiten. Die ersten Doppelseiten eines Kapitels haben zudem die Aufgabe, in das Thema einzuführen und wichtige Fragen aufzuwerfen.
Neben normalen thematischen Doppelseiten gibt es Sonderseiten mit Methodentrainings sowie einem Klausurtraining am Ende des Buches. Schließlich wird auf der jeweils letzten Seite das Kapitel inhaltlich zusammengefasst. Hinweise auf weiterführende Literatur und Internetlinks runden das Angebot ab. Neu eingeführte Fachbegriffe werden entweder an Ort und Stelle auf der jeweiligen Arbeitsseite oder im Glossar im Anhang (Hinweis *) erklärt. Mithilfe dieser Konzeption wird angestrebt, dass die Thematik des Bandes selbstständig im Sinne des entdeckenden Lernens erschlossen wird..

1 DIE REGION IM ÜBERBLICK

Straßenschild in der Nullarbor-Ebene (Western Australia)

1.1 Am anderen Ende der Welt

M 1   Die Welt aus Sicht der Australier

Down under – this is our world

Der kleinste „Landkontinent" Australien und der riesige „Wasserkontinent" Ozeanien liegen aus der Sicht ihrer Bewohner „mittendrin" („in the middle oft he world"), aus eurozentrischer Sicht jedoch „down under", am anderen Ende der Welt. Für Bewohner dieser Region sind die Weltgeschehnisse in der Regel weit weg. Und damit das auch so bleibt, schlossen Australien und Neuseeland 2020 und 2021 in der Corona-Pandemie ihre Tore, als „Inselstaaten" ohne Landgrenzen leicht umzusetzen. Nicht einmal die eigenen Landsleute durften aus dem Ausland einreisen. Seit März 2022 werden sie auf Plakaten am Flughafen mit „WE'VE MISSED U!" begrüßt.

M 2   Farmer in New South Wales

Knapp 250 Kilometer voneinander entfernt spiegeln sich extreme Gegensätze in Australien wider. Harte Arbeit im ländlichen Raum des Hinterlandes, meistens totale Einsamkeit, Trockenheit und viele Herausforderungen einer unwirtlichen Naturlandschaft stehen dem prallen Leben in den Küstenstädten mit Urlaubsflair gegenüber. Hier locken Freizeitspaß, Treffen mit Freunden am Strand oder in schicken Bars, lukrative Berufe, eine tolle Infrastruktur und eigentlich alles, was eine moderne Gesellschaft liebt und lebt.

M 4   Surfer in Bondi Beach (Sydney)

M 3   Paul Gauguin: Sonntag (Tahiti)

M 5   Zyklon Pam 2015 in Port Vila (Vanuatu)

Die „glücklichen Bewohner eines unbekannten Paradieses in Ozeanien kennen vom Leben nichts anderes als seine Süße. Für sie heißt Leben Singen und Lieben", schrieb der französische Maler Paul Gauguin (1848 – 1903) Ende 1890 dem dänischen Maler Jens-Ferdinand Willumsen. „Chillen" in der Hängematte, weiße Strände, kristallklares Wasser und Kokosmilch aus einer Nuss schlürfen, mit diesen Bildern eines müßigen Insellebens wird Ozeanien auch heute in Reiseprospekten vermarktet. Auf den vielen kleinen Inseln der Südsee, die gerade einmal ein paar Meter aus dem Südpazifik herausragen, hat solch ein Leben wenig mit dem Alltag der Insulaner zu tun. Sie arbeiten hart in der Landwirtschaft oder den Touristenresorts, sorgen sich um die knapper werdenden Süßwasserreservoire und haben Angst davor, dass der nächste Tropensturm sie um all ihr Hab und Gut bringt.

M 6 Das Outback in Australien: über Hunderttausende Quadratkilometer fast unberührte Natur und Menschenleere

M 7 Bulga-Mine (New South Wales): In einer der größten Minen Australiens werden jährlich 7 Mio. t Steinkohle im Tagebau* abgebaut.

M 8 Der Lake Wānaka ist der viertgrößte See Neuseelands und ein beliebtes Touristenziel auf der Südinsel.

M 9 Auckland auf der Nordinsel ist die größte Stadt Neuseelands und nimmt regelmäßig Spitzenplätze bei der Bewertung der Lebensqualität ein.

„Kia Ora!" (deutsch: Hallo!) ist die traditionelle Begrüßung der Maori*, die heute im Alltag auch von vielen britischstämmigen Neuseeländern benutzt wird. Sie bedeutet im eigentlichen Sinne „Mögest du gesund sein" oder „Möge es dir gut gehen". Regelmäßige gute Wünsche können auch nicht schaden in einem Land, das abhängig von einer stark exportorientierten Landwirtschaft und dem Tourismus ist und an einer tektonisch unruhigen Nahtstelle zweier Lithosphärenplatten* liegt. Dennoch versichern die Neuseeländer jedem, dass ihr Land aufgrund der sicheren Lage fern aller Krisenregionen, der Naturwunder und der guten Work-Life-Balance ein großartiger Ort zum Leben ist.

1. Sie gehen nach dem Abitur zu einem „Work and Travel*"-Aufenthalt nach Australien/Ozeanien. Entscheiden Sie sich für eine Region des Großraumes und begründen Sie Ihre Wahl.
2. Entwerfen Sie mit Ihrem bisherigen Wissensstand zum Raum Australien/Ozeanien ein „Wordle" (Wortwolke, Schlagwortmatrix).

1.2 Australien und Neuseeland – die etwas anderen Industrieländer

Auch aufgrund ihrer britischen Kolonialgeschichte werden Australien und Neuseeland allgemein in die Gruppe der (westlichen) Industrieländer vereinnahmt. Dabei weisen sie unabhängig von ihrer geographischen Lage und der einzigartigen Flora und Fauna einige Besonderheiten auf. Dazu zählen ihre wirtschaftliche Ausrichtung, die jeweils ganz klare Schwerpunkte kennt. Auch der Umgang mit der indigenen Bevölkerung* spielt in beiden Nationen eine besondere Rolle. Aber wie stellen sich die beiden Länder selber dar?

1. a) Fassen Sie die Selbstdarstellungen von Australien und Neuseeland tabellarisch zusammen (M1, M6).
   b) Vergleichen Sie Themen und zentrale Aussagen in beiden Selbstdarstellungen, die die Länder besonders betonen.
   Ⓩ c) Vergleichen Sie den Umgang beider Länder mit der indigenen Bevölkerung (M1 – M3, M6, Internetrecherche).
2. a) Analysieren Sie die Exportstruktur und die Exporthandelspartner von Australien und Neuseeland (M4, M5, M7, M8).
   b) Vergleichen Sie diese mit dem Bild der Wirtschaft, die die Selbstdarstellungen M1 und M6 vermitteln.
3. Überprüfen Sie, inwieweit beide Länder als „Industrieländer" gelten können.
4. a) Beurteilen Sie die Umsetzung der Sustainable Development Goals* in Australien und Neuseeland (M9).
   Ⓩ b) Analysieren Sie vergleichend die SDG 7 und 13 (M9).

M2   Aborigines*-Tanzgruppe in einem Naturschutzgebiet

M3   Rudererinnen in einem Waka Boot in der Lagune von Wellington

Australien ist eines der multikulturellsten Länder der Welt und besitzt die weltweit älteste noch bestehende Kultur. Wir verfügen über hoch qualifizierte Arbeitskräfte und blicken auf eine stolze Geschichte mit Demokratie und stabilen Regierungen zurück.

Australien ist ein Land wie kein anderes. [...] Wir beherbergen zehn Prozent der weltweiten Artenvielfalt, von den tropischen Regenwäldern im Norden über die roten Wüsten im Zentrum und bis zu den Schneegebieten im Südosten. Drei australische Städte – Melbourne, Sydney und Adelaide – wurden [...] in die Top Ten der lebenswertesten Städte der Welt des Jahres 2019 aufgenommen. [...] Die Leidenschaft der Australier für den Sport und das Leben in der freien Natur wird von Spitzenleistungen in Forschung, Design, Innovation und Wissenschaft begleitet.

Australiens indigene Völker* haben seit mehr als 60 000 Jahren in diesem Land gelebt und es verwaltet. Der frühe Umgang mit der indigenen Bevölkerung Australiens war jedoch von Konflikten und Misshandlungen geprägt. Seit den 1960er-Jahren haben sich eine Reihe von australischen Regierungen mit den Aborigines* und Torres Strait Islanders* zusammengetan, um auf eine Versöhnung hinzuarbeiten. [...] Im Jahr 2008 verabschiedete das australische Parlament einen Antrag auf Entschuldigung bei den indigenen Australiern für vergangene Misshandlungen und Ungerechtigkeiten. [...]

Im Jahr 1945 wurde Australien Gründungsmitglied der Vereinten Nationen. Wir nehmen unsere internationale Verantwortung ernst und arbeiten eng mit anderen Ländern zusammen, um Frieden und Sicherheit zu fördern. Seit 1947 haben über 65 000 Australier in mehr als 50 Friedens- und Sicherheitseinsätzen in der ganzen Welt teilgenommen. Über 30 Prozent über australischen Bevölkerung wurden im Ausland geboren, und etwa 45 Prozent der Australier haben mindestens einen Elternteil, der im Ausland geboren wurde. Zu den Aborigines und Torres-Strait-Insulanern gesellen sich heute Menschen aus fast 200 Ländern, sodass Australien die Heimat von über 25 Millionen Menschen mit einem vielfältigen kulturellen, ethnischen, sprachlichen und religiösen Hintergrund ist. [...]

Wir haben eine starke und offene Marktwirtschaft. Die Australier genießen einen der höchsten Lebensstandards der Welt, und obwohl nur 0,3 Prozent der Weltbevölkerung in Australien leben, war das Land 2019 die 14-größte Volkswirtschaft der Welt. [...]

Australien ist stolz darauf, der wirtschaftlichen Teilhabe, der Sicherheit und der Führungsrolle von Frauen Priorität einzuräumen. Die Erwerbsbeteiligung von Frauen erreichte im Januar 2020 [...] ein Rekordhoch von 61,5 Prozent. [...] Im Jahr 2017 stimmten die Australier für die Gleichstellung der Ehe, und 2023 werden wir die World Pride in Sydney ausrichten, um den 45. Jahrestag der ersten Mardi Gras Parade und den 50. Jahrestag der Australian Gay Pride Week zu feiern. [...]

Sechzehn Nobelpreise wurden bisher an Australier vergeben, die Hälfte davon in Physiologie oder Medizin. [...] Australien ist weltweit führend auf dem Gebiet der emissionsarmen Technologien und [...] auf dem besten Weg, weltweit führend in der Produktion und im Export von Wasserstoff zu werden [...]. Australien setzt sich für nachhaltige und erneuerbare Energielösungen ein. Wir [...] investieren in erneuerbare Energien in Rekordhöhe. [...]

Bildung ist Australiens größter Dienstleistungsexport, und 2019 waren wir das weltweit drittbeliebteste Ziel für internationale Studierende. Australien bietet mit mehr als 1100 Institutionen und über 22 000 Kursen eine breite Palette an Studienmöglichkeiten für internationale Studierende. [...] Australien verfügt über einen der anspruchsvollsten Kreativsektoren der Welt und beherbergt weltweit führende Kultureinrichtungen.

Quelle: Australian Government: Department of Foreign Affair and Trade: Australia in Brief: Summary Edition 2021. Canberra 2021 (Übersetzung: Thilo Girndt)

M1   Selbstdarstellung von Australien

Rang	Exportgut	in Mrd. AU-$	Anteil am Export
1	Eisenerz	49,1	15,4 %
2	Kohle	37,0	11,6 %
3	Erdgas	18,8	5,9 %
4	Bildungsdienstleistungen	16,5	5,2 %
5	Gold	15,9	5,0 %
6	Reisen[1]	14,5	4,5 %
7	Rindfleisch	9,3	2,9 %
8	Bauxit	7,5	2,4 %
9	Rohöl	6,0	1,9 %
10	Kupfer	5,8	1,8 %

Quelle: Department of Foreign Affairs and Trade [1]geschäftlich, individuell

M 4　Top-10-Exportgüter Australiens (2020)

Rang	Exportgut	in Mrd. NZ-$	Anteil am Export
1	Milchprodukte	16,2	18,7 %
2	Reisen[1]	116	13,3 %
3	Fleischerzeugnisse	8,3	9,6 %
4	Holz	4,7	5,4 %
5	Bildungsdienstleistungen	4,4	5,1 %
6	Früchte	3,5	4,1 %
7	Lufttransport	2,7	3,1 %
8	Unternehmensdienstl.	2,5	2,8 %
9	Lebensmittel	2,4	2,7 %
10	Wein	1,9	2,2 %

Quelle: Statistics New Zealand [1]geschäftlich, individuell

M 7　Top-10-Exportgüter Neuseelands (2020)

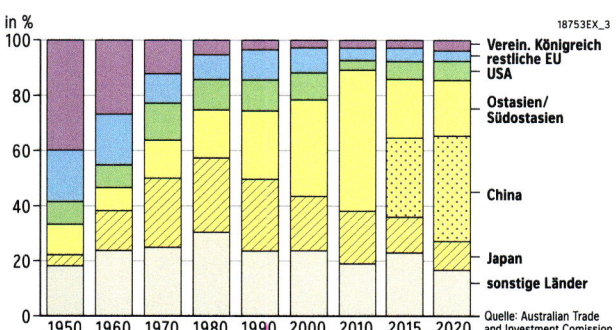

M 5　Zielländer der australischen Exporte (1950 – 2020)

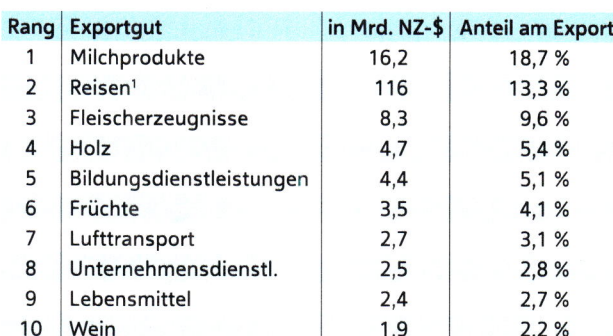

M 8　Zielländer der neuseeländischen Exporte (1990 – 2020)

Neuseeland ist eine Schmelztiegel-Nation mit einer zusammengewürfelten Geschichte aus Maori*, europäischen, pazifischen und asiatischen Wurzeln. Eine Kultur, die historisch gewachsen und einzigartig in der Welt ist. Heute sind ca. 69 Prozent der 4,4 Millionen Neuseeländer (auch Kiwis genannt) von europäischer Abstammung. 14,6 Prozent sind einheimische Maori, 9,2 Prozent Asiaten und 6,9 Prozent pazifische Insulaner (nicht Maori). [...] Bis zum heutigen Tag ist die Maori-Kultur ein Hauptbestandteil der neuseeländischen Identität. Neuseelands europäische Pioniere waren mutig, robust und unabhängig. Bevor sie Farmen und Siedlungen gründen konnten, mussten sie zunächst das Land roden – eine mühsame und manchmal gefährliche Tätigkeit. Der Isolation und den Elementen ausgesetzt, mussten diese frühen Neuseeländer widerstandsfähig und vielseitig sein. Einfallsreichtum und Erfindergeist haben den typischen Kiwi-Charakter wesentlich geprägt. Die gleichen Eigenschaften können heute in den modernen Pionieren beobachtet werden – eine Generation von jungen Geschäftsleuten, Software-Entwicklern, Filmemachern, Modedesignern und Sportlern erzeugen Aufmerksamkeit auf der ganzen Welt.

Bereits bevor Sir Ernest Rutherford im frühen zwanzigsten Jahrhundert das Atom spaltete, machten Neuseeländer wegweisende Entdeckungen und Erfindungen. Viele davon entstanden buchstäblich in einem Hinterhof. Die heutzutage bekanntesten Kiwi-Erfindungen sind wahrscheinlich Tiefkühlfleisch, das Hamilton Jetboot und der Bungeesprung, aber es gibt noch viele andere. Neuseeländer sind auch für das Betäubungsgewehr, seismische Grundisolatoren (Gummi- und Bleiblöcke, die Erdbebenschäden minimieren), elektrische Zäune, das schnellste Motorrad der Welt, Vakuumpumpen für Gefrierschränke, Briefmarkenautomaten, breitgezahnte Scherenkämme und die elektronische Zapfsäule verantwortlich – um nur einige zu nennen! [...] Nicht zuletzt aufgrund der legendären All Blacks, die den letzten Rugby World Cup gewonnen haben [zuletzt 2015], ist Rugby der beliebteste Zuschauersport in Neuseeland. Obwohl die Anfänge des Rugbys eigentlich aus den staatlichen Schulen Englands stammen, ist Rugby in Neuseeland der Volkssport des „Durchschnittskiwis".

Als Mitglieder einer einzigartigen multikulturellen Gesellschaft haben viele Kiwis das urbane Leben, Café-Kultur und eine Wertschätzung für neue kulinarische Kreationen, Mode und Kunst entwickelt. [...] Während die Verlockung eines städtischen Wohnumfeldes für viele groß ist, gibt es eine nicht unerheblich große ländliche Bevölkerung – kein Wunder, die neuseeländische Landwirtschaft ist ein wichtiger Wirtschaftsfaktor.

Quelle: www.newzealand.com/de/feature/new-zealand-people. New Zealand Tourism Board, Auckland

M 6　Selbstdarstellung von Neuseeland

Australien

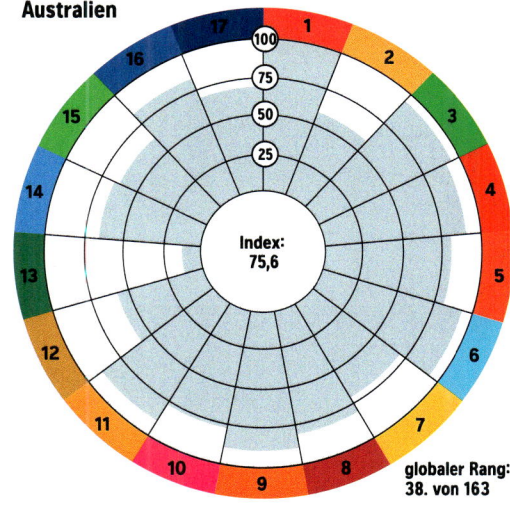

globaler Rang:
38. von 163

Neuseeland

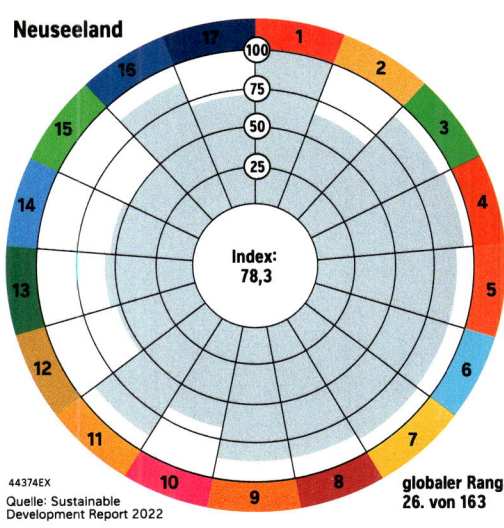

Quelle: Sustainable Development Report 2022

globaler Rang:
26. von 163

M 9　SDG-Index*: Australien und Neuseeland (2021)

1.3 Ozeanien: klein, abgelegen und ohne Entwicklungschancen?

Im Großraum Australien/Ozeanien treffen zwei Welten aufeinander: Während Australien und Neuseeland ökonomisch hoch entwickelt sind, ist die wirtschaftliche Entwicklung vieler südpazifischer Staaten wenig fortgeschritten. Durch ihre Größe und die frühe koloniale Besiedlung und die damit verbundene Übertragung von wirtschaftlichen Wachstumsimpulsen hatten Australien und Neuseeland gegenüber den kleinen, abgelegenen Pazifikinseln einen ökonomischen Vorsprung. Für die unabhängigen südpazifischen Inselstaaten war die lange koloniale Abhängigkeit hingegen nicht von Vorteil. Bis heute bestehen Einschränkungen des politischen Handlungsspielraums und wirtschaftliche Abhängigkeiten von den ehemaligen Kolonialmächten. Viele Inseln sind zudem immer noch mit anderen Staaten assoziiert* beziehungsweise autonome oder abhängige Gebiete anderer Staaten.

1. Beschreiben Sie die Stellung Ozeaniens in der Welt (M2).
2. Erläutern Sie den demografischen und sozialen Entwicklungsstand der südpazifischen Inselstaaten (M1, M2, Atlas).
3. Analysieren Sie die wirtschaftlichen Entwicklungsbedingungen der südpazifischen Inselstaaten (M1, M3, M7, Atlas).
4. Charakterisieren Sie die Bedeutung der AWZ* für die südpazifischen Inselstaaten (M1, M3, M5, M6).
5. Vergleichen Sie den Erfüllungsgrad der SDG* von Fidschi, Vanuatu, Australien und Neuseeland (M8, Kap. 1.2: M8).

Die Territorien der Inselwelt haben alle einige negative Standortfaktoren gemein: Die räumliche Beschränktheit stellt eine klare Herausforderung an ein nachhaltiges und zukunftsorientiertes Wirtschaften und die Allokation des Landes dar. Zudem hemmt sie die wirtschaftliche Entwicklung, da die räumlichen Kapazitäten extrem begrenzt sind. Auch in Zeiten der Globalisierung spielt die Nähe zu Handelsströmen eine Rolle. Die Inseln Ozeaniens haben mit ihrer Abgelegenheit zu kämpfen. Durch die enorme Anzahl verschiedener kleiner autonomer wirtschaftlicher Territorien mit unterschiedlichen Kulturen, die alle in einer gewissen Isolation leben, wird die wirtschaftliche Interaktion erschwert. Durch die flächenmäßige Beschränktheit können sich keine größeren Industriezweige ansiedeln. Die durch den Kolonialismus angeregte Exportausrichtung der Landwirtschaft sorgt für zusätzliche Instabilität der Volkswirtschaften. Die meisten landwirtschaftlichen Produkte sind auch in anderen Ländern günstiger produzierbar und allgemein verbreitet. [...] Der Fischfang ist für alle Staaten ein wichtiger Bestandteil des Insellebens und der Selbstversorgung. Jedoch beschränkt sich die indigene Bevölkerung* auf die Befischung im Lagunen- und Riffbereich. Länder wie Japan, Taiwan, Südkorea, die USA, die Philippinen, Indonesien und Malaysia spezialisieren sich mit großen Fischereiflotten auf die Hochseefischerei und beuten die Fischgründe um Ozeanien rücksichtslos aus. Ökonomische Chancen bietet das allgemeine Hochseerecht, das jedem Küstenstaat eine 200-Meilen-Zone zuspricht, über die es frei verfügen darf. Durch die fragmentierte Inselwelt erlangen die pazifischen Staaten Kontrolle über enorm große Meeresgebiete. [...] Für einige Regionen bietet der Bergbau interessante Möglichkeiten [Papua-Neuguinea: Kupfer; Neuseeland: Lignit, Eisensande, Erdölvorkommen; Neukaledonien: Nickel]. [...] Die industrielle Situation zeichnet sich durch begrenzte Produktionskapazitäten, geringe Vielfalt an Produkten und eine wenig spezialisierte Produktionspalette aus.
Quelle: Wolfgang Gieler: Einführung – Ozeanien in der internationalen Politik. In Die Außenpolitik der Staaten Ozeaniens. Paderborn:Schöningh 2010, S. 15 – 16

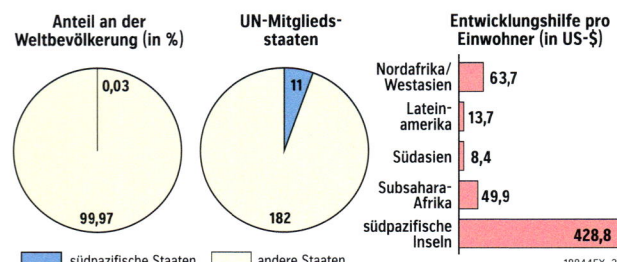

M2 Die Bedeutung der südpazifischen Inselstaaten (2020)

M3 Quellentext zu den südpazifischen Inselstaaten

	Region	souverän seit	Landfläche (in km²)	Seefläche (AWZ*, in km²)	Bevölkerung (in Mio.) 2021	Bevölkerung (in Mio.) 2035	Geburten pro 1000 Ew.	Todesfälle pro 1000 Ew.	Fertilitätsrate* 1990	Fertilitätsrate* 2020	Bevölkerung nach Alter (in %) < 15 J.	Bevölkerung nach Alter (in %) >64 J.	BIP*/Ew. (in US-$, 2021)
Fidschi	Mel	1970	18 270	6 048 681	0,9	0,9	18	8	3,4	2,9	29	6	5086
Kiribati	Mik	1979	717	3 550 000	0,1	0,1	26	8	4,7	3,3	36	4	1515
Marshall-Inseln	Mik	1986[1]	181	2 131 000	0,06	0,05	24	4	k.A.	2,7	37	3	4271
Föderative Staaten von Mikronesien	Mik	1986[1]	702	2 978 000	0,1	0,1	23	5	5,0	3,0	31	4	3477
Nauru	Mik	1968	21	320 000	0,01	0,01	32	8	k.A.	3,9	38	2	12 252
Palau	Mik	1994[1]	458	629 000	0,02	0,02	13	9	k.A.	2,2	20	10	14 274
Papua-Neuguinea	Mel	1975	462 840	3 120 000	9,1	11,8	28	10	4,8	4,0	36	3	2919
Salomonen	Mel	1978	28 450	1 340 000	0,7	1,0	30	5	5,9	4,1	39	4	2337
Samoa	Pol	1962	2 860	120 000	0,2	0,2	26	5	5,1	4,1	39	5	3939
Tonga	Pol	1970	748	700 000	0,1	0,1	22	6	4,6	3,2	35	6	4624
Tuvalu	Pol	1978	26	900 000	0,01	0,01	26	9	k.A.	3,3	32	7	5292
Vanuatu	Mel	1980	12 200	680 000	0,3	0,4	27	4	4,9	4,0	38	4	3127
Australien		1901	7 692 030	6 048 681[2]	25,8	31,3	11	6	1,9	1,6	19	16	59 934
Neuseeland	Pol	1907	270 534	4 083 744[2]	5,1	5,8	11	6	2,1	1,9	19	16	48 802
Deutschland		1949	357 022	56 763	83,1	83,9	12	11	1,3	1,5	14	22	50 802
Welt					7837	8848	18	8	3,2	2,3	26	10	12 263

Mel = Melanesien Mik = Mikronesien Pol = Polynesien [1] unabhängiger Staat in freier Assoziierung* mit den USA [2] ohne abhängige Gebiete Quelle: DSW Datenreport 2021, Worldbank

M1 Kenndaten der unabhängigen Länder Ozeaniens (2021)

M4   Kreuzfahrtschiff vor Moorea (Franz.-Polynesien) und Hafen von Suva (Fidschi)

M5   Landfläche und Ausschließliche Wirtschaftszonen (AWZ*) in Australien und Ozeanien

Der Südpazifik ist für die Deutschen nicht nur geographisch weit weg. Ob Politik, Wirtschaft oder Wissenschaft: Hinter Australien und Neuseeland und – aus der anderen Richtung – hinter Honolulu und Valparaiso ist die Welt zu Ende. Der wirtschaftliche Austausch Deutschlands mit der Region ist weitgehend unbedeutend. Die Gründe sind nachvollziehbar: sehr kleine Volkswirtschaften, sehr abgelegen von der globalen Märkten, mit wenigen Ausnahmen kaum Rohstoffe (Metalle), geringe Produktpaletten, wenig verbreitete Export- und Händlertradition, teilweise Restriktionen beim Landerwerb (zum Beispiel in Samoa und auf den Salomonen) und wenig entwickelte Häfen. Die Container-Linien der Hamburg-Süd enden heute in Auckland. Hinzu kommen teilweise Probleme mit langsamer Bürokratie und unterentwickelter Rechtsstaatlichkeit. Andererseits bemühen sich einige Länder ernsthaft darum, Investitionen zu erleichtern.

Quelle: Reinhart Stuth: Südpazifik: Aus den Augen, aus dem Sinn. insight asia-pacific 3/2018

M7   Quellentext zum Südpazifikraum

Fidschi

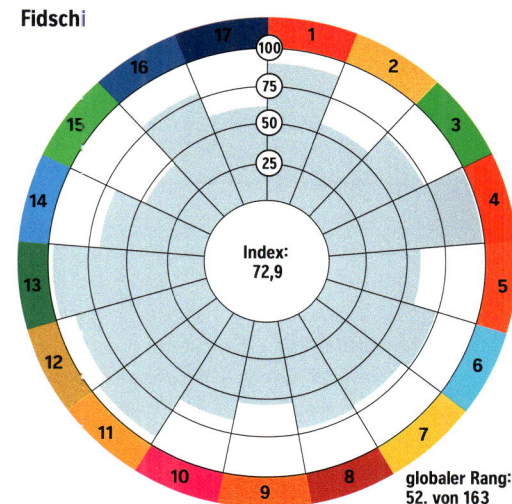

M8   SDG-Index*: Fidschi (2022) und Vanuatu (2021)

assoziert mit/ abhängig von	Gebiet	Region	Status	Landfläche (in km²)	Seefläche (AWZ*, in km²)	Bevölkerung[4]
Australien	Macquarie-Inseln	Pol.	abh.[1]	128	471837	20
	Norfolkinsel	Pol.	abh.[1]	35	430600	1748
Neuseeland	Niue	Pol.	auton.[3]	261	318140	1620
	Cook-Inseln	Pol.	auton.[3]	237	1969573	17459
	Tokelau	Pol.	abh.[1]	10	320548	1499
USA	Guam	Mik.	abh.[2]	545	208234	162742
	Nördliche Marianen	Mik.	auton.[3]	477	763626	47329
	Amerikanisch-Samoa	Pol.	abh.[1]	199	405830	46366
	Jarvisinsel	Pol.	abh.[1]	5	316665	0
	Howland-, Bakerinsel	Pol.	abh.[1]	5	434521	0
Frankreich	Neukaledonien	Mel.	abh.[2]	18576	1175972	271407
	Franz.-Polynesien	Pol.	abh.[2]	4167	4766691	299356
	Wallis und Futuna	Pol.	abh.[1]	142	262750	11558
UK	Pitcairn	Pol.	abh.[1]	47	842291	47
Chile	Osterinsel	Pol.	abh.[1]	164	720412	7750

[1] abhängig [2] abhängig mit Autonomiestatus [3] autonom in freier Assozierung* [4] Angaben von 2016 – 2021

M6   Autonome und abhängige Gebiete im Südpazifik

1.4 Neue Regeln im indopazifischen Raum

Auch wenn Australien und Neuseeland als souveräne Staaten als Mitglieder des Commonwealth* bis heute noch in vielen Belangen „very british" ausgerichtet sind und Frankreich durch seine Überseegebiete in der Region präsent ist, spielen europäische Mächte nur noch eine untergeordnete Rolle. Es bestimmen inzwischen andere geostrategische Akteure maßgeblich den „indopazifischen Raum". Zu den USA gesellte sich im Verlauf des 20. Jahrhunderts die Volksrepublik China, die durch ihre Wirtschaftshilfe für die kleinen Inselstaaten im Südpazifik momentan versucht, ihre machtpolitische und ökonomische Einflusssphäre auszubauen. In dieser Gemengelage der Großmächte versucht sich Australien als Regionalmacht zu behaupten.

1. Charakterisieren Sie die Beziehungen zwischen Australien und
   a) dem Vereinigten Königreich und Europa,
   b) den USA,
   c) China,
   d) den südpazifischen Inseln und
   e) den übrigen Staaten Asiens (M1 – M9).
2. Analysieren Sie den weltweiten Schiffsgüterverkehr unter dem Fokus des indopazifischen Raumes (M1, M4, Atlas).
Ⓩ 3. Der geostrategische Fokus der USA hat sich vom Atlantik in den Indopazifik verlagert. Erläutern Sie diese Aussage (M1).
4. a) Vergleichen Sie das Engagement von Australien und China im südpazifischen Raum (M5 – M8).
   b) Beurteilen Sie die Chancen und Risiken der südpazifischen Inselstaaten aus diesem Engagement.
5. Die geopolitischen Machtrivalitäten machen den indopazifischen Raum zu einem Pulverfass. Nehmen Sie Stellung.

M2   *links:* Besuch von der britischen Queen Elizabeth II. in Fidschi 1977, zusammen mit Premierminister Kamisese Mara (1970 – 1992); rechts: Treffen von Fidschis Premierminister Frank Bainimarama (seit 2007, nach Militärputsch) mit dem chinesischen Präsidenten Xi Jinping während des Belt and Road Forums 2017 in Peking

Der „Indopazifik" bzw. die „indopazifische Region" erfreut sich seit über zehn Jahren als geographisches wie strategisches Konstrukt wachsender Popularität im außen- und sicherheitspolitischen Diskurs in Japan, den USA, Australien, Indien, Frankreich und einigen südostasiatischen Staaten. „Indopazifik" gilt vielen als neuer geographischer wie strategischer Bezugsrahmen, der das bisher dominierende Konstrukt „Asien-Pazifik" zumindest in Teilen verdrängt hat. [...] Obwohl jedes Land ein eigenes Verständnis des Konzeptes hat, sowohl was die geographische Ausdehnung des indopazifischen Raumes betrifft als auch seine strategische Ausrichtung und seine wesentlichen Attribute, gibt es einen gemeinsamen Nenner: Die beiden Ozeane, Indischer Ozean und Pazifik, sind als ein zusammenhängender Raum zu betrachten. Diese Annahme stützt sich darauf, dass der überwiegende Anteil der weltweiten Warenströme, aber auch Energielieferungen, über die Seewege dieser beiden Meere transportiert wird. Darüber hinaus ist der Indopazifik zurzeit der Schauplatz der zunehmenden Rivalität zwischen den USA und China in Asien. Demgemäß hat er geopolitisch und geoökonomisch in den letzten beiden Jahrzehnten an Bedeutung gewonnen. Mehr noch, viele Akteure Asiens verstehen ihn nicht nur als „rein" geographisches Konstrukt, sondern als ordnungspolitischen Gegenentwurf zur chinesischen „Belt and Road"-Initiative* (BRI). [...] Nicht alle Staaten inner- und außerhalb der Region haben sich dem Konzept des Indopazifik als neuem regionalem Bezugsrahmen verschrieben: allen voran China nicht, das den Indopazifik primär als eine gegen sich selbst gerichtete Strategie der USA interpretiert.
Quelle: Felix Heiduk, Gudrun Wacker: Vom Asien-Pazifik zum Indo-Pazifik. SWP-Studie 2020/S 09, 25.5.2020

Die 25-Millionen-Einwohner-Nation Australien, relativ isoliert und inmitten von „Freunden und Fischen" gelegen, hat sich in den vergangenen Jahren als globale Mittelmacht positioniert. Die nationalen strategischen Interessen fokussierten sich verteidigungspolitisch bislang auf den Kontinent selbst; die weitergehenden ökonomischen und außenpolitischen Aktivitäten waren global ausgerichtet. Hier hat sich nun eine Präzisierung und eine Verschiebung des Selbstbildes zur „kreativen Regionalmacht" ergeben: Während sich der sicherheits- und verteidigungspolitische Blick insbesondere auf den Südpazifik und Südostasien erweitert, nimmt die australische Außenpolitik den Indopazifik ins Visier. [...]
Zu den Ursachen für die Neuausrichtung der australischen Politik zählt ohne Zweifel die zunehmende Systemrivalität im Indopazifik. [...] Als traditionelle Bündnispartner halten die USA und Australien ihre Allianz stets hoch. [...] Hingegen befinden sich die Beziehungen zwischen Australien und China als wichtigstem Wirtschaftspartner spätestens seit Beginn des Jahres 2020 mehr oder weniger im freien Fall. [...] Südostasien ist für Australien eine Schlüsselregion für den geostrategischen Wettbewerb – die Region verbindet den Pazifik mit dem Indischen Ozean und beherbergt die wichtigsten Handelsrouten. [...] „Australien und seine pazifischen Nachbarn haben eine lange Geschichte der Zusammenarbeit. Wir wollen mit unseren pazifischen Partnern weiter zusammenarbeiten, um eine pazifische Region aufzubauen, die strategisch sicher, wirtschaftlich stabil und politisch souverän ist", so der Premierminister [Scott Morrison (2018 – 2022)], der vor dem Hintergrund wachsender Einflussnahme Chinas in der Region ein neues Kapitel in den Beziehungen mit der Pacific Family aufschlagen will. [...] Die pazifischen Inselstaaten sind sozusagen der Hinterhof Australiens und insbesondere der Südwestpazifik ist Australiens natürliche Einflusssphäre. Australien ist das mächtigste Mitglied im Pacific Islands Forum* (PIF) und der größte Geber von Entwicklungshilfe für die Pazifikstaaten.
Im Zeitalter sich verschärfender Großmachtrivalitäten [...] möchte Australien bei der Entwicklung einer regionalen Sicherheitsarchitektur nicht nur mitwirken, sondern ein ernst zu nehmender „Player" sein – und nicht nur „Hilfssheriff" im Spannungsfeld zwischen den USA und China spielen.
Quelle: Beatrice Gorawantschy, Barbara Völkl: „A new and less benign strategic area". KAS-Auslandsinformationen 9.4.2021

M1   Quellentext zur neuen Raumkategorie „Indopazifik"

M3   Quellentext zur geopolitischen Orientierung Australiens

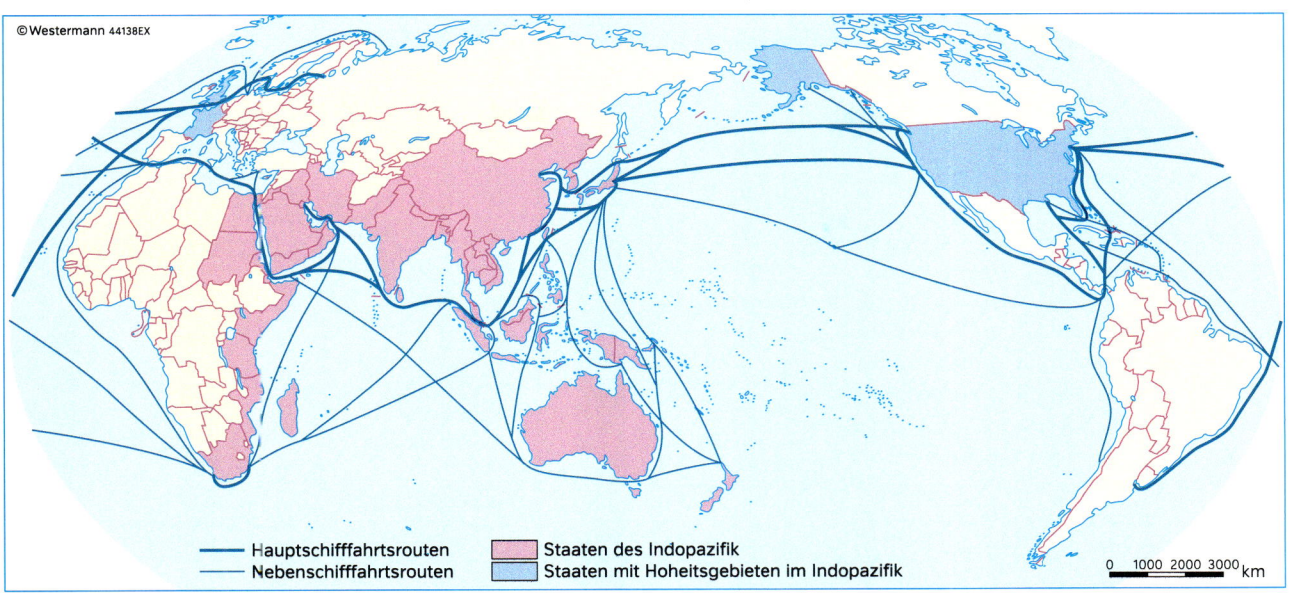

© Westermann 44138EX

— Hauptschifffahrtsrouten   ▨ Staaten des Indopazifik
— Nebenschifffahrtsrouten   ▨ Staaten mit Hoheitsgebieten im Indopazifik

0 1000 2000 3000 km

M 4   Der Indopazifik als geostrategischer Schwerpunkt und Zentrum der Weltwirtschaft

Die meisten australischen Politiker glaubten, der Pazifikraum sei strategisch betrachtet tiefste Provinz und haben ihn weitgehend vernachlässigt. Mit Beginn der 2000er-Jahre änderte sich das, als die Chinesen immer mehr politischen Einfluss in der Region gewannen. [...] Während australische Premierminister dem alljährlichen Forum der pazifischen Inseln immer öfter fernblieben und Entwicklungshilfe empfindlich kürzten, versprachen die Chinesen in der ganzen Region unbürokratisch millionenschwere Kredite. Hauptsächlich für Infrastruktur: Straßen und Brücken, Verwaltungs- und Regierungsgebäude, Häfen, Anlegestellen und Landebahnen. [...] Geld [spielt] für China keine Rolle. [...] Und Fragen über Korruption oder mögliches Missmanagement in den Empfängerländern [werden] erst gar nicht gestellt. [...] Ob die Großprojekte genutzt werden oder nicht, scheint den Chinesen dabei gleichgültig zu sein. Offensichtlich sind sie nur Mittel zum Zweck, denn für die finanziell schwachen Südseestaaten bedeuten sie den sicheren Weg in die Schuldenfalle. [...] Pekings Scheckbuchpolitik scheint nur ein Ziel zu verfolgen: mehr Einfluss in der Region zu bekommen. Auch diplomatisch. [...] Kommt es bei den Vereinten Nationen zu kritischen Abstimmungen, dann zählen die Chinesen auf die Stimmen der Inselstaaten, die sie mit Geldern unterstützen. Auch Australien hegt ähnliche Erwartungen, China aber geht es um mehr: um Fischereirechte und Lizenzen für Bodenschätze, um den Zugang zu Häfen, Anlegestellen und regionalen Flughäfen – oft auch um Landbesitz und Baugrund für chinesische Investoren. [Langfristig will China im Südpazifik] eine strategische Militärpräsenz. [...] Bei vielen pazifischen Inselstaaten setzt sich allmählich mehr Vorsicht und Pragmatismus im Umgang mit Peking durch. [...] Das 10 000-Einwohner-Eiland Tuvalu will Gelder aus China nur noch akzeptieren, wenn sie für Klimaschutzprojekte und Maßnahmen gegen steigende Meeresspiegel verwendet werden. Und die neue Regierung Samoas hat den geplanten Bau eines von China finanzierten, riesigen Docks für Transport- und Kreuzfahrtschiffe im Hafen der Hauptstadt als „unnötig" und „völlig überdimensioniert" auf Eis gelegt.
Quelle: Andreas Stummer: Australien und Chinas Machtanspruch. DLF 20.5.2022

M 5   Quellentext zum Engagement Chinas im Südpazifik

Handelspartner	2010		2020	
	Import	Export	Import	Export
Australien	3,2	2,9	7,6	9,1
China	1,1	,3	15,9	11,2
Japan	1,6	2,7	4,9	3,7
USA	0,5	0,7	4,9	3,8
übrige Länder	5,2	16,8	22,7	36,1

Quelle: UNCTAD

M 6   Güterhandel mit den südpazifischen Staaten (in Mrd. US-$)

	Ausgaben (Mrd. US-$)	aktive Soldaten		Ausgaben (Mrd. US-$)	aktive Soldaten
USA[1]	801,0	1 388 100	Südkorea	50,2	599 000
China	293,0	2 185 000	Australien	31,8	58 600
Indien	76,6	1 455 550	Indonesien	7,6	395 500
Japan	54,1	247 150	Neuseeland	4,3	9 000

[1] US Indo-Pacific Command: 375 000 Soldaten
Quelle: SIPRI, IISS

M 9   Militärbudget und Streitkräfte im Indopazifk (2021, Auswahl)

	2012	2016	2020	
Fidschi	193	295	209	(4,7 %)
Vanuatu	41	128	163	(19,1 %)
Tonga	122	105	108	(21,9 %)
Samoa	126	158	154	(20,0 %)
Papua Neuguinea	111	410	944	(4,0 %)

in Klammern: in % des BIP*   Quelle: World Bank

M 7   Verschuldung der Südpazifikstaaten mit China (in Mio. US-$)

Top-3-Empfängerländer 2009		Top-3-Spenderländer 2009		Top-3-Kreditgeber 2009	
Papua-Neuguinea	744 Mio. US-$	Australien	947 Mio. US-$	ADB[1]	112 Mio. US-$
Salomonen	267 Mio. US-$	USA	203 Mio. US-$	China	43 Mio. US-$
F. S. v. Mikronesien	136 Mio. US-$	Japan	191 Mio. US-$		
Top-3-Empfängerländer 2019		**Top-3-Spenderländer 2019**		**Top-3-Kreditgeber 2019**	
Papua-Neuguinea	1490 Mio. US-$	Australien	865 Mio. US-$	China	926 Mio. US-$
Salomonen	435 Mio. US-$	Neuseeland	361 Mio. US-$	Indien	153. Mio. US-$
F. S. v. Mikronesien	228 Mio. US-$	USA	273 Mio. US-$	ADB[1]	51 Mio. US-$

[1] Asian Development Bank Quelle: Lowy Institut

M 8   Entwicklungshilfe und Kredite für den Südpazifik (2009, 2019)

1.5 Naturräumliche Gliederung Australiens und Ozeaniens

Australien ist der am niedrigsten gelegene, flachste Kontinent – abgesehen von der Antarktis. Nur ein Prozent der Landmasse weist Höhen von mehr als 1000 Metern auf. Er ist neben der Antarktis auch der trockenste Kontinent. Seine Wüsten sind die größten der südlichen Hemisphäre.

Neuseeland wird landschaftlich als „ein Traum von Welt" bezeichnet. Nirgendwo auf der Erde findet man die Schweiz, Norwegen, Irland und die Karibik so eng beieinander auf einer Fläche, die ein Viertel kleiner ist als Deutschland. Hochgebirge wechseln mit Fjorden, Vulkanen, Geysiren, immergrünen Wäldern, sattgrünen Hügeln und Südseesandbänken.

Die sich auf 1,3 Mio. km² Wasserfläche verteilenden südpazifischen Inseln sind – bis auf Neuguinea – vorwiegend Koralleninseln, die zum Teil auf oder an Vulkanen im durchschnittlich 4000 Meter tiefen Pazifik entstanden sind, der Tiefseegräben, Inselbögen und Seebecken enthält.

1. Beschreiben Sie die Verteilung der Wüsten in Australien (M1, M4, Atlas).
2. Fertigen Sie ein Querschnittsprofil Australiens von Carnarvon bis Brisbane an (Atlas).
3. Fassen Sie die wesentlichen Merkmale der naturräumlichen Gliederung Australiens zusammen (M1 – M4, M6, Atlas).
4. Analysieren Sie die Naturräume Neuseelands (M7, M9, Atlas).
5. Charakterisieren Sie den Naturraum Papua-Neuguineas anhand eines angefertigten Querschnittsprofils bei 143° ö.L. (M9, Atlas).
Ⓩ 6. Beschreiben Sie in einer Kurzcharakteristik eine Inselgruppe Ozeaniens (Atlas, Internet).

M3   Australien: Simpsonwüste (Witjira-Nationalpark)

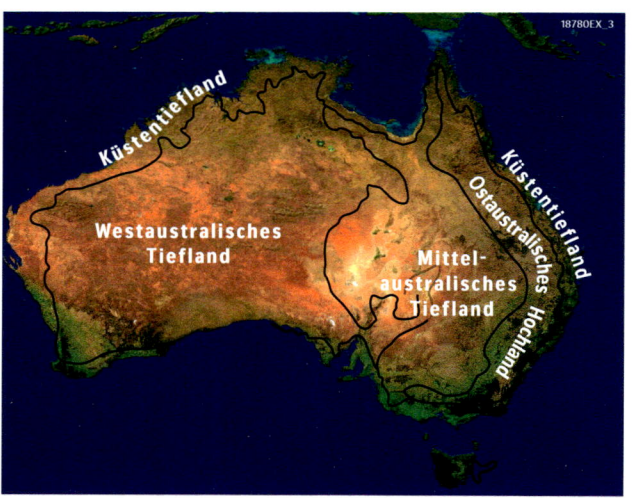

M1   Naturräumliche Gliederung Australiens

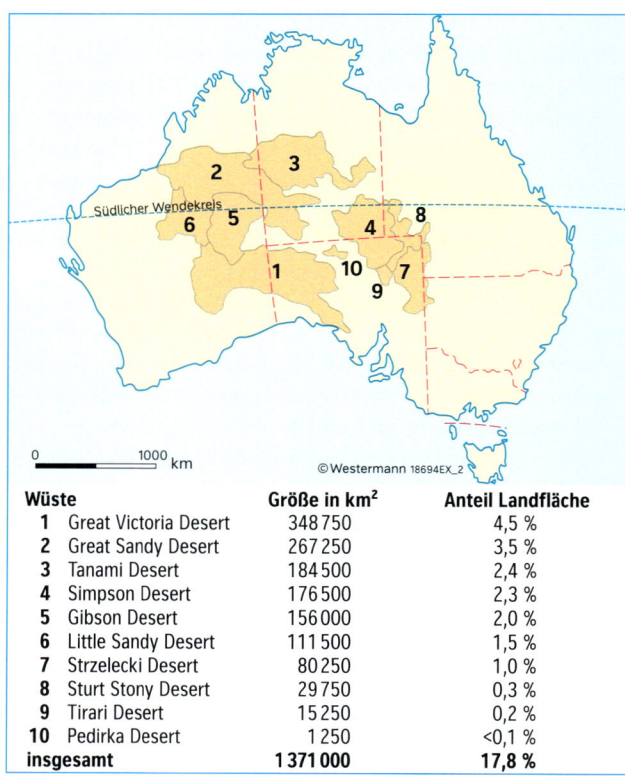

Wüste		Größe in km²	Anteil Landfläche
1	Great Victoria Desert	348 750	4,5 %
2	Great Sandy Desert	267 250	3,5 %
3	Tanami Desert	184 500	2,4 %
4	Simpson Desert	176 500	2,3 %
5	Gibson Desert	156 000	2,0 %
6	Little Sandy Desert	111 500	1,5 %
7	Strzelecki Desert	80 250	1,0 %
8	Sturt Stony Desert	29 750	0,3 %
9	Tirari Desert	15 250	0,2 %
10	Pedirka Desert	1 250	<0,1 %
insgesamt		**1 371 000**	**17,8 %**

M4   Australiens Wüsten

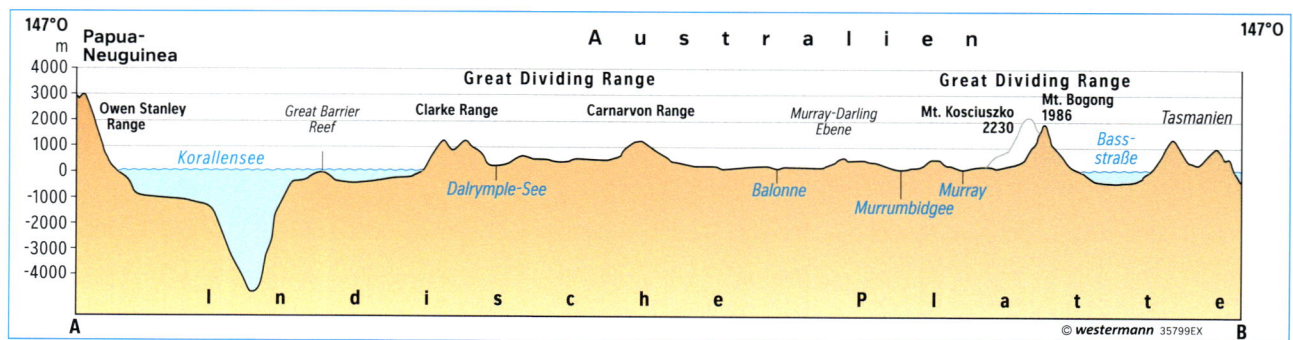

M2   Querschnitt durch Australien von Nord nach Süd entlang des 147. Längengrades Ost

   100800-198-01
schueler.diercke.de   100800-200-04
schueler.diercke.de

M 5   Neuseeland: Southern Alps und Lake Ohau

M 8   Vulkan Lopevi (Vanuatu, Melanesien)

Das Australische Hochland: Geologische Faltungsvorgänge haben an der Ostküste des Kontinents einen Hochlandgürtel entstehen lassen, der sich von Tasmanien im Süden bis nach Cape York im Norden erstreckt und an verschiedenen Stellen Höhen über 1000 m erreicht. [...] Der Nordostküste Australiens ist das Great Barrier Reef vorgelagert. Mit 20000 km² ist es das größte zusammenhängende Korallengebiet der Erde.

Das Mittelaustralische Tiefland: Das Tiefland im mittleren Bereich Australiens reicht vom Carpentaria-Golf im Norden bis zur Mündung des Murray River im Süden. [...] Die tiefste Absenkung hat das Tiefland im Bereich des Lake Eyre [-15 m NN] erfahren. Hier enden zahlreiche Flüsse, die der Westabdachung der Great Dividing Ranges entspringen. [...] Die Umrahmung der mittelaustralischen Senken erfolgt im Osten durch die Great Dividing Range, aber auch im Westen steigt das Gelände allmählich an und geht dann in das westaustralische Tafelland über. Diese Muldenform schafft die Voraussetzung für artesische Wasservorkommen*. Das große artesische Becken stellt das größte unterirdische Wasserreservoir der Erde dar.

Das Westaustralische Tafelland: Dieses Tafelland mit einer durchschnittlichen Höhe von 250 bis 800 m hat seine höchsten Erhebungen an der Westküste mit den Darling Ranges, dem westlichen Rand des Darling Plateaus, den Hamersley Ranges und dem Bergland der Kimberleys im Norden. [...] Landschaftsbestimmend sind [ebenfalls] die Höhenzüge der MacDonnell Ranges und der Musgrave Ranges.
Quelle: Heinrich Lamping: Australien. Gotha: Klett-Perthes, S. 17 – 19

M 6   Quellentext zu den Naturräumen Australiens

[Neuseeland] ist eine Inselgruppe, bestehend aus zwei Hauptinseln und über 700 kleinen Inseln, die sich überwiegend in einem Küstenabstand von 50 km befinden und aus der Pazifischen Platte über die Wasseroberfläche hinausragen. Die Nordinsel ist geprägt durch sanftes Hügelland. Es ist aber auch der tektonisch unruhigste Raum mit seinen hoch aufragenden Vulkanen. Die Südinsel wird durch die Southern Alps, die über 3000 m hoch sind, der Länge nach geteilt. Westlich des Hochgebirges liegen die neuseeländischen Regenwälder, in Richtung Osten befinden sich die großen ackerbaulichen Flächen der Canterbury Ebene. Insgesamt wechseln sich grüne Hügelländer, dichter Urwald, vergletscherte Hochgebirge, weite Flusstäler und Südseestrände auf circa 1600 km Luftlinie ab.
Quelle: Klaus Claaßen: Diercke Spezial, Australien/Ozeanien. Braunschweig: Westermann 2012, S. 19

Sieht man von den vulkanischen Inseln ab, so überragt die Masse der pazifischen Inseln und Atolle* nur wenige Meter den Meeresspiegel. Auf vulkanischen Sockeln haben Korallen einen aus dem Meer herausragenden Aufbau geschaffen. [...] Die [...] Insel Neuguinea breitet sich einer Mauer gleich nördlich von Australien in westöstlicher Richtung aus und ist an der schmalsten Stelle, der Torres Strait, vom Kontinent etwa 250 km entfernt. [...]. Die anderen großen Inseln Melanesiens [...] sind [auch] gebirgig und befinden sich in einer vulkanischen Zone.
Quelle: Johannes H. Voigt: Geschichte Australiens und Ozeaniens. Wien, Köln, Weimar: Böhlau 2011, S. 30 – 31

M 9   Quellentexte zu den Naturräumen Ozeaniens

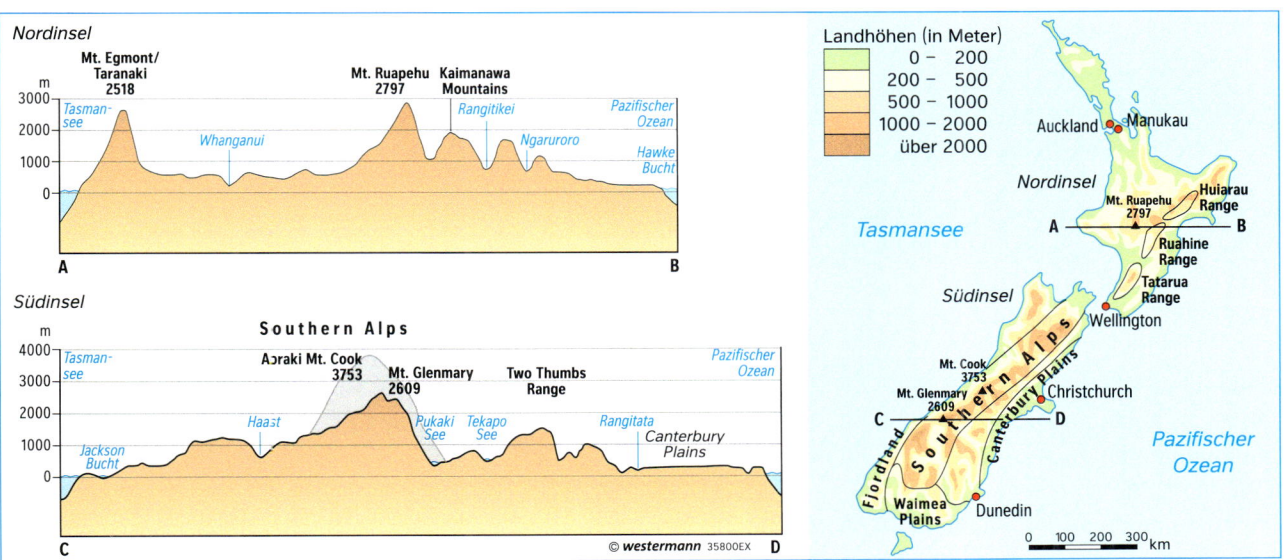

M 7   Naturräumliche Gliederung Neuseelands

1.6 Tektonisch ruhig bis höchst aktiv

Australien liegt als ein sehr alter Kontinent im südlichen Teil der Indisch-Australischen Platte und ist weit entfernt von den tektonischen* Aktivitäten an den Plattengrenzen. Seit der Abspaltung vom Urkontinent Pangäa* und der Loslösung von der südlichen Teilplatte Gondwana* hat sich geologisch nicht viel verändert. Das ehemalige Relief* wurde bis in unsere Zeit durch Hitze, Wind und Wasser abgetragen und eingeebnet. Ozeanien hingegen wird bis heute von starken tektonischen Aktivitäten entlang der Subduktionszonen* geprägt.

1. Fertigen Sie eine Kartenskizze zum „Ring of Fire" an (Atlas).
2. Erläutern Sie die tektonischen Vorgänge im Bereich der Plattenkollision in Neuseeland (M1, M2 ,M5, M6).
3. Vergleichen Sie die Gefährdung Neuseelands und Australiens durch geophysikalische Ereignisse* (M1 – M7).
Ⓩ 4. Erklären Sie mithilfe des Profils durch Papua-Neuguinea (Kap. 1.4, Aufg. 5) die Entstehung der Oberflächenformen Neuguineas (M6, Atlas).
5. Erklären Sie
   a) die Stadien der Riffbildung der ozeanischen Inseln (M8),
   b) die Vorgänge um die Insel Hunga Tonga-Hunga Ha'apai (M9, M10).

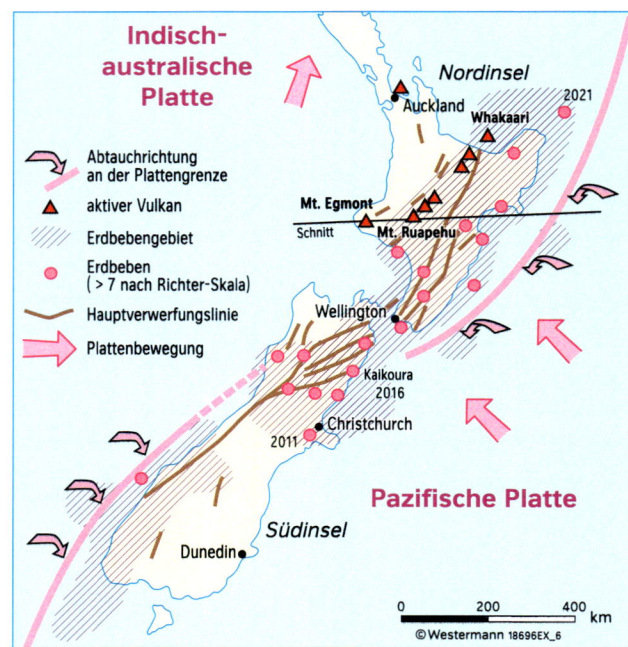

M1   Plattenkollision in Neuseeland

Jahr	Stärke (Moment-Magnitude, M_w*)					insge-samt
	4,0 – 4,9	5,0 – 5,9	6,0 – 6,9	7,0 – 7,9	>8,0	
2015	449	46	1	0	0	496
2016	880	106	9	2	0	997
2017	385	31	1	0	0	417
2018	278	30	3	0	0	311
2019	424	69	1	0	0	494
2020	566	98	1	1	0	666
2021	656	77	3	3	0	737
seit 1960	22396	1872	105	19	0	24392

Quelle: Geonet New Zealand www.geonet.org.nz

M2   Mittlere und schwere Erdbeben in Neuseeland (1960 – 2021)

M3   Zerstörtes Gebäude in Christchurch nach dem Erdbeben 2011

[Am 22.2.2011] hat ein Beben der Magnitude 6,3 die neuseeländische Stadt Christchurch erschüttert. Die Besonderheit: Dort hatte sich erst sechs Monate zuvor ein schweres Beben der Magnitude 7,1 ereignet. Zudem schaukelten sich die Erschütterungswellen durch Reflektion an einem nahe gelegenen erloschenen Vulkanmassiv auf, sodass die Zerstörungen weitaus größer waren, als bei dieser Magnitude zu erwarten gewesen wäre. Das Epizentrum lag zudem in geringer Tiefe und nur wenige Kilometer vom Stadtzentrum entfernt. Die Schäden waren enorm: Zahlreiche ältere Gebäude stürzten ein, und trotz der hohen Baustandards wurden auch viele neue Gebäude schwer beschädigt. Einige Wohngebiete werden nicht mehr aufgebaut. Die gesamtwirtschaftlichen Schäden betrugen 16 Mrd. US-\$. [Das Erdbeben forderte 185 Menschenleben, 5900 Menschen wurden verletzt.]
Quelle: Naturkatastrophen-Bilanz 2011: Erdbeben führen zu den höchsten Schäden aller Zeiten. Munich Re 4.1.2012

Am [9.12.2019] ist der Vulkan Whakaari auf der neuseeländischen Insel White Island ausgebrochen. 47 Menschen, darunter vor allem internationale Touristinnen und Touristen, befanden sich auf der Insel, als Rauch und Asche 3500 Meter hoch in die Luft geschleudert wurden. [Es gab 22 Todesfälle.]
Quelle: Carolin Würfel, Fabian Herriger: Warum durften Reisende einen aktiven Vulkan besichtigen? Die Zeit, Hamburg 12.12.2019

[Am 5.3.2021] ereigneten sich vor der Küste Neuseelands drei große Erdbeben, die alle drei Tsunamis* auslösten. [...] [Dicht auf den Tsunami des M7,3-Erdbebens am East Cape] folgten die Tsunamis, die durch die Erdbeben der Stärke M7,4 und M8,1 auf Raoul Island ausgelöst wurden. Diese Wellen überlagerten sich. Es ist äußerst selten, dass drei Erdbeben kurz hintereinander drei Tsunamis erzeugen, die sich dann auf komplizierte Weise kombinieren.
Quelle: 2021 – in Review. www.geonet.org.nz Lower Hutt: GNS Science28.1.2022

M4   Quellentexte zu geophysikalischen Ereignissen* in Neuseeland

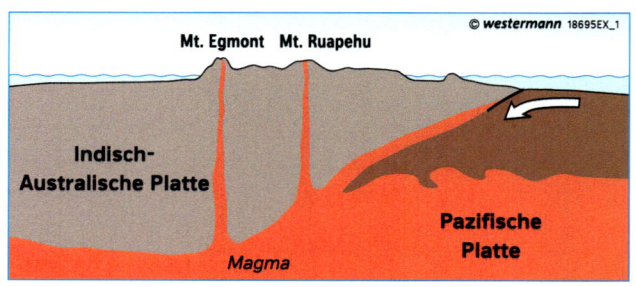

M5   Schnitt durch die Plattengrenze der Nordinsel Neuseelands

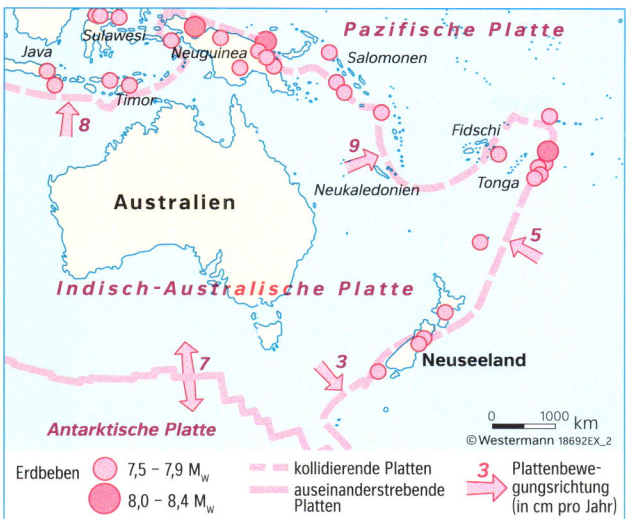

Erdbeben ⬤ 7,5 – 7,9 M$_W$

⬤ 8,0 – 8,4 M$_W$

– – – kollidierende Platten

—— auseinanderstrebende Platten

3 ➤ Plattenbewegungsrichtung (in cm pro Jahr)

M 6   Plattentektonik in Australien/Ozeanien

Neuseeland liegt am sogenannten „Ring of Fire" rund um den Pazifik. In dieser hufeisenförmigen Zone befindet sich etwa die Hälfte aller aktiven Vulkane weltweit. Das Gebiet reicht von der südamerikanischen Westküste über die Westküste der USA, Russland und Japan bis nach Südostasien und Neuseeland. Längs des „Ring of Fire" treffen verschiedene Erdplatten aufeinander und es kommt zu Verschiebungen – die Folge sind Vulkanausbrüche, Erdbeben und Tsunamis*. Die Region gilt als eine der geologisch gefährlichsten Zonen weltweit. Etwa 90 Prozent aller Erdbeben ereignen sich hier.

M 7   Ring of Fire (pazifischer Feuerring)

Zum Jahreswechsel 2014 auf 2015 begann das Meer im Tonga-Archipel 30 Kilometer südsüdöstlich der Insel Fonuafoʻou zu brodeln; im Januar schließlich schossen Schlamm- und Aschefontänen aus dem Pazifik. Bis zu neun Kilometer hoch ragte die Wolke schließlich in die Atmosphäre: Ein Unterwasservulkan war in der Region wieder zum Leben erwacht und förderte über Monate hinweg Material, bis schließlich eine neue Insel entstanden war. Bewohner von Tonga nannten sie bald Hunga Tonga-Hunga Haʻapai, nach den beiden Nachbarinseln, die vom gleichen Vulkan geschaffen worden waren und noch als Reste über dem Meer aufragten.
Quelle: Daniel Lingenhöhl: Eine Insel – gekommen, um zu bleiben. Spektrum 8.2.2019

Am 14. und 15. Januar 2022 ereignete sich ein heftiger Vulkanausbruch des Vulkans Hunga Tonga-Hunga Haʻapai im Inselstaat Tonga, der in einer sehr starken Explosion am 15. Januar gipfelte. [...] Als Folge der Explosion stieg eine Aschesäule bis zu 35, anderen Quellen zufolge sogar auf bis zu 55 Kilometer Höhe. Die durch die Explosion ausgelöste Druckwelle lief mehrfach um die Erde [...]. Der Knall der Explosion ist vermutlich das lauteste belegte Geräusch in historischer Zeit [und konnte] selbst in 2000 km Entfernung auf Neuseeland gehört werden. [...] Am Vulkan selber kam es vermutlich auch zu einem enormen untermeerischen Erdrutsch, welcher einen Tsunami* auslöste, der nicht nur die Inseln der Nation Tonga verwüstete, sondern über weite Strecken an den pazifischen Küsten Zerstörungen bewirkte.
Wenn Wasser in einen aktiven vulkanischen Schlot eindringt und beim Kontakt mit dem Magma verdampft, können sich enorme Drücke aufbauen. Die nachfolgende Dampfexplosion treibt die Lava mit so hoher Geschwindigkeit aus dem Schlot, dass sich eine mehr als 30 Kilometer hohe plinianische Eruptionssäule bilden kann. Die plinianische Säule besteht hauptsächlich aus Wasserdampf und nur untergeordnet aus vulkanischer Asche.
Quelle: Gunnar Ries: Hunga Tonga-Hunga Haʻapai – ein neuer Eruptionstyp? Spektrum 27.1.2022

M 9   Quellentexte zu Vulkanausbrüchen auf Tonga

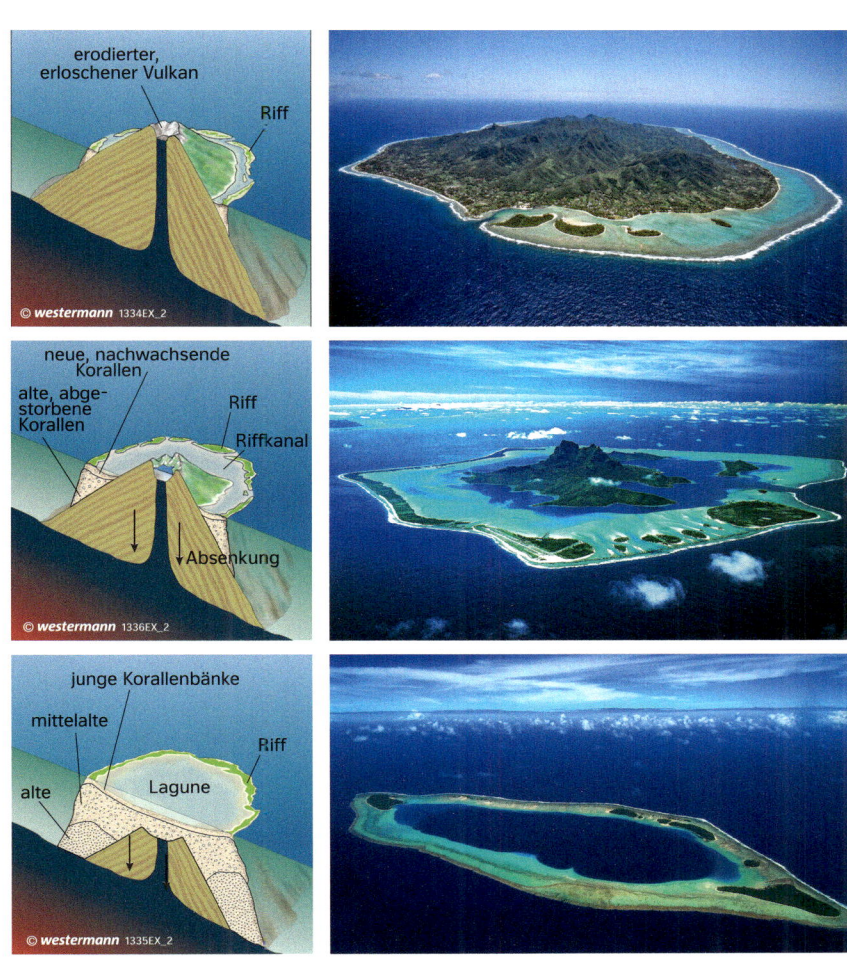

M 8   Vulkan- und Koralleninseln in Ozeanien: A: Saumriff (Rarotonga, Cook-Inseln); B: Wallriff (Bora Bora, Franz.-Polynesien); C: Atoll* (Pakin-Atoll, Mikronesien)

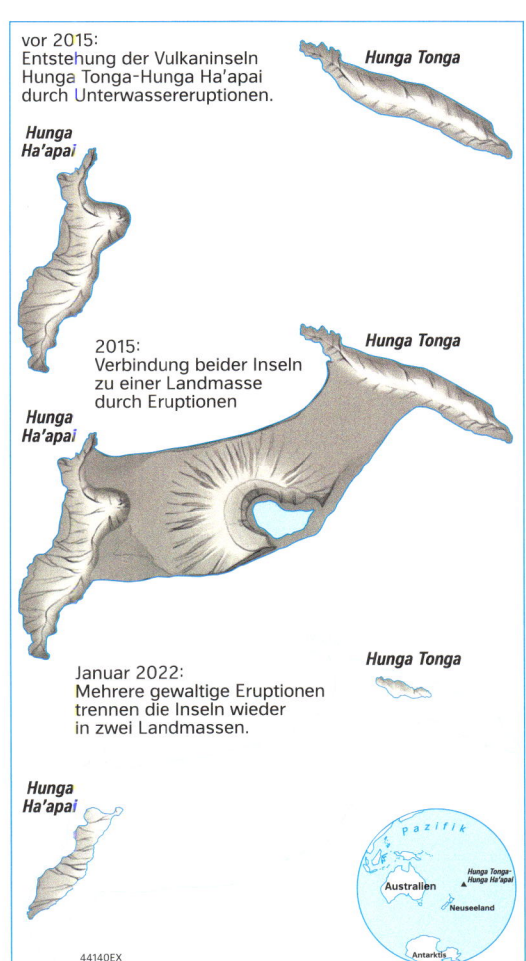

M 10   Vulkan Hunga Tonga-Hunga Haʻapai

1.7 Klima, Klimawandel, Wetterextreme

*Wetterextreme halten Australien immer mehr in Atem. Hitze- und Dürre-
perioden wechseln mit tropischen Wirbelstürmen und sintflutartigen
Regenfällen. Die Bewohner, die Fauna und Flora sowie die Wirtschaft der
betroffenen Gebiete brauchen die Verschnaufpausen zwischen den Extrem-
ereignissen, um sich einigermaßen zu regenerieren. Doch die Klimaforscher
gehen davon aus, dass sie in Zukunft eher noch häufiger auftreten.*

1. Gliedern Sie den Großraum Australien/Ozeanien nach klimatischen Merkmalen (M6, Atlas).
2. Analysieren Sie die Luft- und Meerestemperatur sowie die
   Niederschlagsentwicklung in Australien (M2 – M4).
3. a) Fassen Sie die Klimawandelfolgen in Australien zusammen.
   b) Vergleichen Sie die Auswirkungen des Klimawandels in
      Australien und Deutschland.
4. Erklären Sie die Entstehung und die Zugbahnen tropischer
   Wirbelstürme (Atlas, M7, M8).
5. Beurteilen Sie die Renaissance der „Queenslander"-Häuser
   bei Neubauprojekten in Australien (M1 – M5, M11).
6. Versicherungen haben begonnen, keine Policen mehr für Häuser, Grundstücke und Fahrzeuge in gefährdeten Lagen anzu-
   bieten oder sie extrem zu verteuern. Nehmen Sie Stellung.

Januar 2019 war Australiens heißester Monat, seit Wetteraufzeichnun-
gen gemacht werden, die Durchschnittstemperatur lag landesweit zum
ersten Mal bei über 30 Grad. Im Murray-Darling-Flusssystem verendeten
Millionen Fische in brühwarmem Wasser, Kolonien von Fledermäusen
fielen durch die Hitze tot aus den Bäumen. Es gab Blackouts, man-
cherorts kollabierten die Stromnetze. In den Städten funktionierte das
öffentliche Leben nur noch in Zeitlupe. […] Fast 50 Grad im Outback, 47
in Adelaide, Sydney und Melbourne stöhnten unter mehr als 45 Grad.
Täglich wurden teils jahrzehntealte Hitzerekorde überboten, nur um gleich
wieder gebrochen zu werden. […] Im Süden und Südosten des Landes
versiegten Trinkwasserreservoirs und Tränken, in kleineren Ortschaften
wurde Wasser so knapp, dass es mit Tankwagen herbeigeschafft werden
musste. Zur gleichen Zeit, etwa 3000 Kilometer weiter nördlich, wusste
man nicht wohin damit [M11].
*Quelle: Andreas Stummer: Australiens Kampf gegen die Folgen der Erderwär-
mung. DLF 2.3.2019*

M2   Quellentext zur Hitzewelle

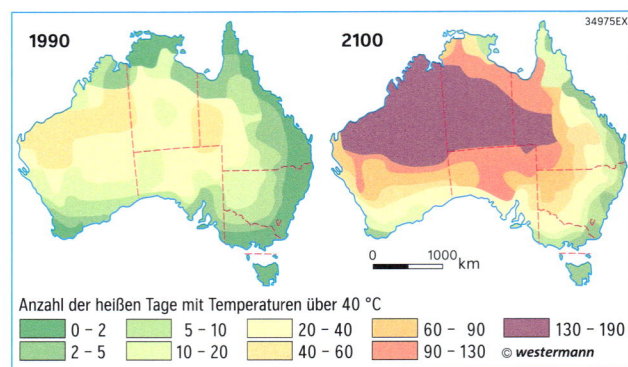

M3   Aufheizung Australiens (Durchschnitt der Tage mit > 40°C)

Anzahl der heißen Tage mit Temperatur über 40 °C
0 – 2 | 5 – 10 | 20 – 40 | 60 – 90 | 130 – 190
2 – 5 | 10 – 20 | 40 – 60 | 90 – 130   © westermann

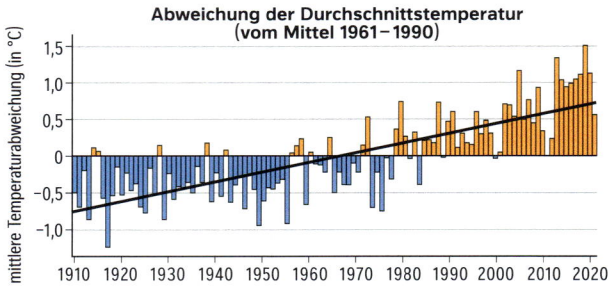

Abweichung der Durchschnittstemperatur (vom Mittel 1961–1990)

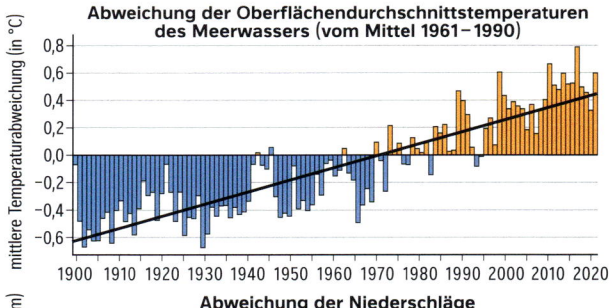

Abweichung der Oberflächendurchschnittstemperaturen des Meerwassers (vom Mittel 1961–1990)

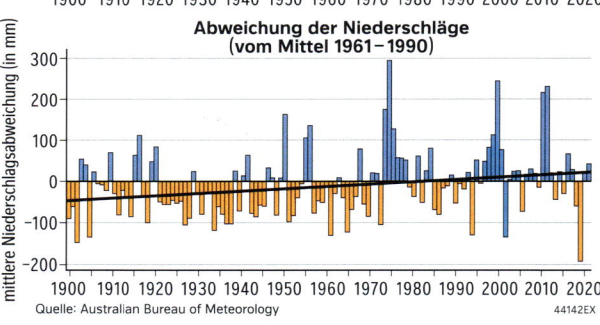

Abweichung der Niederschläge (vom Mittel 1961–1990)

Quelle: Australian Bureau of Meteorology

M4   Entwicklung der Lufttemperaturen, Niederschläge und Meer-
      wasseroberflächentemperaturen in Australien (1910 – 2020)

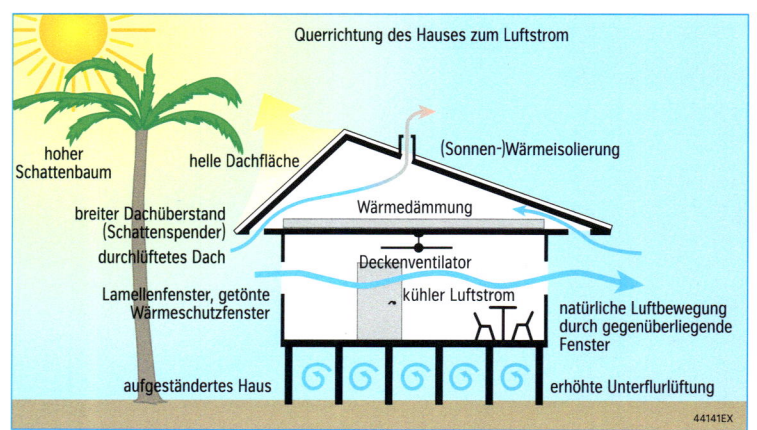

M1   Funktion eines Queenslanderhauses

Querrichtung des Hauses zum Luftstrom
hoher Schattenbaum
helle Dachfläche
(Sonnen-)Wärmeisolierung
breiter Dachüberstand (Schattenspender)
Wärmedämmung
durchlüftetes Dach
Deckenventilator
Lamellenfenster, getönte Wärmeschutzfenster
kühler Luftstrom
natürliche Luftbewegung durch gegenüberliegende Fenster
aufgeständertes Haus
erhöhte Unterflurlüftung

M5   Queenslander unter Wasser (2017 nach Zyklon Debbie)

© westermann

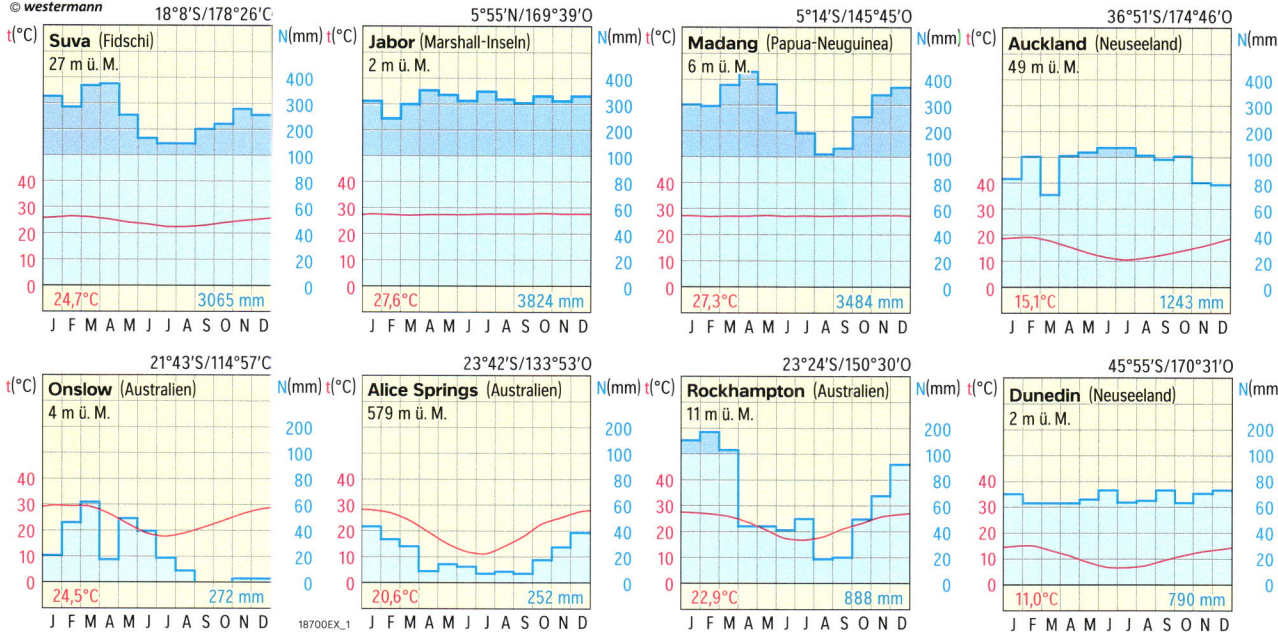

M 6 Klimadiagramme Australien/Ozeanien

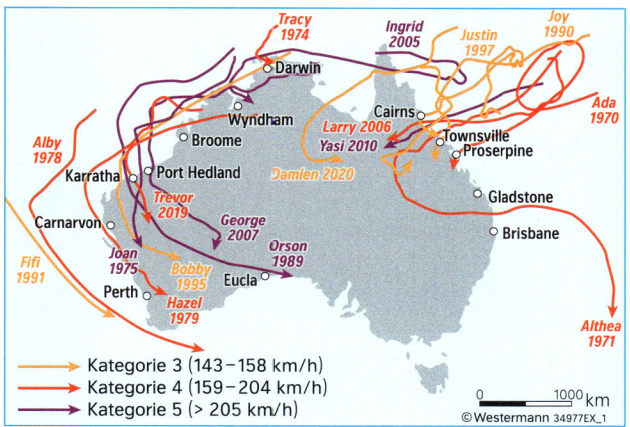

M 7 Zugbahnen tropischer Wirbelstürme 1970–2019 ab Kategorie 3

Legende:
- Kategorie 3 (143–158 km/h)
- Kategorie 4 (159–204 km/h)
- Kategorie 5 (> 205 km/h)

0 — 1000 km
© Westermann 34977EX_1

Willy Willies treten besonders im Frühjahr auf. Zyklone sind in Nordaustralien und Ozeanien räumlich begrenzt (60-400 km). Sie entstehen über Meeren mit einer Oberflächentemperatur von mindestens 26 °C und zeichnen sich durch plötzliche Richtungsänderungen, extrem hohe Windgeschwindigkeiten sowie hohe Niederschlagsmengen aus. Beim Auftreffen auf Land verlieren sie an Geschwindigkeit.

M 8 Zyklone: Tropischer Wirbelsturm (australisch: Willy Willy)

Ende Januar zog [vor der Küste von Queensland] ein gewaltiges Monsunsystem* auf – gespeist durch die extreme Hitze im Landesinneren und kühlere, mit Meerwasser vollgesogene Passatwinde. Das Ergebnis waren sintflutartige Regenfälle. Über der 200000-Einwohner-Stadt Townsville regnete es in einer Woche so viel wie sonst das ganze Jahr über. Queenslands Premierministerin Anastasia Palaszuk musste den Notstand ausrufen. „Dies ist ein noch nie da gewesenes Ereignis. Niemand hier in Townsville hat zu seinen Lebzeiten etwas Vergleichbares erlebt."
Quelle: Andreas Stummer: Australiens Kampf gegen die Folgen der Erderwärmung. DLF 2.3.2019

Nach Wochen dramatischer Buschbrände haben viele Regionen Australiens nun mit weiteren Wetterextremen zu kämpfen. Zwar begünstigten heftige Regenfälle die Löscharbeiten, aufgrund der Niederschlagsmengen kam es im Südosten des Landes aber auch zu Überschwemmungen. Teils fielen golfballgroße Hagelkörner vom Himmel, die Autos und Häuser demolierten. Andernorts gab es heftige Staubstürme. In New South Wales formierten sich aufgrund des Windes riesige Wände aus Staub, die den Himmel verdunkelten. [...] Bei einem Sturm in der Stadt Dubbo [wurden] 100 Kilometer in der Stunde gemessen.
Quelle: Hagel, Brand und Staubstürme. ORF 20.1.2020

M 11 Quellentexte zu Wetterextremen

M 9 Bananenfarm nach Zyklon Yasi 2011

M 10 Staubsturm in Sydney 2009

M 12 Hagel vor dem Parlament in Canberra

1.8 Bushfire – Australien brennt

Australien ist regelmäßig von großflächigen Buschfeuern* betroffen. Sie gehören quasi zum Ökosystem des Kontinents. Die Buschfeuersaison 2019/2020 übertraf allerdings alles zuvor Dagewesene. Von Juli 2019 bis Mai 2020 gab es in Australien so viele Brände wie noch nie. Es verbrannte eine gewaltige Fläche Wald und Busch. Sogar die Gondwana-Regenwälder, in denen es teilweise seit mehr als 1000 Jahren kein Feuer mehr gab, waren betroffen. Der Rauch breitete sich bis Südamerika aus. Trotz frühzeitiger Evakuierungen kamen Menschen ums Leben und es entstand ein großer Sachschaden – an Wohnhäusern, Infrastruktur sowie landwirtschaftlich und touristisch genutzten Flächen.

1. Erstellen Sie ein Wirkungsgefüge zu den Voraussetzungen und Auslösern von Buschbränden (M1, M3).
2. Erläutern Sie die Ursachen für die extreme Buschfeuersaison 2019/2020 (M1, M2, M3).
3. Erklären Sie die Lage der Brandherde während der Buschfeuersaison 2019/2020 (M2, Atlas).
Ⓩ 4. Veranschaulichen Sie die betroffene Fläche der australischen Buschfeuersaison 2019/2020 mit einem Größenvergleich (auch in Bezug zu anderen Waldbränden, M5, Internet).
5. a) Charakterisieren Sie die Folgen der Buschfeuersaison 2019/2020 (M5, M8, M12).
   b) Ein Grund für die hohen Schäden ist die veränderte Landnutzung. Begründen Sie diese Aussage (M10).
6. Erklären Sie das Wettergeschehen bei einer sich bildenden Feuerwolke (M6, M7).
7. „Buschfeuer in Australien hat es doch schon immer gegeben!" Nehmen Sie Stellung zu dieser Aussage.
8. Beurteilen Sie Auswirkungen des Klimawandels auf die Entwicklung der Buschfeuer in Australien (M11, Kap 1.7).

Buschfeuer sind das Ergebnis bestimmter Witterungsbedingungen und werden meist durch Blitzschlag oder menschliche Einflüsse ausgelöst. [...] Trockenes Laub, Rinde und Gras können am Boden Feuer fangen und damit größere Brände in Wäldern und Graslandschaften auslösen. Die bestimmenden Hauptfaktoren sind Temperatur, Luft- und Vegetationsfeuchtigkeit, Topografie sowie Windrichtung und -geschwindigkeit. Die meisten Buschfeuer haben eine Ausbreitungsgeschwindigkeit von ca. 10 km/h im flachen Grasland, in ansteigendem Terrain ist diese jedoch höher. [...] Die Buschfeuersaison 2019/2020 war von ungewöhnlich hohen Temperaturen, anhaltender Trockenheit und starken Winden geprägt. Die Höchsttemperaturen lagen in einigen Gebieten mehr als 10 °C über dem langjährigen Durchschnitt. Darüber hinaus verzeichneten einige Regionen von Januar bis August 2019 lediglich die Hälfte des üblichen Niederschlags.
Quelle: Sebastian Fastenrath, Lisa-Michéle Bott: Buschbrände in Australien. Geographische Rundschau 12/2020, S. 48 – 49

M3 Quellentext zu den Voraussetzungen von Buschfeuern

M4 Löschhubschrauber in einem Buschfeuergebiet

- verbrannte Fläche: 243 000 – 338 000 km^2
- 715 Mio. t CO_2 freigesetzt (zum Vergleich: Ausstoß der australischen Industrie in 2018/2019: 532 Mio. t CO_2)
- 11,3 Mio. Australier von Luftverschmutzung durch Buschfeuerrauch betroffen
- 9350 zerstörte Häuser (3500 Wohnhäuser)
- Sachschäden: 103 Mrd. AU-$
- 34 getötete Personen (+ 445 infolge von Luftverschmutzung)
- 1 Mrd. Tiere getötet (ohne Insekten)

M5 Folgen der Buschfeuersaison 2019/2020

Auslöser

versehentliche Entzündung
- Funkenflug bei Eisenbahnen oder Arbeitsgeräten (Kettensägen, Rasenmäher)
- Lagerfeuer, Müllverbrennung, Zigarettenkippen
- brennende Kohlenstoffstücke aus Autoabgasen
- Lichtbrechung von Glas, Überlandleitungen, Elektrozäune

Brandstiftung

natürliche Entzündung (Blitzeinschlag)

M1 Voraussetzungen und Auslöser für Buschfeuer

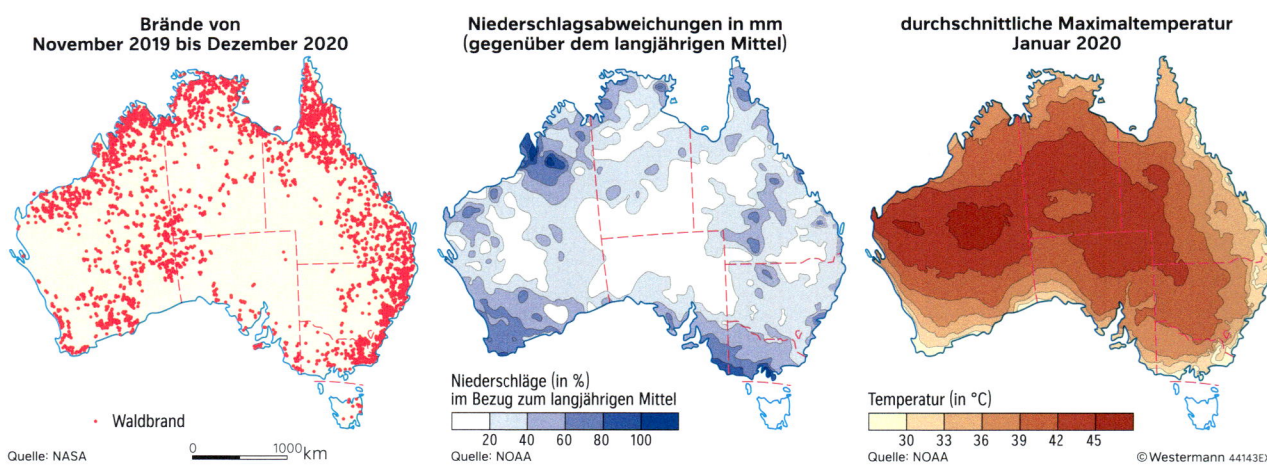

Brände von November 2019 bis Dezember 2020

· Waldbrand

0 ___ 1000 km

Quelle: NASA

Niederschlagsabweichungen in mm (gegenüber dem langjährigen Mittel)

Niederschläge (in %) im Bezug zum langjährigen Mittel

20 40 60 80 100

Quelle: NOAA

durchschnittliche Maximaltemperatur Januar 2020

Temperatur (in °C)

30 33 36 39 42 45

Quelle: NOAA   © Westermann 44143EX

M2 Buschfeuer, Trockenheit und Hitze in Australien (2019/2020)

M 6 Feuerwolke über den Blue Moutains Nationalpark(NSW)
Ein Pyrocumulonimbus entsteht durch starke Erwärmung der Erdoberfläche, z. B. nach Waldbränden und Vulkanausbrüchen. Rauchaerosole
können dabei bis in die untere Stratosphäre* gelangen und über den
Wind weltweit verbreitet werden. Die Bekämpfung des Feuers ist am
Boden wegen der enormen Hitze (60 000 – 90 000 kW, normaler Waldbrand: 10 000 kW) und aus der Luft wegen der orkanartigen Sturmböen
(50 – 60 m/sec, Orkan: >32,7 m/sec) nicht möglich.

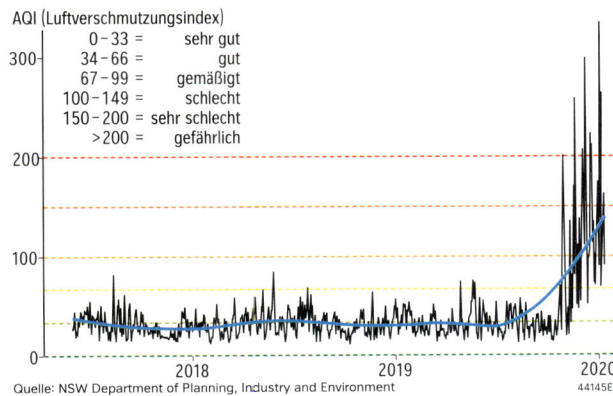

① Heiße, sich drehende Luft und Rauch steigen über dem Brandherd auf
und bilden eine Rauchfahne. Weitere Bodenluft wird durch den Busch-
brand angesaugt.
② Beim Aufsteigen kühlt sich die Rauchfahne ab, mischt sich mit kalter
Höhenluft und bildet eine Wolke.
③ Die Wolke kann zu einer Gewitterwolke anwachsen (hier Pyrocumulus
oder Feuerwolke: tritt bei großen Waldbränden, Vulkanausbrüchen auf).
④ Starke Fallböen mit Regen und Hagel können schwere Schäden am
Boden auslösen.
⑤ Blitze aus dem Gewitter erzeugen neue Brände.
⑥ Vom Wind verwehte glühende Asche erzeugt neue Brandherde.
Quelle: Bureau of Meteorology, Victoria   Grafik: R. Spohner

M 7 Pyrocumulonimbus (Feuerwolke)

AQI (Luftverschmutzungsindex)
0 – 33 =	sehr gut
34 – 66 =	gut
67 – 99 =	gemäßigt
100 – 149 =	schlecht
150 – 200 =	sehr schlecht
>200 =	gefährlich

Quelle: NSW Department of Planning, Industry and Environment   44145EX

M 8 Luftverschmutzung (Feinstaub, PM$_{2,5}$*) in New South Wales

In Australien hat es seit jeher regelmäßig gebrannt. Schon die Aborigines* wussten, dass Feuer und Pflanzenwelt einander brauchen. Über
Jahrtausende hinweg haben Buschbrände und die Vegetation Australiens eine erstaunliche Allianz gebildet. Der natürliche Kreislauf wird
durch die Flammen nicht unterbrochen oder beendet – im Gegenteil: Er
beginnt – immer wieder – von Neuem. Der Busch muss brennen, damit
er überleben kann. Die Samenkapseln vieler einheimischer Pflanzen
platzen nur in der Gluthitze eines Feuers.
Doch weil immer mehr Australier weg aus der Großstadt und ins
Grüne ziehen, sind sie auch öfter in Gefahr: Die Menschen, die in
Buschfeuergebieten leben, haben dem einen Namen gegeben: „Aust-
ralisches Roulette". „Ich will nirgendwo anders leben – das hier ist das
Paradies. Und dafür riskieren wir auch bei einem Buschfeuer durch
die Hölle zu gehen." – „Es gibt nichts Schöneres, als hier draußen
zu wohnen. Ein Inferno wie dieses ist eben der Preis, den wir dafür
alle 50 Jahre bezahlen müssen." In den Ruinen von Flowerdale etwa
100 Kilometer nordöstlich von Melbourne. Paul und Sally Spurgeon
stehen vor den Trümmern ihres früheren Zuhauses. [...] 2000 Häuser
wurden, wie das der Spurgeons, völlig zerstört.
Quelle: Andreas Stummer: Verbrannte Erde. DLF 14.3.2009

M 9 Quellentext zu Buschfeuern in Australien

Was früher als Teil des australischen Ökosystems betrachtet wurde,
gilt jetzt als direkte Folge einer globalen Klimakrise. [...]. Anfang
2019 legte das Australian Bureau of Meteorology einen ernüchternden
Bericht vor, in dem unmissverständlich darauf hingewiesen wurde,
dass die Faktoren, die in dieser Feuersaison die außergewöhnlichen
Brände ermöglicht haben, in Zukunft häufiger auftreten werden. Die
lange andauernden Hitzephasen sind eine große Bedrohung für die
einzigartigen Landschaftstypen Australiens. In Kombination mit der
außerordentlichen Trockenheit fehlen die schützenden Rahmenbedingungen, die regionale Feuer eindämmen können. Ansonsten feuchte
Gebiete sind mittlerweile ausgetrocknet und können nicht mehr als
Feuerpufferzone fungieren. Für gewöhnlich feuchte Niederungen,
vernässte Böden und Flussläufe sind trockengefallen und können die
schnell laufenden Feuerfronten nicht stoppen bzw. teilen. Die zerstör-
ten Wälder und Steppen würden schon ohne die sich verändernden
klimatischen Rahmenbedingungen Jahrzehnte brauchen, um sich von
den Bränden zu erholen. Wie lange die einzigartigen Landschaftstypen unter den sich veränderten Bedingungen benötigen, um sich
zu regenerieren, kann bislang nicht gesagt werden.
Quelle: Stefan Zimmermann: Buschfeuer in Australien – neue Dimension.
Geographische Rundschau aktuell 3/2020

M 10 Quellentext zu Klimawandel und Buschfeuern

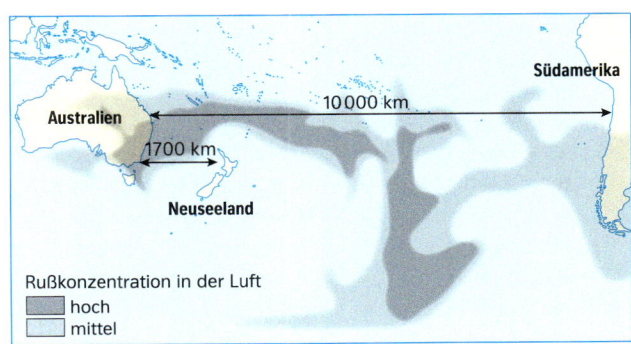

**M 11 Ausbreitung des Rauchs (organische Kohlenstoffdichte am
6.1.2020)**

1.9 Pacific Islander kämpfen um ihre versinkenden Nationen

Wirbelstürme und extreme Springfluten, Dürren und Meeresspiegelanstieg, Versalzung und Erosion – den flachen Inselatollen* im Südpazifik droht die Unbewohnbarkeit. Klimaflüchtlinge aus Tuvalu bekommen mittlerweile ein Bleiberecht in Neuseeland und Kiribati hat Land für seine Bewohner auf den Fidschi-Inseln gekauft. Die Marshall-Inseln mit knapp 60000 Einwohnern entsandten gleich fünf Delegierte zur Klimakonferenz 2021 nach Glasgow, um ihre Probleme der Weltöffentlichkeit zu präsentieren.

1. a) Beschreiben Sie den globalen Meeresspiegelanstieg und den im Südpazifik (M1, M2, M3).
   ⓩ b) Erklären Sie die Ursachen.
2. Fassen Sie die klimawandelbedingten Probleme der kleinen südpazifischen Inseln zusammen (M4, M6, M9).
3. a) Beschreiben Sie South Tarawa (Internetkartendienst).
   b) Analysieren Sie Kiribatis spezifische Probleme (M5 – M9).
   c) Erklären Sie die Erosionsgefährdung und die Schwierigkeiten bei der Trinkwasserversorgung (M6, M8, M9).
4. Umzug oder Erhöhung – erörtern Sie beide Optionen (M6).
5. Umsiedlung bedeutet Verlust der Kultur. Nehmen Sie Stellung.
   ⓩ 6. Beurteilen Sie die Aussage von Ruth Arotaing Garry (M9).

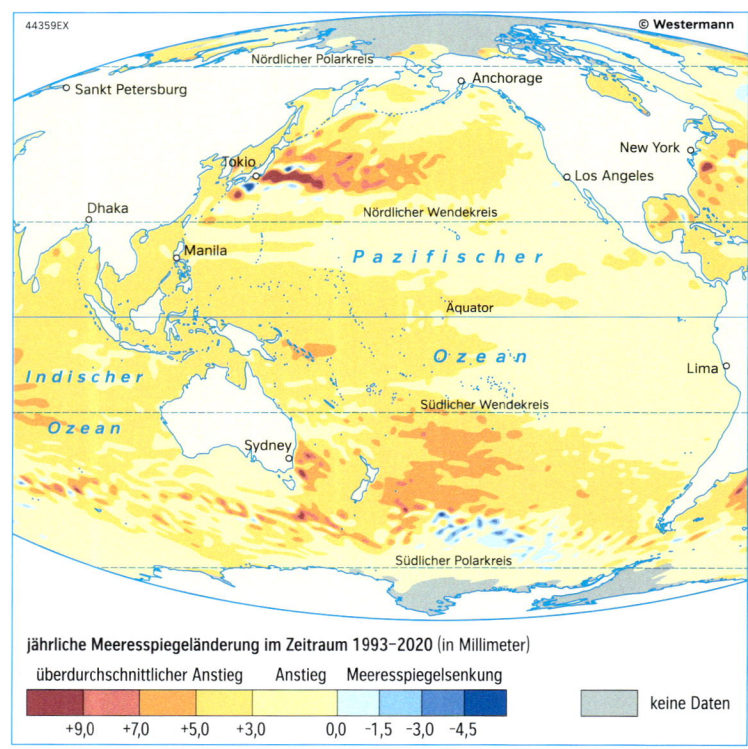

jährliche Meeresspiegeländerung im Zeitraum 1993–2020 (in Millimeter)

überdurchschnittlicher Anstieg   Anstieg   Meeresspiegelsenkung

+9,0   +7,0   +5,0   +3,0   0,0   -1,5   -3,0   -4,5   keine Daten

M1   Meeresspiegelveränderungen 1993 – 2020

In den letzten Jahrzehnten ist der Meeresspiegel global um knapp 4 mm pro Jahr gestiegen, deutlich schneller als in den Jahrzehnten davor. Der Meeresspiegelanstieg ist allerdings nicht überall gleich, weil er regional von unterschiedlichen Prozessen beeinflusst wird. Dazu gehören neben den großen Meeresströmungssystemen (angetrieben durch Wasser mit unterschiedlicher Temperatur und Salzkonzentration) auch Windströmungen. So haben etwa die Passatwinde, starke Ostwinde, dazu geführt, dass sich im westlichen Südpazifik warme Wassermassen aufgestaut haben, sodass hier der Anstieg dreimal höher als im globalen Durchschnitt ausfällt. Schließlich tragen auch das regionale Anheben und Absinken von Landmassen zu Unterschieden bei.

M2   Globaler und regionaler Meeresspiegelanstieg

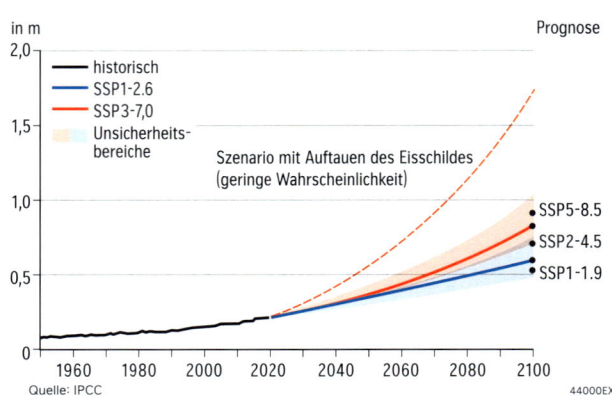

Quelle: IPCC   44000EX

M3   Änderung des mittleren globalen Meeresspiegels (Prognose nach sozioökonomischen Entwicklungsszenarien (SSP*)

Wenn der Baum umfallen wird, weiß er, dass sein Dorf umziehen muss, sagt Willy Kenneth. […] Von seiner Hütte aus blickt er auf den Dorfplatz, pickende Hühner, Kokospalmen, die im Wind flattern, in der Mitte: ein Baum so dick, dass die Bewohner der Insel Pele auf Holzbänken drumherum sitzen können. Dahinter liegt der Pazifische Ozean. Türkisblau und bedrohlich. Wenn das Salzwasser den Baum erreicht, wird er absterben, sagt Willy Kenneth, und dann wird auch sein Haus vom steigenden Meeresspiegel bedroht sein. „Wir haben immer gehört, dass es sechs Millimeter sind, aber dann wurden daraus ein bis zwei Zentimeter. Wenn es große Stürme gibt, dann kommt das Wasser jetzt schon sehr nah." Etwa zwei bis drei Tropenstürme wüten jedes Jahr über Vanuatu. […] Pele ist eine von 83 Inseln. Die rund 500 Bewohner leben hier hauptsächlich von Fischerei und Landwirtschaft. 90 Prozent haben ihre Häuser direkt an der Küste gebaut, dort, wo die Strände schwinden. Umgefallene Grabsteine liegen am Strand von Pele, die Gräber unterspült vom Meer. Die Knochen der Vorfahren sind am Ufer verteilt. Spazieren gehende Bewohner legen sie auf die abgestorbenen Bäume […]. Willy Kenneth hat eine einfache Antwort auf die Frage, warum das Meer immer näher kommt: „Wir haben lernen müssen, dass das Meer sauer wird, weil die Temperaturen steigen und dadurch die Korallen ausgeblichen sind. Durch den Schaden haben wir fast 90 Prozent unseres Korallenriffs verloren. Wenn das Riff angeschlagen ist, werden die Wellen nicht mehr abgehalten. Sie erreichen die Küste und spülen die Erde weg. Alles hängt zusammen." Erosion, Dürre und Hitze, unregelmäßige Regenfälle, der Anstieg des Meeresspiegels und Tropenstürme. In Vanuatu treffen all diese Phänomene aufeinander. […]

„Wir tragen nichts zu dem Problem bei, das für uns einen erheblichen finanziellen Verlust bedeutet. Das Ergebnis des Tropensturms Pam hat uns 60 Prozent unseres Bruttoinlandsprodukts gekostet. Ein gewaltiger Schaden, verursacht von einem Ereignis, von dem uns die Wissenschaft sagt, dass es in Zukunft noch intensiver und noch zerstörender sein wird" [, sagt Außenminister Ralph Regenvanu.] Fünf Jahre ist es her, dass der Zyklon* Pam den Großteil der Obstbäume und Wurzelpflanzen zerstörte [siehe S. 6: M5]. „Der Kategorie-5-Sturm hinterließ ein Viertel der Bevölkerung obdachlos. „In der Vorhersage für Zyklone sehen wir Anzeichen, dass die Häufigkeit zwar gleich bleibt, aber die Intensität immer stärker wird. Das heißt, wir werden mehr Stürme der Kategorie fünf haben."

Quelle: Ann Esswein, Felie Moucir Zernack: Inselstaat Vanuatu will Industrieländer in die Pflicht nehmen. DLF 20.3.2020

M4   Quellentext zum Meeresspiegelanstieg in Pele (Vanuatu)

 100800-198-01
schueler.diercke.de

 100800-251-06
schueler.diercke.de

 100800-248-03
schueler.diercke.de

 100800-248-04
schueler.diercke.de

 100800-250-01
schueler.diercke.de

M 5   Eine Springflut hat die Insel South Tarawa (Kiribati) vollständig mit Meerwasser überspült.

M 7   Mit selbstgebauten Dämmen versuchen sich die Bewohner von South Tarawa vor der Flut zu schützen.

Kiribati, der Inselstaat mitten im Pazifik, ist zu trauriger Berühmtheit gelangt als das Land, das womöglich als erstes Opfer des Klimawandels wird. [...] Der höchste Punkt der Hauptinsel Süd-Tarawa liegt drei Meter über dem Meeresspiegel. [...] Kaum ein Haus ist hier nicht nahe am Wasser gebaut; [...] 60 000 Menschen leben in einer Dichte, die vergleichbar mit Tokio ist. [...] An der breitesten Stelle ist die Insel einige Hundert Meter breit, wenig Platz für viele Menschen, also versuchen sie mit Seawalls, Schutzmauern, dem Meer Land abzugewinnen und das, was da ist, zu beschützen. Diese Mauern sind aus Sand, Autoreifen, Zementsäcken, Korallenstücken, aus allem, was verfügbar ist. [...] Kiribati geht unter, die steigenden Meeresspiegel machen dem Land den Garaus – so hieß es lange. [...] Doch es ist wie so oft etwas komplizierter. Studien neuseeländischer Wissenschaftler haben die Veränderungen einiger Pazifikinseln studiert, über den Verlauf von 40 Jahren. Dabei stellten sie fest, dass viele der Inseln wachsen, dass zwar Land, also Sand und Kies, an einigen Stellen durch Erosion abgetragen wird. Aber an anderen Stellen dehnen sich die Inseln dafür aus, dort wird Material angespült. Atolle sind demnach dynamische Strukturen, nicht statisch, wie oft angenommen, sie können sich also anpassen, was die Fläche angeht. [...] Ihre stetige Erneuerung [...] kann [aber] zum einen nur funktionieren, wenn die Riffe gesund sind. Doch viele Riffe sterben ab, denn die steigenden Wassertemperaturen führen zur Korallenbleiche, die den Riffen schwer zusetzt. Zum andern sagt das noch lange nichts über die Bewohnbarkeit der neu gewachsenen Bereiche, über die Möglichkeit, hier zu leben und Nahrung anzubauen.

Quelle: Lena Bodewein: Der sterbende Südseestaat Kiribati. DLF 12.12.2019

Vor fünf Jahren hat der damalige Präsident von Kiribati, Anote Tong, für sein Land einen Plan der „Auswanderung in Würde" entworfen. Er erwarb 20 Quadratkilometer Boden auf den südpazifischen Fidschi-Inseln, um dort im Ernstfall 115 000 Menschen aus Kiribati auf höherem Grund ansiedeln zu können. „Wenn es zur Katastrophe kommt, braucht mein Volk einen sicheren Zufluchtsort", sagte Tong. [...] Für Tongs Nachfolger [...] Taneti Maamau ist es dagegen keine Option, Kiribati zu verlassen. Stattdessen verfolgt er den ambitionierten Plan, die Küsten der Inselrepublik zu verstärken – mithilfe von Aushub, der aus dem Meeresboden gebaggert werden soll. Auf diese Art, so die Vorstellung, könne sogar für die Landwirtschaft schon verlorener Boden wiedergewonnen werden. [...] [Die Kosten werden auf eine halbe Milliarde US-Dollar geschätzt.] „Das Inselerhöhungsprojekt ist mit der zur Verfügung stehenden Technik absolut machbar." China bot dem Land günstige Kredite und seine eigene Erfahrung mit dem Inselausbau im Südchinesischen Meer an.

Quelle: Joshua McDonald: Fliehen oder dem Meer standhalten? Welt-Sichten 6.12.2020 (Übersetzung: Barbara Erbe)

M 6   Quellentexte zu den Folgen des Klimawandels in Kiribati

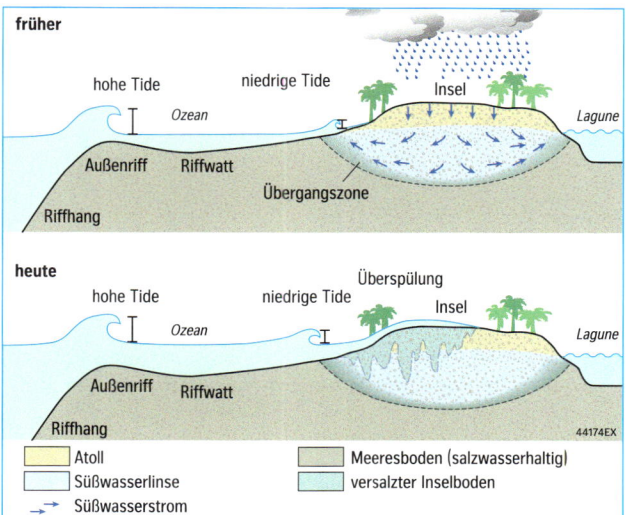

M 8   Veränderung der Süßwasserlinse bei Meeresspiegelanstieg

„Der Klimawandel ist eines der häufigsten Themen meines Schulalltags – in meinem Wahlfach Geographie lernen wir, weshalb der Meeresspiegel steigt und was das für unser Land bedeutet. Für den lokalen Umweltschutz ist jedoch das Wissen unserer Vorfahren noch viel wichtiger. [...] „Te Buibui" ist ein traditioneller Prozess der Landgewinnung. Aus natürlichen Materialien bauen wir kleine Dämme, deren bürstenartige Struktur den Sand bei Ebbe aufhält."

Mererita Thomas *(19), Highschool-Schülerin*

„Wasser ist das größte Problem hier. Wenn Dürre herrscht und es nicht genügend Regenwasser gibt, dann versalzt das Grundwasser. Und wenn das Meer in unser Land eindringt und in unsere Brunnen, dann wird es noch salziger. Also, wir haben ein Wasserproblem."

Claire Anterea *(42), Klimaaktivistin bei KiriCan*

„Wir I-Kiribati gelten als die robustesten Männer an Bord großer Containerschiffe. [...]. Die meisten Männer in meinem Alter haben schon einmal auf dem Schiff gearbeitet, denn viele berufliche Möglichkeiten gibt es auf Kiribati nicht. Schuld daran ist auch der Klimawandel. Fischer haben durch den Anstieg der Wassertemperatur und die Korallenbleiche Schwierigkeiten, in naher Umgebung gute Fänge zu machen. Auch für Landwirte ist es schwer, auf unserem versalzenen Boden lokale Gemüsesorten wie die Tarowurzel anzubauen."

Nawere Tatake *(36), Seemann*

„Wir müssen fordern, dass die Industriestaaten endlich ihrer Verantwortung gerecht werden und ihre Emissionen eindämmen. Außerdem muss es konkrete Pläne geben, um unsere Rechte als Migranten im Ausland zu sichern, wenn es eines Tages wirklich zur Umsiedlung kommt."

Ruth Arotaing Garry *(22), Studentin*

M 9   Zitate von Bewohnern Kiribatis

1.10 Bioinvasoren: Gefahr für einzigartige Ökosysteme

Als Einreisender muss man sich beim Betreten australischen und neusee-ländischen Bodens und teilweise auch dem der südpazifischen Inseln stren-gen Kontrollen unterziehen. Es geht dabei nicht etwa um die Fahndung nach vermeintlichen Terroristen, sondern um Nahrungsmittel, Pflanzen- und Tierprodukte aus Angst vor tierischen und pflanzlichen „Invasoren". Diese gefährden die einmalige endemische* Fauna und Flora, die sich seit der Trennung Australiens vom Urkontinent Gondwana* und der neuseelän-dischen Trennung von Australien entwickelt hat. Seit vielen Jahren werden zum Teil drastische Maßnahmen ergriffen, um der Bedrohung aus der Al-ten Welt Einhalt zu gebieten.

1. Charakterisieren Sie endemische Pflanzen- und Tierarten Australiens/Neuseelands (M 1 – M 3, Internetrecherche).
2. Erklären Sie den Begriff „invasive Arten" (M 7, M 10).
3. Erläuern Sie das Modell der Invasionsdynamik einge-schleppter Arten (M 10).
4. Erläutern Sie die wirtschaftlichen und sozialen Auswirkun-gen von eingeschleppten Tierarten (M 10, M 11).
5. a) Analysieren Sie die Schäden durch verwilderte Katzen in Australien (M 7 – M 9).
   b) Erörtern Sie die Maßnahmen gegen Kaninchen und ver-wilderte Katzen (M 5 – M 7, M 9 – M 11).
6. Beurteilen Sie die Einreisebestimmungen nach Neuseeland vor dem Hintergrund einer eigenen Neuseelandreise (M 12).

Australien		Neuseeland		Neukaledonien	
Vögel	45 %	Seevögel	90 %	Vögel	20 %
Säugetiere	87 %	Landvögel	74 %	Reptilien	65 %
Amphibien	94 %	Süßwasserfische	76 %	Süßwasserfische	85 %
Reptilien	93 %	Reptilien	84 %		

M 1   Anteil endemischer* Arten in Australien, Neuseeland und Neukaledonien

M 2   Kakapo-Papagei

M 4   Koala

Bevor der Mensch sich in Neuseeland niedergelassen hat, muss es ein ziemlich lautes Land gewesen sein. Die riesigen immergrünen Buschgebiete waren die perfekte ökolo-gische Nische für eine unglaubliche Vielfalt einheimischer Vögel. Im Laufe der Evolution wurden Flügel für einige Vögel überflüssig, da es in Neuseeland schlicht keine natürlichen Feinde gab, vor denen sie hätten davonfliegen müssen. Entsprechend wurden diverse einheimische Vögel flugunfähig, darunter z.B. der Kakapo Papagei, der Kiwi, der Takahe und der größte Vogel der Welt, der inzwischen ausgestorbene Moa.
Quelle: Pflanzen & Tiere Neuseelands. New Zealand Tourism: 100 % Pure New Zealand

M 3   Quellentext zu Neuseelands tierischen Ureinwohnern

M 5   Kaninchen auf Wardang Island (South Australia) 1938: Hier fanden Versuche statt, die Kaninchenpopulation biologisch mit dem Myxomatose-Virus einzudämmen. Die Methode reduzierte die Zahl der Tiere in den 1950er-Jahren auf 100 Millionen (inzwi-schen sind Kaninchen resistent gegen das Virus).

Seit über 65 Millionen Jahren ist Australien von den übrigen Landmassen der Erde getrennt. Hier haben sich über lange Zeiträume hoch speziali-sierte, einzigartige Tiere entwickelt, insbesondere Beutel- und Kloaken-tiere. Das natürliche Gleichgewicht geriet ab 1770 mit der Entdeckung des Kontinents durch die Engländer und die Einfuhr vieler neuer Arten ins Wanken. Die englischen Siedler brachten unter anderem Drome-dare und Pferde zur Erschließung des Landesinneren sowie Schweine, Schafe und Ziegen als Nahrungsgrundlage mit. Pferde und Dromedare verwilderten. [...] Besonders gravierend war die Einfuhr von nur 24 Ka-ninchen für die Jagd im Jahr 1859 durch den Farmer Thomas Austin. Das reiche Nahrungsangebot, das Fehlen natürlicher Feinde und die hohe Vermehrungsrate führten zur schnellen Ausbreitung des Kaninchens. 1869 schätzte man den Bestand bereits auf zwei Millionen, und 1919 gab es eine Milliarde Tiere. Die Nager fraßen alles kahl und verwüsteten die Landschaft. Große Hetzjagden, Tausende Kilometer „kaninchensicherer" Zäune und Vergiftungsaktionen verringerten die Bestände nicht. Auch die Einbürgerung des Fuchses aus Europa führte nicht zum Erfolg. [...] Erst in den 1990er-Jahren wurde der Kaninchenbestand mit der Ausbreitung des Calici-Virus auf 100 Millionen Tiere reduziert. [...]

Mit der Besiedlung durch die Europäer wurden ab 1770 zahlreiche Nutzpflanzen, verschiedene Gemüse-, Obst- und Heilkräuterarten und später auch Zierpflanzen eingeführt. Um 1804 zählte man in Sydney 29 Pflanzenarten, die durch Siedler unabsichtlich einge-schleppt wurden. Das Einbringen neuer Arten bedroht nicht nur die Artenvielfalt Australiens, sondern ist auch ein großes wirtschaftli-ches Problem. Einige eingeführte Pflanzen überwuchern das Land. Ehemalige Weiden gehen so verloren. Deshalb erließ die Regierung bereits 1908 ein Einfuhrverbot für 63 Pflanzenarten. Die Schäden durch invasive Pflanzen belaufen sich heute auf 400 Millionen Euro im Jahr. Zu den 20 Pflanzenarten, die große wirtschaftliche, gesund-heitliche oder ökologische Probleme hervorrufen, gehören die aus Europa eingeführten Brombeeren und der Stechginster. [...] Heute versucht man, durch natürliche Feinde aus dem Ursprungsgebiet die Dichte der Pflanzen zu senken.
Quelle: Biologische Invasion – In der Spur des Menschen. Sonderausstellung Naturkundemuseum Potsdam, 2006

M 6   Quellentext zu invasiven Tieren und Pflanzen in Australien

Australiens Regierung will bis 2020 mindestens zwei Millionen Katzen töten. [...] Schon lange hat Australien die Katzen im Visier. 2015 hatte die Regierung einen Fünfjahresplan ins Leben gerufen, um die Zahl der Tiere in der Natur Schritt für Schritt zu reduzieren. Der Grund: Die verwilderten Katzen zählen zu jenen invasiven Arten, die andere Tiere auf dem Kontinent bedrohen und so die Artenvielfalt zerstören. Laut CNN setzten einige Gebiete in Australien bereits Kopfgeld in Höhe von zehn US-Dollar (neun Euro) auf die verwilderten Katzen aus. [...] Mittlerweile seien die Katzen mit verantwortlich für das Aussterben von geschätzten 20 Säugetierarten, heißt es. Australischen Forschern und Forscherinnen zufolge töten Katzen täglich mehr als eine Million heimische Vögel. [...]

[Der australische Ökologe Tim Doherty wendet hingegen ein,] bedrohte Tierarten gebe es auch ohne verwilderte Katzen. Er spricht unter anderem die Abholzung der Wälder und den Bergbau an. „Es ist möglich, dass Katzen bis zu einem gewissen Grad als Ablenkung verwendet werden."

Quelle: Australien will zwei Millionen Katzen töten. ORF 26.4.2019

M 7 Quellentext zu verwilderten Katzen in Australien

	wilde Katzen außerh. von Städten	wilde Katzen in Städten	wildernde Hauskatzen
Population	2,1 Mio.	0,7 Mio	2,1 Mio.
Raubtierrate[1]			
Wirbellose	371	453	k. A.
Reptilien	225	180	40
Vögel	129	62	56
Säugetiere	393	207	90
Wirbeltiere gesamt	791	449	189

[1] Anzahl der getöteten Tiere pro Katze und Jahr Quelle: Centre for Invasive Species Solutions

M 8 Populationsgrößen von wilden Katzen in Australien und der von ihnen getöteten Tiere (2020)

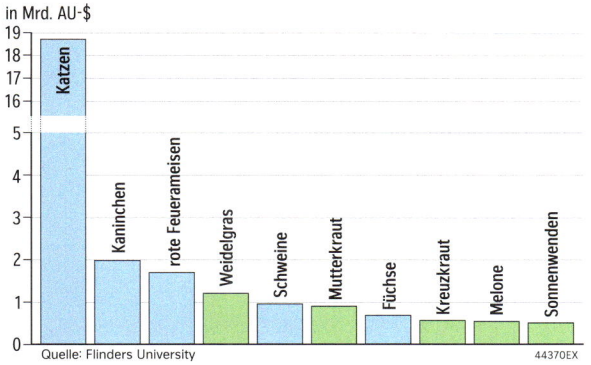

M 9 Schätzung der Kosten durch invasive Arten (Tiere, Pflanzen) in Australien seit 1960

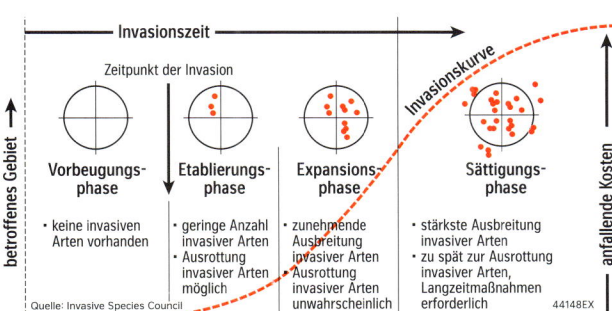

M 10 Invasionsdynamik eingeschleppter Arten

Schädlinge	ökonom. Auswirkungen	soziale Auswirkungen
Füchse	• Verluste an Lämmern und Geflügel • Beeinträchtigung der dauerhaften Schafzucht • Verluste an einheimischen Tierarten • häufige Verkehrsunfälle • Gelegenheit zur Jagd	• Verringerung des Farmeinkommens (finanzielle Stresssituationen) • physische Belastung • Umweltbeeinträchtigung • Verletzung von Verkehrsteilnehmern • Reparaturkosten an Fahrzeugen
Kaninchen	• Gras- und Weidelandverlust durch Kahlfraß • Erosionsschäden auf Weideflächen • Gelegenheit zur Jagd	• Verringerung des Farmeinkommens • zusätzliche Arbeit bei der Landbewirtschaftung • Umweltbeeinträchtigung

M 11 Probleme mit eingeschleppten Tierarten (Auswahl) im oberen Hunter Valley (Australien)

Bei Ihrer Ankunft in Neuseeland müssen Sie eine Passagierankunftskarte ausfüllen und alle Gegenstände mit Biosicherheitsrisiko deklarieren. [...]. Wenn Sie – auch versehentlich – eine falsche oder inkorrekte Erklärung abgeben, verstoßen Sie gegen das Gesetz und können mit einer Geldstrafe oder einer Gefängnisstrafe belegt werden. In Ihrer Passagierankunftskarte sind die Gegenstände aufgeführt, die ein potenzielles Risiko für Neuseeland darstellen:

• alle Lebensmittel [...]
• Tiere oder tierische Produkte – einschließlich Fleisch, Milchprodukte, Fisch, Honig, Bienenprodukte, Eier, Federn, Schalen, Rohwolle, Häute, Knochen oder Insekten
• Pflanzen oder Pflanzenerzeugnisse – Früchte, Blumen, Samen, Zwiebeln, Holz, Rinde, Blätter, Nüsse, Gemüse, Pflanzenteile, Pilze, Schilfrohr, Bambus oder Stroh, auch für religiöse Opfergaben oder medizinische Zwecke
• andere mit einem Biosicherheitsrisiko behaftete Gegenstände, einschließlich Tierarzneimittel, pflanzliche Arzneimittel, biologische Kulturen, Organismen, Erde oder Wasser
• Ausrüstungsgegenstände, die mit Tieren, Pflanzen oder Wasser verwendet werden, z. B. für Gartenarbeit, Bienenzucht, Fischerei, Wassersport oder Tauchaktivitäten
• Gegenstände, die für Aktivitäten im Freien oder in der Landwirtschaft verwendet wurden – einschließlich Schuhwerk, Zelte, Camping-, Jagd-, Wander-, Golf- oder Sportausrüstung

Quelle: Ministry for Primary Industries: How to declare items when arriving in NZ. Wellington 12.7.2020 www.mpi.govt.nz (Übersetzung: Thilo Girndt)

M12 Biosicherheitsüberprüfung bei der Einreise nach Neuseeland

M 13 Biosicherheitsmaßnahmen am Flughafen von Auckland

Zusammenfassung

Abgelegenheit und sozioökonomische Gegensätze

Aus europäischer Sicht am anderen Ende der Welt gelegen, waren Australien und Neuseeland bis in die erste Hälfte des 20. Jahrhunderts ein westlicher Vorposten im Pazifik und sind heute immer noch eng mit dem Vereinigten Königreich verbunden. Beide Länder zählen zu den hoch entwickelten Industriestaaten der Welt. Im krassen Gegensatz dazu befinden sich die anderen ozeanischen Staaten (bis auf Papua-Neuguinea kleine Inselstaaten und abhängige Gebiete) auf einem niedrigen Entwicklungsniveau. Die Ursache hierfür liegt in den geringen räumlichen Kapazitäten und der Abgelegenheit von globalen Handelsströmen der in einem riesigen Areal im Pazifik liegenden Inseln. Aber auch der anhaltende koloniale/neokoloniale Einfluss trägt zur Rückständigkeit der südpazifischen Inseln bei.

Neue Akteure im Großraum

Auch wenn die gesamte pazifische Region durch ihre Vergangenheit auf Europa und die USA ausgerichtet ist, hat sie sich heute zu einem wirtschaftlich und geostrategisch neuen indopazifischen Raum entwickelt, der von Afrika über Australien und die südpazifischen Inseln bis nach Nord-, Mittel- und Südamerika reicht und in dem die Volksrepublik China einen immer größeren Einfluss zu gewinnen versucht. Außerdem könnten zukünftig Indien, Südkorea und Vietnam als aufstrebende Staaten zumindest wirtschaftlich eine größere Rolle spielen. Australien versucht, seinen Status als Regionalmacht in der Region zu festigen.

Naturraum und Verwundbarkeit

Bis auf die polare und subpolare Zone sind in Australien/Ozeanien alle Klimate der Erde vertreten. Die Nutzung des Großraumes wird jedoch durch die Kleinteiligkeit der ozeanischen Inselwelt, durch die großen Transportdistanzen zwischen den Inseln, durch die Wetterextreme und deren Auswirkungen sowie durch die enormen Trockengebiete in Australien eingeschränkt.

Australien und Ozeanien gehören zudem zu den am stärksten von geophysikalischen (Erdbeben, Vulkanausbrüche), meteorologischen (Stürme), hydrologischen (Überschwemmungen) und klimatologischen (Dürre, Waldbrände) Naturereignissen gefährdeten Regionen der Welt. Neuseeland und viele südpazifische Inseln liegen auf dem pazifischen Feuerring, auf der Subduktionszone von Indisch-Australischer und Pazifischer Platte. Über 700 mittlere bis schwere Erdbeben im Jahr 2021 lassen erahnen, auf welchem Pulverfass zum Beispiel der neuseeländische Archipel liegt.

Das tektonisch ruhigere Australien hat hingegen mit vielfältigen Wetterextremen zu kämpfen. Fast jedes Jahr verursachen Dürren, Waldbrände und Überschwemmungen nicht nur große wirtschaftliche Schäden. Die zunehmenden Wetteranomalien im Zusammenhang mit dem globalen Klimawandel belasten die gesamte Region (z. B. Hitzewellen in Australien). Für die nur wenige Meter aus dem Meer ragenden südpazifischen Inselstaaten sind der ansteigende Meeresspiegel und die zunehmenden tropischen Wirbelstürme aber existenzbedrohend.

Bioinvasoren gefährden endemische Arten

Die Vielfalt von Fauna und Flora in der gesamten Region ist stark durch Bioinvasoren gefährdet. Siedler haben viele europäische Tier- und Pflanzenarten – teilweise aus Vergnügen, teilweise, um ihnen unbekannte Spezies zu bekämpfen – eingeschleppt und gefährden dadurch die endemischen Arten. Mit großem Aufwand werden die eingeschleppten Tiere und Pflanzen bekämpft.

Weiterführende Literatur und Internetlinks

Geographische Rundschau
- Australien und Ozeanien 10/2020
- Australien und Neuseeland 10/2012
- Australien 5/2005
- Biologische Invasionen 3/2011

Hermann Mückler: Australien, Ozeanien, Neuseeland. Berlin: S. Fischer 2020

Australien
Bettina Biedermann, Heribert Dieter (Hrsg.): Länderbericht Australien. Bonn: bpb 2012

Australian Bureau of Statistics
- www.abs.gov.au

Kurzinformationen zu Australien (Geographie, Geologie)
Australian Government
- www.australia.gov.au/about-australia/our-country
- www.australien-info.de
Geoscience Australia
- www.ga.gov.au/education/geoscience-basics.html

Neuseeland
New Zealand Statistics
- www.stats.govt.nz

Neuseeland: geographische und geologische Informationen
- www.newzealand.com/int/feature/new-zealand-geography-and-geology
Te Ara – The Encyclopedia of New Zealand
- teara.govt.nz/en

Statistische und aktuelle Informationen zu Erdbeben in Neuseeland
- www.geonet.org.nz

Biosicherheit in Neuseeland
www.mpi.govt.nz/biosecurity

Neuseeland: Informationen zu Pflanzen und Tieren
- www.newzealand.com/int/feature/new-zealand-flora-and-fauna/

The Commonwealth
- thecommonwealth.org

Südpazifische Inseln
Dittmann, A., Gieler, W., Kowasch, M. (Hrsg.): Die Außenpolitik der Staaten Ozeaniens. Paderborn, München, Wien, Zürich: Ferdinand Schöningh 2010

Pazifik Informationsstelle
- www.pazifik-infostelle.org

Pacific Aid Map
- pacificaidmap.lowyinstitute.org

Pacific Islands Forum
- www.forumsec.org

Informationen zum Klimawandel
Deutsche IPCC-Koordinierungsstelle
- www.de-ipcc.de
- bildungsserver.hamburg.de/klimawandel
- www.germanwatch.org/de/thema/klima

The Kiribati Climate Action Network
- kirican.wordpress.com

Sustainable Development Report/Index
- www.sdgindex.org

All Blacks: neuseeländisches Rugbyteam beim traditionellen Haka (zeremonieller Māori-Tanz) vor dem Spiel

2.1 Die Besiedelung Australiens und Ozeaniens

„Terra incognita" (lat. unbekanntes Land), „Blank of the maps" (weiße Flecken), „terra nullius" (lat.: Niemandsland) – diese Bezeichnungen findet man auf alten europäischen Karten für den Großraum Australien/Ozeanien vor dem Zeitalter der europäischen Entdeckungen. Doch auch wenn Australien/Ozeanien aus eurozentrischer Sicht noch ein weißer Fleck auf den Seekarten war, lebten hier schon lange Menschen.

Aborigines

Torres Strait Islander
Indigene Bevölkerung auf den Torres-Strait-Inseln nördlich von Queensland in Australien. Sie waren später aus Melanesien eingewandert und sind nicht mit den Aborigines verwandt.

Vor circa 40 000 Jahren, als die Landmasse durch die Meeresspiegelabsenkung noch sehr viel größer war, besiedelten die Vorfahren der heutigen Aborigines* in einer Kaltphase der Eiszeiten als sogenannte „Inselhüpfer" aus Südostasien das australische Festland (M 2). Schätzungsweise 500 unterschiedliche Clangruppen oder Völker (max. eine Million Indigene laut Schätzungen) mit eigenen Sprachen und Religionen lebten vor 250 Jahren auf dem Kontinent, in Tasmanien und den Inseln der Torresstraße (Torres Strait).

M1 Drua: fidschianisches, hochseetaugliches Doppel-Auslegerkanu

Melanesier, Mikronesier, Polynesier

„While Europeans were still paddling around in their small landlocked Mediterranean Sea [...], the Oceania „primitives" were moving about the wide Pacific in their canoes and populating all its far-flung (weit verstreut) islands."
Douglas L. Oliver,
US-amerikanischer Ethnologe

Bei der Besiedlung der unendlichen Weiten Ozeaniens legten Siedlergruppen aus Südost- und Ostasien mit hochseetauglichen, stabilen Booten (Auslegerkanus, M 1) mehrere Tausend Kilometer bis nach Polynesien zurück (M 5) und transportierten dabei auch Pflanzen und Tiere. Die Überfahrten wurden aus der Not geboren, denn die bis zu dieser Zeit besiedelten Gebiete waren äußerst knapp an bebaubarem Land und konnten nur von einer begrenzten Bevölkerungszahl bewohnt und bewirtschaftet werden. So trieb der wachsende Bevölkerungsdruck die Menschen in die Wasserwelt des Pazifiks, auf der Suche nach neuen, unbewohnten Inseln.

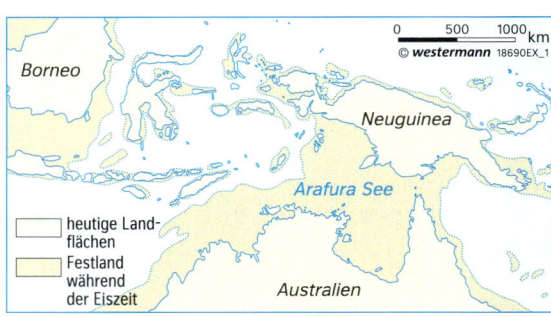

M2 Land-Meer-Verteilung während der letzten Kaltzeit

Europäer und US-Amerikaner

Einen tiefgreifenden Einschnitt erfuhr der Großraum, als Australien und Neuseeland Ende des 18. Jahrhunderts britische Einwandererkolonien wurden, Französisch-Polynesien und Neukaledonien von Frankreich und einige pazifische Inseln von den USA in Anspruch genommen wurden. Australien diente der britischen Kolonialmacht zunächst als Sträflingskolonie, weshalb die Bevölkerung 1820 zu zwei Dritteln aus ehemaligen Sträflingen und Inhaftierten bestand. Mit der Besiedelung durch Weiße begann eine rasche Dezimierung der Ureinwohner durch Vertreibung, Massaker und durch Krankheiten, gegen die die Aborigines keine Abwehrkräfte hatten.

M3 Nachbau der Endeavour im Hafen von Sydney. Mit der Endeavour entdeckte der englische Seefahrer James Cook auf seiner ersten Südseereise (1768–1771) neben zahlreichen kleineren Inseln auch Neuseeland und Australien.

Asiaten

Noch immer sind Australien und Neuseeland Einwanderungsländer. Aufgrund der relativen Nähe zum asiatischen Festland waren es während des ersten Goldrausches nach 1850 vorwiegend chinesische Immigranten, die zu Tausenden als ungelernte Arbeiter auf die Goldfelder Victorias strömten. Auch wenn der Rohstoffabbau immer noch lukrative Arbeitsmöglichkeiten für sie bietet, fragt der Dienstleistungssektor (Finanzwirtschaft, Rechts- und Steuerberatung in Verbindung mit der Rohstoffindustrie), der Tourismus sowie die Immobilienwirtschaft die Einwanderer aus China, Indien und den Philippinen nach. Es sind vorwiegend junge, gut ausgebildete Arbeitnehmer, die sich rasch integrieren und wirtschaftlich zum Allgemeinwohl beitragen.

M4 Goldgräber in Victoria (1901)

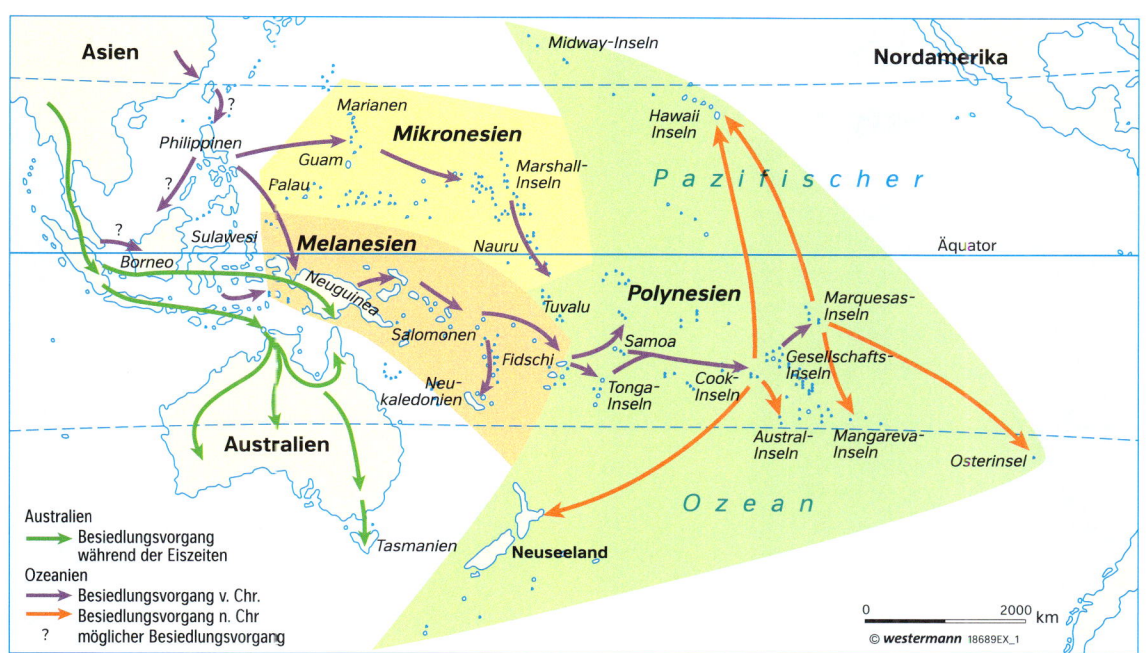

M 5 Besiedelung Australiens und Ozeaniens

Polynesien
bedeutet „viele Inseln". Altgriechisch „polýs" = viel und „nēsos" = Insel, Eiland

Melanesien
bedeutet „schwarze Inseln". Altgriechisch „melas" = schwarz und „nēsos" = Insel, Eiland. Melanesier: vom französischen Entdecker Jules Dumont d'Urville geprägter Begriff für die Bewohner (dunkelhäutige Menschen)

Mikronesien
bedeutet „kleine Inseln". Altgriechisch „mikros" = klein und „nēsos" = Insel, Eiland

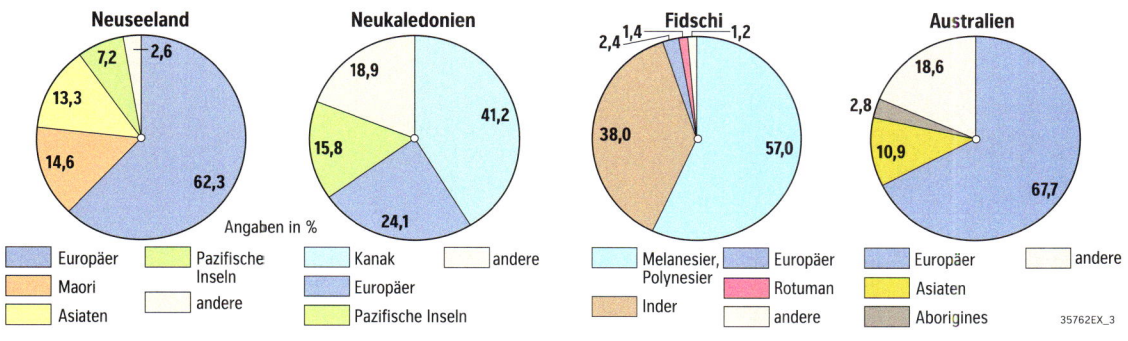

M 6 Ethnische Zusammensetzung der Bevölkerung Ozeaniens und Australien

Mit ihren Auslegerkanus segelten die Siedler in Mikronesien bis zu 500 Kilometer, in Polynesien sogar mehrere Tausend Kilometer. [...] Im Laufe der Jahre entwickelten die frühen Navigatoren – in den damaligen Gesellschaften nahmen sie die wichtigste Position nach dem Häuptling ein – ein immenses Wissen über Sternenverläufe und Strömungen. Das Wissen wurde in der Familie bewahrt und nur vom Vater an den Sohn weitergegeben. Sie hatten Sternenkompasse und Strömungskarten, haben sich in den Rumpf ihrer Boote gelegt, um die Strömungen zu erspüren. Denn veränderte Strömungen waren Anzeichen für Land, das man ausmachen musste, bevor man es sah, da die Inseln so klein waren. Weitere Indikatoren für Land waren Vögel, die man nur im Umkreis von 20 Seemeilen um Inseln beobachten konnte. Ohne technische Hilfsmittel, nur aus Wissen über die Natur gespeist, konnten sie so die kleinsten Inseln in der Weite des Pazifiks finden.
Quelle: Christiane Gorse: Südsee. Planet Wissen 2.7.2020

M 7 Quellentext zur Besiedelung Ozeaniens

Von zentraler Bedeutung für die beschleunigte wirtschaftliche und soziale Entwicklung Australiens war der Goldrausch Mitte des 19. Jahrhunderts. Das erste Gold war im April 1851 im 200 km westlich von Sydney gelegenen Bathurst (New South Wales) gefunden worden, aber schon Monate danach verschob sich der Schwerpunkt auf die Goldfelder der Kolonie Victoria. Die Goldablagerungen lagen an oder nur dicht unter der Erdoberfläche, was den Abbau mit einfachsten Methoden natürlich enorm erleichterte. Schon Ende des Jahres 1851 arbeiteten 20000 Männer in den Goldfeldern Victorias, auf dem Höhepunkt im Jahr 1858 zählte man 150000 Goldsucher.
Mehr als die Hälfte der Goldsucher waren britische Einwanderer, und immerhin 40000 Goldsucher waren aus China nach Australien emigriert. [Australiens Bevölkerung hatte sich von 430000 1851 zu 1,7 Millionen 1871 in nur 20 Jahren vervierfacht.]
Quelle: Bettina Biedermann, Heribert Dieter: Geschichte des Fünften Kontinents. In Länderbericht Australien. Bonn: bpb 2012, S. 69

M 8 Quellentext zu den Folgen des Goldrauschs im 19. Jh.

1. Beschreiben Sie die Besiedlungsrouten Australiens und Ozeaniens (M 5).
2. Hoher Bevölkerungsdruck in Gebieten Asiens trieb die Menschen in die Inselwelt Mela- und Mikronesiens. Begründen Sie das weite „Inselhüpfen" bis nach Polynesien.
3. Analysieren Sie die Bevölkerungszusammensetzung Australiens, Neuseelands, Fidschis und Neukaledoniens (M 6).

2.2 Pulsierende Städte und menschenleeres Hinterland

Australien/Ozeanien ist der Großraum der Erde mit der geringsten Gesamt-bevölkerung und der geringsten Bevölkerungsdichte. Neben fast unbewohn-ten Regionen gibt es aber auch Gebiete mit hoher Bevölkerungskonzentra-tion. Das menschenleere Outback Australiens, die nur gering besiedelten Southern Alps Neuseelands und unbewohnte Inseln im Pazifik stehen relativ kleinen, bevölkerungsmäßig hoch verdichteten Landesteilen oder Inseln gegenüber. Verantwortlich hierfür sind sowohl naturräumliche und besied-lungshistorische als auch infrastrukturelle und ökonomische Faktoren.

1. Gliedern Sie Australien und Neuseeland nach ihrer Bevölke-rungsdichte (M3, M5, M6, M7, M10, M14, Atlas).
2. Erläutern Sie die historischen Faktoren für die aktuelle Bevöl-kerungsverteilung Australiens und Neuseelands (M1, M2).
3. a) Beurteilen Sie die folgende Aussage aus einem australi-schen Geographiebuch: „There is a strong spatial associa-tion between the distribution of rainfall in Australia and the distribution of population" (M3, M4, Atlas).
   b) Überprüfen Sie diese Aussage für die Bevölkerungsver-teilung Neuseelands. Berücksichtigen Sie auch andere na-turräumliche Faktoren (M6, M9, M13, Atlas).
4. a) Charakterisieren Sie das soziale Leben in Verdichtungs- und in ländlichen Räumen (M8, M11, M12, M15).
   b) Entwickeln Sie Problemfelder, die aus diesen Disparitäten in Australien und Neuseeland entstehen.

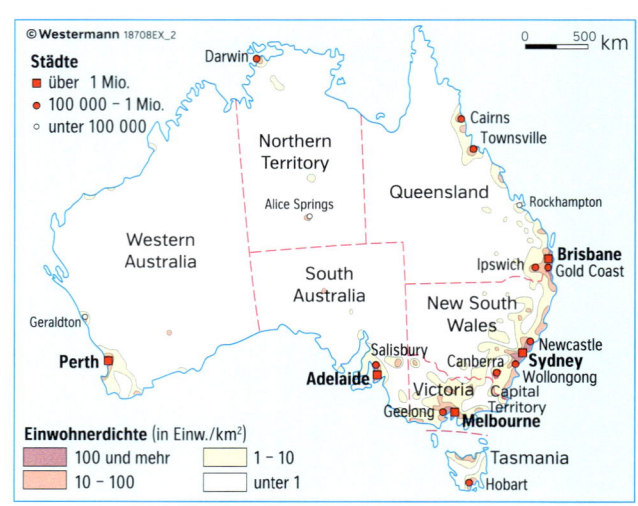

M3 Bevölkerungsverteilung in Australien

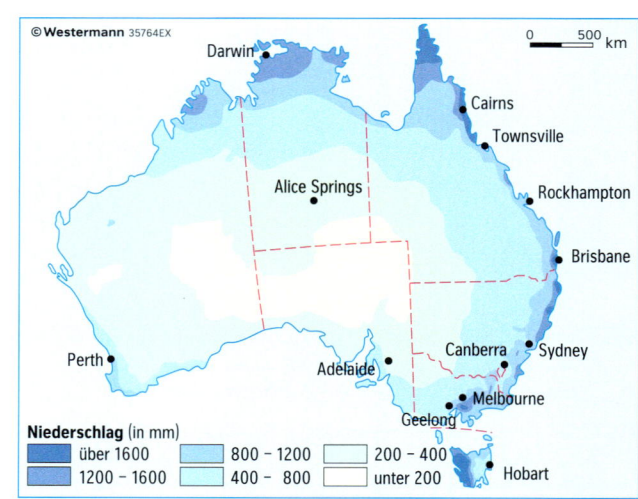

M4 Niederschlagsverteilung in Australien

Nicht unerheblich bei der heutigen Bevölkerungsverteilung war die historische Erschließung von kolonialen Siedlungsgebieten, wie die Errichtung von Sträflingskolonien in Australien. Noch heute spiegeln die Hauptstädte der Einzelstaaten diese Entwicklung wider. Ebenso verhielt es sich mit den Handelsplätzen, Militärstützpunkten und Missionsstati-onen in Neuseeland und auf einigen südpazifischen Inseln. Diese Städte haben ihre Vorrangstellung bis in die heutige Zeit hinübergerettet, denn sie waren die ältesten Städte in den jeweiligen Territorien und als „port capitals" Verbindungsglieder zwischen England, Frankreich und den Kolonien und damit Hauptzielgebiete der Einwanderung. Aufgrund ihrer historischen Verwaltungs- und Handelsfunktion für das jeweili-ge Territorium wiesen sie wichtige Standortvoraussetzungen für den Stadtausbau und für Investitionen auf, waren Verkehrsknotenpunkte in der Region und hatten von ihrer Naturraumausstattung eine höhere Tragfähigkeit gegenüber dem Landesinneren und daher weitaus bes-sere wirtschaftliche Nutzungsmöglichkeiten in ihrem unmittelbaren Einzugsbereich. Diese Vorteile wirkten wie Magnete auf die Einwanderer und ließen die Küstenstandorte wachsen.

M1 Historische Ursachen für die Bevölkerungsverteilung in Aust-ralien und Ozeanien

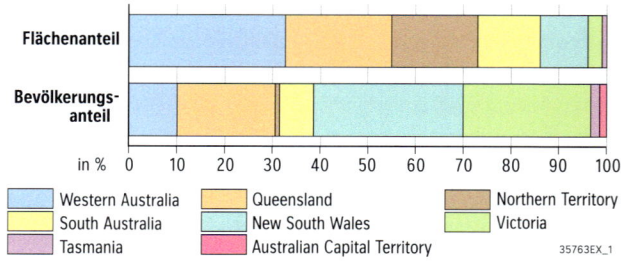

M5 Anteile der Flächen- und Bevölkerungsgröße nach Bundes-staaten in Australien (2021)

Jahr	Siedlungen AUS	Jahr	Siedlungen NZ	Jahr	Siedlungen südpazifische Inseln
1788	Sydney (Hauptstadt NSW)	1831	Otago-Harbour (bei Dunedin, Südinsel)	1818	Papeete (Hauptstadt Frz.-Polynesi-ens), ehem. Missionsstation
1804	Newcastle (NSW)	1835	Tauranga (Nordinsel)		
1804	Hobart (Hauptstadt TAS)	1835	Auckland (Nordinsel)	1820	Levuka (brit. Stützpunkt, Hauptstadt Fidschis bis 1877)
1822	Port Macquarie (bei Newcastle)	1841	New Plymouth (Nordinsel)		
1824	Moreton Bay Settlement (bei Brisbane: Hauptstadt QLD)	1842	Nelson (Südinsel)	1854	Nouméa (Hauptstadt Neukaledoni-ens), ehemaliger Stützpunkt
1829	Swan River Colony (Hauptort Perth: Hauptstadt WA)	1850	Canterbury-Region (Südinsel, bei Christchurch)	1879	Koné (Neukaledonien), ehemaliger Militärstützpunkt
1837	Melbourne (Hauptstadt VIC)			1906	Port Vila (Hauptstadt Vanuatus), ehe-malige brit./frz. Verwaltungsresidenz

M2 Erste europäische Siedlungen in Australien (Sträflingskolonien), Neuseeland (Auswahl) und südpazifische Inseln (Auswahl)

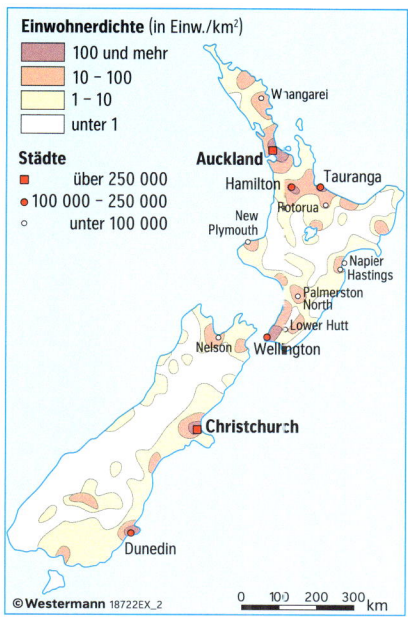

M 6 Bevölkerungsverteilung in Neusee-land

M 9 Satellitenaufnahme von Neuseeland

Niederschlag (in mm)
- über 3000
- 2000 – 3000
- 1250 – 2000
- 750 – 1250
- 500 – 750
- unter 500

Auckland • • Manukau

Wellington •

Christchurch •

Dunedin •

© westermann 35765EX

0 100 200 300 km

M 13 Niederschlagsverteilung in Neusee-land

Stadt	Einwohner
Sydney	5 361 466
Melbourne	5 096 298
Brisbane	2 582 007
Perth	2 141 834
Adelaide	1 378 413
Hobart	238 375
Darwin	146 982
Canberra	431 611
Hauptstädte insgesamt	17 376 986
Australien insgesamt	25 766 605

M 7 Bevölkerung der australischen Hauptstädte (2021)

Stadt	Einwohner
Auckland	1 463 000
Christchurch	380 600
Wellington	215 900
Hamilton	178 500
Tauranga	155 200
Lower Hutt	111 800
Dunedin	105 000
Palmerston North	81 500
Napier	66 700
Porirua	60 500
Neuseeland insgesamt	5 122 600

M 10 Bevölkerung wichtiger Zentren Neu-seelands (2021)

Städtische Bevölkerung	Anteil (in %)
Australien	86,24
Neuseeland	86,69
Neukaledonien	71,51
Fidschi	57,24
Französisch-Polynesien	61,97
Föderierte Staaten von Mikronesien	22,93
Vanuatu	25,52
Kiribati	55,59
Tonga	23,09

M 14 Verstädterungsgrad in Australien/ Ozeanien (2020)

M 8 Queen Victoria Night Market in Mel-bourne (Australien)

M 11 Gemischtwarenladen in Chillagoe (Queensland, Australien)

M 12 Schafauktion in Colgate (Canterbury, Neuseeland)

M 15 Shoppingmall in Auckland (Neusee-land)

2.3 Methodentraining: Anwendung von Modellen

1. a) Charakterisieren Sie den demografischen Wandel am Beispiel der Industriestaaten (M3).
   b) Analysieren Sie eine der in M3 angegebenen „Bevölkerungspyramiden".
   c) Stellen Sie mit den Geburten-, Sterbe- und den errechneten Wachstumsraten für die in M1 angegebenen Länder/Regionen jeweils die demografische Entwicklung zeichnerisch dar (M4).
2. a) Erläutern Sie die unterschiedliche demografische Entwicklung der einzelnen Länder/Regionen (M1).
   b) Ordnen Sie dem jeweils aktuellen Stand der demografischen Entwicklung der einzelnen Länder/Regionen eine Phase im Modell zu (M3).
3. a) Vergleichen Sie jeweils innerhalb eines Landes/einer Region die Entwicklung der Altersstruktur (M2).
   b) Begründen Sie mögliche sich ergebende Folgen aus den Altersstrukturen (2070) für die jeweilige Region (M2).
4. Vergleichen Sie die demografische Entwicklung der in M1 angegebenen Länder/Regionen und deren „Bevölkerungspyramiden" mit Ländern/Regionen auf anderen Kontinenten (Internet: z.B. www.populationpyramid.net).
5. Beurteilen Sie die Anwendbarkeit des Modells des demografischen Übergangs auf die in M1 angegebenen Länder/Regionen.

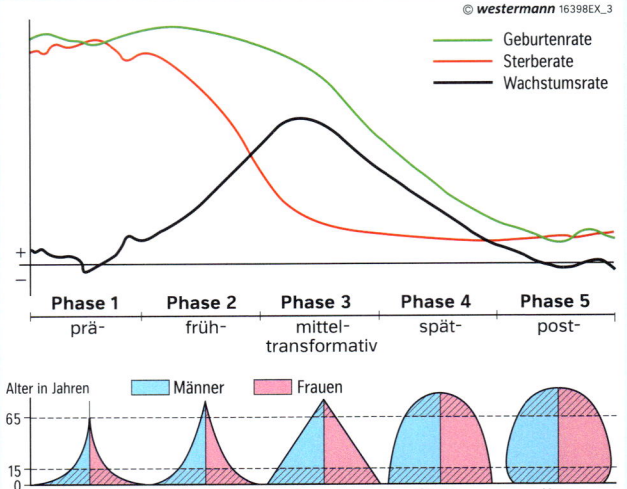

M3   Modell des demografischen Übergangs mit Alterstrukturen

Wachstumsrate

Die Wachstumsrate berechnet sich durch die Subtraktion der Sterberate von der Geburtenrate.

	Geburtenrate* (in ‰)								Sterberate* (in ‰)							
	1950–1955	1960–1965	1970–1975	1980–1985	1990–1995	2000–2005	2010–2015	2015–2020	1950–1955	1960–1965	1970–1975	1970–1975	1990–1995	2000–2005	2010–2015	2015–2020
Australien	23,0	21,4	19,1	15,5	14,7	12,8	13,5	12,9	9,3	8,6	8,3	7,3	7,1	6,8	6,7	6,6
Neuseeland	25,6	25,8	21,0	15,9	16,6	14,2	13,7	12,6	9,2	8,7	8,3	8,1	7,6	7,1	6,8	7,0
Melanesien	42,9	41,8	43,2	37,2	34,2	32,1	28,0	26,8	26,5	19,9	14,5	10,4	9,4	8,2	7,4	7,2
Mikronesien	40,4	41,6	35,7	34,2	29,9	24,7	21,0	20,9	13,7	11,0	8,4	7,4	6,1	5,3	5,5	5,7
Polynesien	47,6	44,5	36,1	33,5	29,6	24,5	21,3	19,6	14,7	11,2	8,6	7,0	6,1	5,5	5,6	5,8

M1   Entwicklung der Geburten- und Sterberaten in Australien und Ozeanien (Quelle: UN)

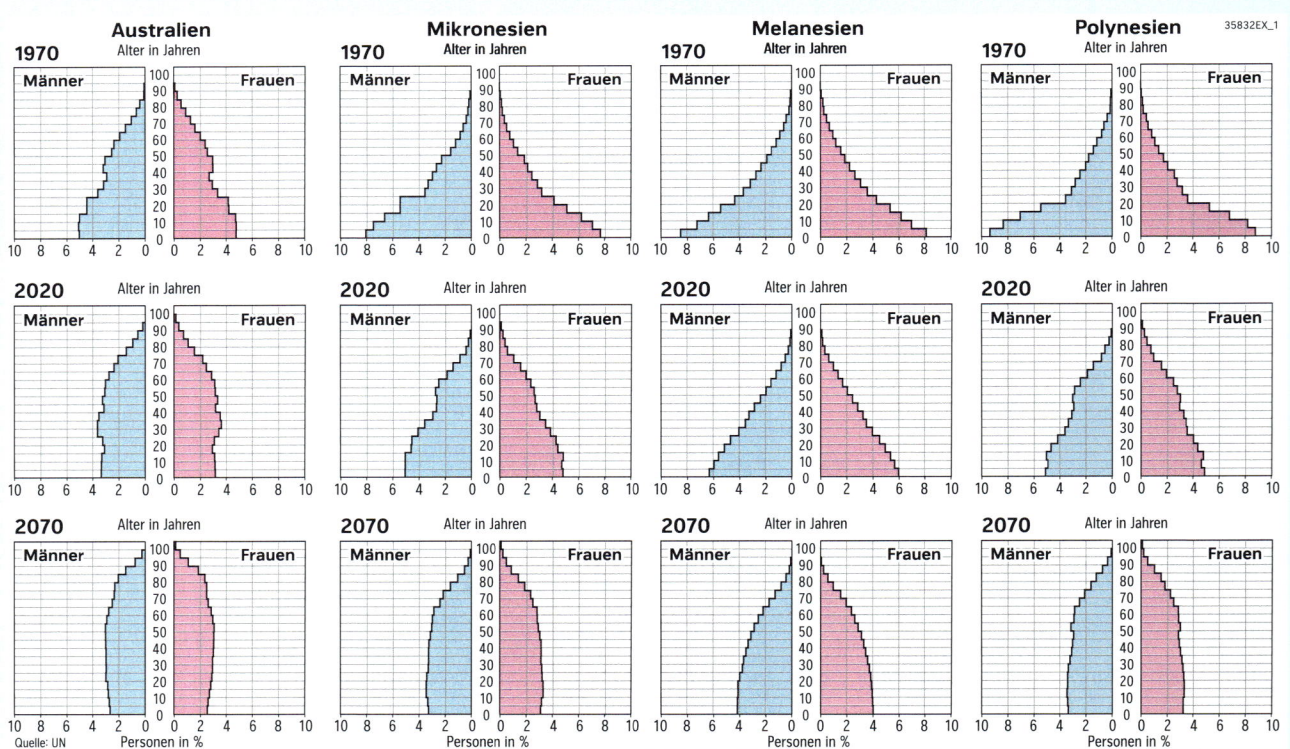

M2   Wandel der Altersstruktur in Australien, Mikronesien, Melanesien und Polynesien

Eigenschaften von geographischen Modellen

Ein Modell ist eine Nachbildung der Wirklichkeit. Es erfasst nicht alle (Einzel-) Aspekte der Realität, sondern generalisiert sehr stark, kann aber auf diese Weise komplexe Zusammenhänge vereinfacht darstellen. Die so grafisch erfassten allgemeinen, grundsätzlichen Inhalte eines Betrachtungsgegenstandes können dann auf unterschiedliche geographische Räume übertragen und auf ihre Gültigkeit überprüft werden. Beim Modell des demografischen Übergangs werden Entwicklungs- und Prozessabläufe abgebildet, aus denen dann Aussagen über das generative Verhalten der Bevölkerung abgeleitet werden. Diese Aussagen können im Anschluss auf die Altersstruktur der Bevölkerung übertragen werden, die wiederum direkte bzw. indirekte Schlüsse auf die gesellschaftliche und ökonomische Entwicklung einer Bevölkerungsgruppe bzw. einer Gesamtgesellschaft zulassen.

Modell des demografischen Übergangs

Das Modell des demografischen Übergangs vermittelt eine idealtypische Vorstellung der natürlichen Bevölkerungsentwicklung beim Übergang der Agrar- in eine Industriegesellschaft. Der Übergang von archaischen zu modernen demografischen Strukturen einer Gesellschaft verläuft dabei von einem Zustand mit hohen Geburten- und Sterberaten über eine Zwischenphase mit wachsenden Bevölkerungszahlen zu einer stabilen Situation, die sich durch niedrige Geburten- und Sterberaten auszeichnet. [...] Der schematische Verlauf von Geburten- und Sterberate trifft für die meisten Industrienationen zu. Der demografische Übergang lässt sich dabei jeweils zu unterschiedlichen Zeitpunkten ausmachen und ist von unterschiedlicher Dauer. [...] Das Modell des demografischen Übergangs [ist] kulturspezifisch und historisch auf die Industriestaaten bezogen, da es eng mit einem wachsenden Wohlstand aller gesellschaftlichen Gruppen verknüpft war. Andere kulturspezifische Gründe der veränderten demografischen Entwicklung können folglich nicht am Modell abgelesen werden. Bringt historisch gesehen die städtische Industriegesellschaft den Übergang durch das Zusammentreffen ökonomischer, sozialer und kultureller Veränderungen mit sich, so ist dies in vielen Entwicklungsländern nicht der Fall. Dort vollzieht sich der „demografische Fortschritt", z. B. durch den Einsatz wirksamer Arzneimittel aus den Industriestaaten, erheblich rascher, als dies in Europa der Fall war.

Quelle: Hermann J. Ohagen: Das Modell des demografischen Übergangs. Praxis Geographie extra, Modelle in der Geographie, 2014 S. 12 – 13

Anwendung und Grenzen des Modells

Das Modell des demografischen Übergangs besitzt wenigstens vier mögliche Anwendungsbereiche. So wird es zur Beschreibung, Klassifikation, Erklärung und Prognose der Bevölkerungsentwicklung eines Landes herangezogen. Die ersten beiden dieser Funktionen sind unstrittig. Das Modell leistet eine idealtypische Beschreibung der zeitlichen Veränderung von Fertilität und Mortalität*, die insbesondere für die westlichen Industrieländer gilt. Ferner gestattet es, verschiedene Länder nach dem Stand ihrer demografischen Entwicklung zu klassifizieren. Hingegen ist der Wert des Modells für die Erklärung von Veränderungen und zur Prognose zukünftiger Bevölkerungsentwicklungen fraglich. Der Kern der Kritik dieser Anwendung setzt daran an, dass das Modell beobachtete Einzelmerkmale europäischer Bevölkerungsbewegungen abstrahiert und Entwicklungstrends idealtypisch zusammenfasst. [...] Entscheidend für den geringen Prognosewert ist auch, dass die zeitliche Dauer einzelner Teilprozesse nicht genau bestimmt werden kann.

Quelle: Norbert de Lange et al.: Bevölkerungsgeographie. Paderborn: Schöningh 2014

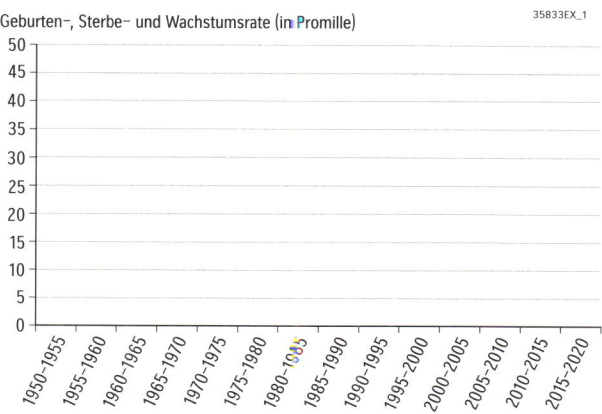

M 4 Vorlage für das demografische Übergangsmodell

Grafische Umsetzung der demografischen Entwicklung und Zuordnung des Altersaufbaus einer Gesellschaft

Aus statistischen Daten (M 1) werden in Kurvendiagrammen die Geburten-, Sterbe- und Wachstumsraten in ihrer zeitlichen Entwicklung dargestellt. Sie ergeben für das jeweilige Land eine spezifische eigene Entwicklung, die mit dem Modell/den Modellphasen verglichen und in den idealtypischen Verlauf eingeordnet wird.

Die Altersstruktur zu einem bestimmten Zeitpunkt (M 3) bezieht sich auf eine bestimmte Phase der demografischen Entwicklung. Dieser Bevölkerungsaufbau kann dann ebenfalls einer Phase des demografischen Verlaufs zugeordnet werden. Die generalisierte Einteilung in die Altersgruppen 0 – 15, 15 – 65, mehr als 65 Jahre (M 3) bezieht sich auf die im Wirtschaftsprozess befindlichen aktiven bzw. inaktiven Bevölkerungsanteile. Diese Einteilung ist jedoch mittlerweile bei Industrienationen und speziell bei sich entwickelnden Staaten zu hinterfragen.

Arbeitsschritte zur Auswertung und Einordnung der demografischen Entwicklung und der Altersstruktur

Orientierung
Verschaffen Sie sich einen Überblick über:
- Quelle, Veröffentlichungsjahr, räumliche und zeitliche Abgrenzung,
- Thema des Diagramms,
- Diagrammart, Achseneinteilung und -bezeichnungen,
- Art der verwendeten Zahlen.

Beschreibung und Ermittlung des Inhalts
Werten Sie das Diagramm und die Grafik (Altersaufbau) aus und beachten Sie:
- Maximal- und Minimalwerte,
- grundlegende Aussagen über Größen oder zeitliche Entwicklungen und Tendenzen.

Erfassen und Erklären von Zusammenhängen
- Analysieren Sie die dargestellten Zusammenhänge (z. B. Korrelation oder unterschiedlicher Verlauf der Kurven, Zuordnung der Altersstruktur zu einer Phase, M 3).
- Begründen Sie wichtige Zusammenhänge oder Tendenzen (Erklären von Bedingungen, Ursachen und Funktionszusammenhängen).
- Bewerten Sie die Sicherheit der getroffenen Aussagen.
- Formulieren Sie eine Gesamtaussage.

Wertung
- Beurteilen Sie schließlich die Darstellungsform und ihre Aussagekraft (z. B. Prognose für 2070 in M 2, Einteilung in aktive und inaktive Bevölkerung in M 3).
- Bewerten Sie die Sicherheit der Gesamtaussage.

2.4 Aborigines: anerkannt, aber immer noch diskriminiert

Bumerang werfende, Didgeridoo spielende oder bei der Jagd auf einem Bein stehende Ureinwohner Australiens sieht man selten, und wenn, dann nur beim Fotoshooting für Touristen. Einst in vielen Gruppen und Clans über einen ganzen Kontinent verteilt, sich gegenseitig anerkennend und respektierend, fristen sie heute oft ein Dasein am Rande der australischen Gesellschaft. Der ehemalige australische Premierminister Kevin Rudd hat sich zumindest für das den Aborigines* angetane Leid entschuldigt.

1. Fassen Sie charakteristische Merkmale der Geschichte der indigenen Bevölkerung* Australiens zusammen (M1–M5, Kap. 2.1).
2. a) Analysieren Sie die Bevölkerungsentwicklung sowie die historische und aktuelle Verteilung der indigenen Bevölkerung (M1, M2, M3, M6).
   b) Vergleichen Sie die aktuelle Verteilung mit der allgemeinen Bevölkerungsverteilung (S. 30: M3, Atlas).
3. Vergleichen SIe den sozioökonomischen und demografischen Status der indigenen und nichtindigenen Bevölkerung (M7, M9, M10).
4. Am „Australian Day" erinnern die Australier an die Ankunft der europäischen Siedler im Hafen von Sydney. Viele Einwohner wollen diesen Tag jedoch umbenennen in „Invasion Day", „National Survival Day" oder „National Aboriginal Day". Nehmen Sie Stellung zur Umbenennung des australischen Nationalfeiertages (M8, M11).

Schon kurz nachdem die britischen Kolonien in Australien gegründet worden waren, erhoben die Behörden Statistiken darüber, wie viele Schafe und Rinder gezüchtet, wie viel Getreide angepflanzt und wie viele Bodenschätze ausgegraben wurden. Und natürlich auch, wie viele Menschen einwanderten und wie sich die Bevölkerung entwickelte. Doch die Zahl der Aborigines, die den Kontinent seit 50 000 Jahren bevölkerten, interessierte niemanden. „Wir Black Fellas scherzten, dass wir wohl Teil der Flora und Fauna seien, weil wir ja nicht als Menschen betrachtet wurden", beschreibt ein Aborigine-Künstler [...]: „Doch das stimmte nicht einmal. Wir existierten überhaupt nicht."

Quelle: Patrick Zoll: Als Australien neben Schafen und Rindern auf einmal auch Aborigines zählte. Neue Zürcher Zeitung 29.5.2017

Vor dem Eintreffen der Europäer lebten schätzungsweise 300 000 Menschen auf dem Kontinent, verteilt auf etwa 500 Sprachgruppen. Eine Sprachgruppe, auch Nation genannt, ist eine Gruppe von Menschen mit der gleichen Sprache, die nach den gleichen Gesetzen und Regeln lebt. [...] Durch die Kolonialisierung wurden viele Sprachgruppen vernichtet und die sozial-gesellschaftlichen Strukturen überlebender Nationen ernsthaft gefährdet. [...]

Die soziale Struktur ist bei den Aboriginal People komplex. Jede Nation besteht aus mehreren Clans. Das sind Gruppen von 40 bis 50 Menschen, die nicht nur das gleiche Totem haben, sondern auch in einem Gebiet leben. Innerhalb eines Clans leben mehrere Familien. [...]

Die ersten Europäer, die den Fuß auf australischen Boden setzten, erkannten diese vielschichtige soziale Struktur und die damit verbundene Vielfalt nicht. Für sie waren die Bewohner des Kontinents eine homogene Gruppe, die sie „Aborigines" nannten, das sich von dem Lateinischen „ab origine" („von Ursprung") ableitet. In Australien wird dieser Begriff oft als geringschätzig empfunden und daher besser vermieden. Vielmehr wird der Begriff Aboriginal People bevorzugt oder die Namen, die sich Aboriginal People in einem bestimmten Gebiet selbst gegeben haben.

Quelle: Marion Caris: Wir waren schon immer hier. Für Vielfalt 3/2016 (Gesellschaft für bedrohte Völker)

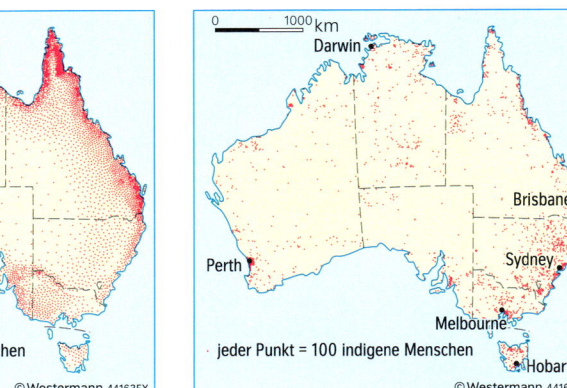

M1 Indigene Bevölkerung* (1788)

M3 Indigene Bevölkerung (heute)

M5 Quellentexte zu den Aborigines*

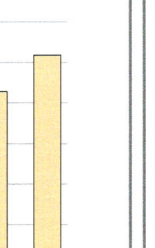

M2 Einwohnerentwicklung der Aborigines* in Australien

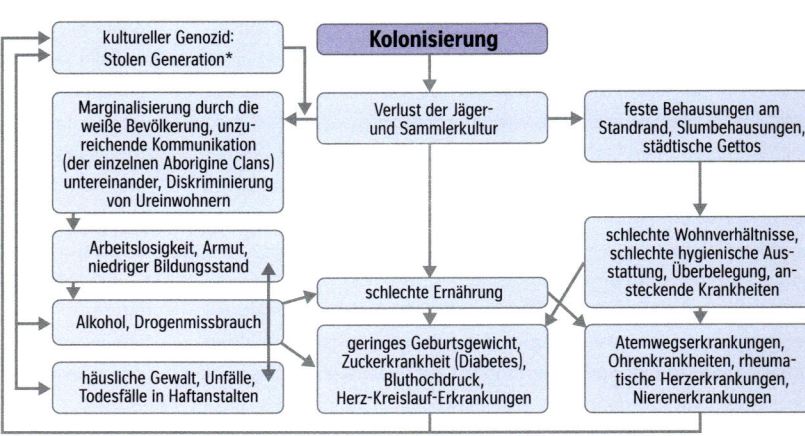

*Staatlich organisierte Entführung von Aborigine-Kindern, vorwiegend Mischlingskindern, durch die australischen Behörden und ihre Unterbringung in Heimen oder bei Pflege- und Adoptiveltern, um sie „gesellschaftsfähig" für das weiße Australien zu machen (Unterricht, Verbote, Zwangssehen)

M4 Benachteiligung der Aborigines durch die englische Kolonisation

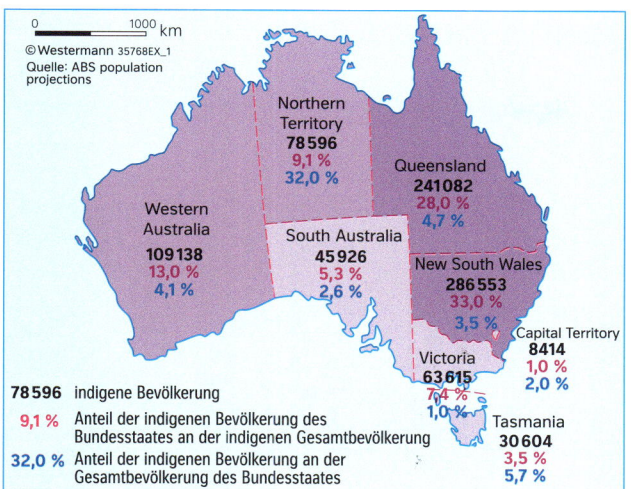

0 1000 km
© Westermann 35768EX_1
Quelle: ABS population projections

Northern Territory
78 596
9,1 %
32,0 %

Queensland
241 082
28,0 %
4,7 %

Western Australia
109 138
13,0 %
4,1 %

South Australia
45 926
5,3 %
2,6 %

New South Wales
286 553
33,0 %
3,5 %

Capital Territory
8 414
1,0 %
2,0 %

Victoria
63 615
7,4 %
1,0 %

Tasmania
30 604
3,5 %
5,7 %

78 596 indigene Bevölkerung

9,1 % Anteil der indigenen Bevölkerung des Bundesstaates an der indigenen Gesamtbevölkerung

32,0 % Anteil der indigenen Bevölkerung an der Gesamtbevölkerung des Bundesstaates

M 6 Anteil indigener Bevölkerung* in den Bundesstaaten (2020)

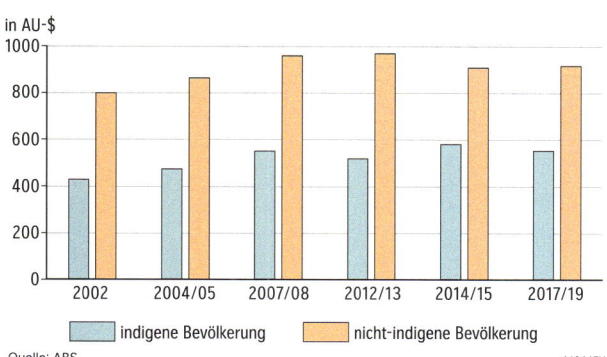

in AU-$

indigene Bevölkerung
nicht-indigene Bevölkerung

Quelle: ABS 44344EX

M 7 Wöchentliches Haushaltseinkommen der indigenen und nichtindigenen Bevölkerung (2002 – 2019)

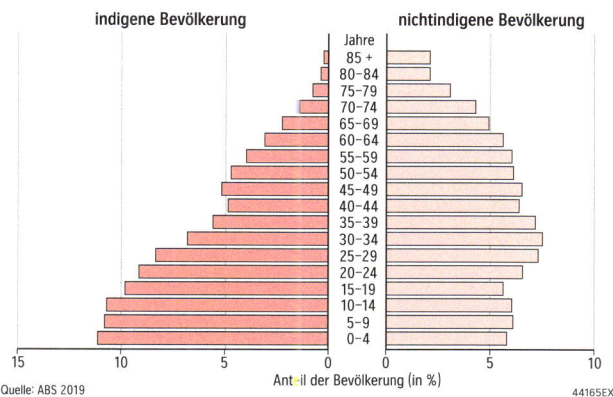

indigene Bevölkerung — nichtindigene Bevölkerung

Quelle: ABS 2019 44165EX

Anteil der Bevölkerung (in %)

M 9 Alterstruktur der indigenen und nichtindigenen Bevölkerung

		Indigene	Nichtindigene
Lebenserwartung	Männer	71,6 Jahre	80,2 Jahre
	Frauen	75,6 Jahre	83,4 Jahre
Kindersterblichkeit[1] (pro 1000 Geburten)	2008	1,816	1,044
	2020	1,475	0,688
Durchschnittsalter		21,8 Jahre	37,6 Jahre
Haushaltsgröße		3,2	2,6
Stadtbewohner		79,6 %	90,3 %
Inhaftierungsquote (pro 1000 Ew.)		20,87	1,64
Beschäftigte (15 – 64 Jahre)		49,1 %	75,9 %
Sozialhilfeempfänger		53,2 %	26,8 %
10-jähriger Schulbesuch		72,2 %	89,3 %
Erreichen der PISA- Kompetenz- Mittelwerte	Lesen	431	507
	Rechnen	426	495
	Naturw.	432	507

[1] Kinder unter 5 Jahren Quelle: Australian Bureau of Statistics

M 10 Ausgewählte Merkmale von indigener und nicht-indigener Bevölkerung in Australien (2017 – 2019)

M 11 Demonstration gegen das Datum des Australia Days in Sydney (26.1. 2020)

„Wir entschuldigen uns für die Gesetze und die Politik der aufeinander folgenden Parlamente und Regierungen, die unseren australischen Mitbürgern großen Schmerz, Leid und Schaden zugefügt haben. Wir entschuldigen uns vor allem dafür, dass Kinder von Aborigines und Einwohnern der Torres-Strait-Inseln ihren Familien, ihren Gemeinden und ihrem Land weggenommen wurden." Auf diesen Moment hatten die Ureinwohner Australiens, die Aborigines, seit vielen Jahren gewartet: Am 13. Februar 2008 entschuldigte sich Premierminister Kevin Rudd im Namen der Regierung für das Leid und das Unrecht, welches den Ureinwohnern des Landes widerfahren war. Tausende Menschen verfolgten die Rede in vielen Städten Australiens auf Großleinwänden. Als der Premierminister das Wort „Sorry" aussprach, kamen vielen Aborigines die Tränen. [...]

Bis in die 1970er-Jahre nahm man Aborigine-Familien fast einhunderttausend Kinder weg. Diese wurden in staatlichen oder kirchlichen Einrichtungen untergebracht oder wuchsen in weißen Haushalten auf. Jeglicher Kontakt der Kinder zu ihren Angehörigen war verboten. Der 26. Mai ist seit 1998 der Gedenktag für die „Stolen Generation". [...] Der Aborigine Peter Gunner gab vor einem Gericht zu Protokoll, was ihm passiert war: „Ich war sieben, als sie mich holten. Sie kamen in einem Lieferwagen zu der Farm, auf der unsere Familie arbeitete. Die Leute banden mich auf der Ladefläche des Wagens fest und brachten mich zu einer Missionsstation. Meine Eltern hatten mir von den Traumpfaden erzählt, auf denen wir mit unseren Vorfahren in Verbindung treten können. Wenn ich in der Mission davon reden wollte, schlugen sie mich mit einem Gartenschlauch. Barfuß schickten

sie mich zur Schule, wo ich mit viel jüngeren Kindern unterrichtet wurde. Als meine Schulausbildung zu Ende war, konnte ich weder lesen noch schreiben. Dafür setzte es auch Schläge, eigentlich schlugen sie mich ständig. Und wenn es nur dafür war, dass ich niemals zu dem Menschen wurde, den sie immer aus mir machen wollten."

Kevin Rudd entschuldigte sich in seiner Rede nicht nur für das Leid, das die Ureinwohner erlitten hatten, sondern er versprach auch, dass sich die Kluft zwischen dem weißen und schwarzen Australien schließen werde. Dies ist auch heute noch nicht der Fall.

Quelle: Horst Blümel: Sorry – und wie weiter? DLF 4.6.2018

M 8 Quellentext zur Gleichberechtigung von Aborigines*

2.5 Bundeshauptstädte als Bevölkerungsmagneten

Australien hat viel Platz! Dennoch drängeln sich mehr als 22 der circa 25,7 Mio. Einwohner in den 20 größten, meist küstennahen Städten. Während die Landbevölkerung nach einem kurzfristigen Zwischenhoch im Jahr 2001 wieder abnimmt, leben in den drei größten Städten des Landes – Sydney, Melbourne und Brisbane – heute 50,9 Prozent der australischen Bevölkerung. Und der Drang in die Küstenmetropolen ist ungebremst, mit enormen Auswirkungen auf die Städte und ihr stadtnahes Umfeld.

1. Erstellen Sie aus Ihrer Sicht eine Standortfaktorenliste für eine lebenswerte Stadt Ihrer Wahl in Australien oder Neuseeland. Berücksichtigen Sie hierbei geographische sowie sozioökonomische Faktoren (M1, Atlas, Internet).
2. Begründen Sie die hohe Attraktivität australischer und neuseeländischer Städte (M1, Internetlinks S. 44).
3. Beschreiben Sie das Bevölkerungswachstum der australischen Zentralstädte (M4).
4. Charakterisieren Sie die Verstädterung in Australien (M2, M4, M5, Kap 2.2: M3, M7, M14).
5. Analysieren Sie die Suburbanisierung der australischen Großstädte und die damit verbundenen Probleme (M3, M5, M6, M9).
6. Beurteilen Sie die Aussage eines australischen Journalisten: „Der suburbane Wohnungsbau ist eine ernsthafte Bedrohung für unsere lokale Lebensmittelversorgung (M7 – M13).

M3 Melbourne: Die Hauptstadt des Bundesstaats Victoria ist die am schnellsten wachsende Stadt Australiens (2020: +2,1 %). Seit 2006 sind über 50 Vororte entstanden. Melbournes Bevölkerungsdichte beträgt 584 Ew./km² (z. Vgl. Berlin 4108 Ew./km²)

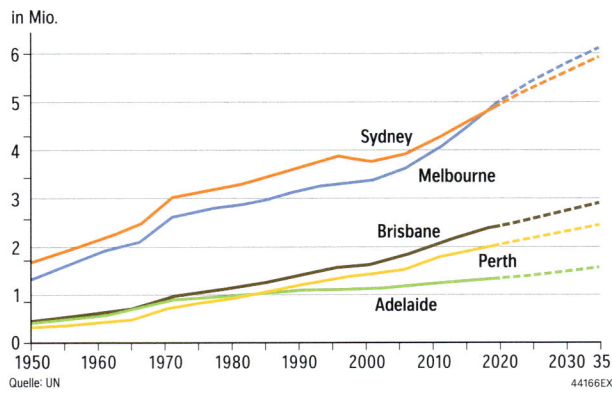

M4 Bevölkerungswachstum australischer Verdichtungsräume

[Australische und neuseeländische] Städte stehen an der Spitze einer Rangliste der lebenswertesten Städte der Welt, aber die Finanzierbarkeit des Stadtlebens bleibt eine Herausforderung. [...] Auckland belegte den ersten Platz in der Rangliste der lebenswertesten Städte der Welt im Jahr 2021, die von der Economist Intelligence Unit [EIU] erstellt wurde. Adelaide (3.), Wellington (4.), Perth (6.), Melbourne (8.) und Brisbane (10.) schafften es ebenfalls in die Top 10. Lebensqualität ist ein wichtiges Merkmal für eine Stadt, was das individuelle Wohlbefinden und den Zusammenhalt der Gemeinschaft beeinflusst [...]. „Ein hohes Lebensqualitätranking kann auch ein Statussymbol sein, das eine Stadt für internationale Migranten attraktiv macht. Der Lebensqualitätsindex der EIU bewertet 140 Städte weltweit nach den Faktoren, die den Lebensstil einer Person im vergangenen Jahr beeinflusst haben. Die Punktzahlen verteilen sich auf fünf Kategorien: wirtschaftliche Stabilität, Gesundheitswesen, Kultur und Umwelt, Bildung und Infrastruktur. [2019 schafften es auch drei australische Städte in die Top 10.]
Quelle: Why the most liveable cities are in Australia, New Zealand. Jones Lang LaSalle 14.7.2021 (Übersetzung Klaus Claaßen)

M1 Quellentext zur Beliebtheit australischer Städte

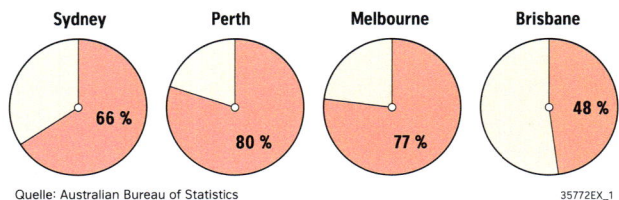

Quelle: Australian Bureau of Statistics   35772EX_1

M2 Anteil der Bevölkerung der Hauptstädte der Bundesstaaten an der Gesamtbevölkerung der Bundesstaaten (2020)

Im Jahr 2020 lebten über 90 Prozent der australischen Bevölkerung in Großstädten und deren Umland. Australische Städte haben eine ungewöhnlich niedrige Bevölkerungsdichte im Vergleich zu Städten in anderen Industrieländern mit ähnlicher Bevölkerungsgröße. Australiens Städte sind außerdem gekennzeichnet durch:
- kleine, dichte Kerne mit großen, dünn besiedelten Außenbezirken,
- eine segregierte Flächennutzung, bei der Wohn- und Arbeitsort oft durch große Entfernungen voneinander getrennt sind. [...]
Es gibt [...] ökologische, soziale und wirtschaftliche Auswirkungen dieser Art von Stadtform, die sich auch auf die menschliche Gesundheit auswirken, darunter
- vermehrter Autoverkehr [...], der Straßenverkehr erhöht auch die Treibhausgasemissionen und verringert die Luftqualität in bebauten Gebieten,
- Verlust von landwirtschaftlichen Flächen und Grünflächen, was zu einer Verringerung der Flächen für die Nahrungsmittelproduktion, die Erholung, die Bewegung und das Zusammenkommen in der Gemeinschaft führt und die Artenvielfalt beeinträchtigt, [...]
- sozioökonomische Ungleichheit, da erschwinglichere Wohnungen oft weiter von Stadtzentren und Arbeitsplätzen entfernt liegen, was längere Fahrzeiten und höhere Fahrtkosten mit sich bringt.
Quelle: Built environment and health. Australian Institut for Health and Welfare. Canberra 7.7.2022 (Übersetzung Klaus Claaßen)

M5 Quellentext zur Verstädterung in Australien

 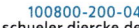

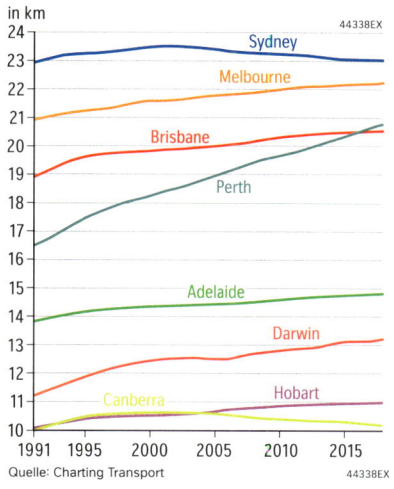

M 6 Durchschnittliche Entfernung der Einwohner vom Central Business District

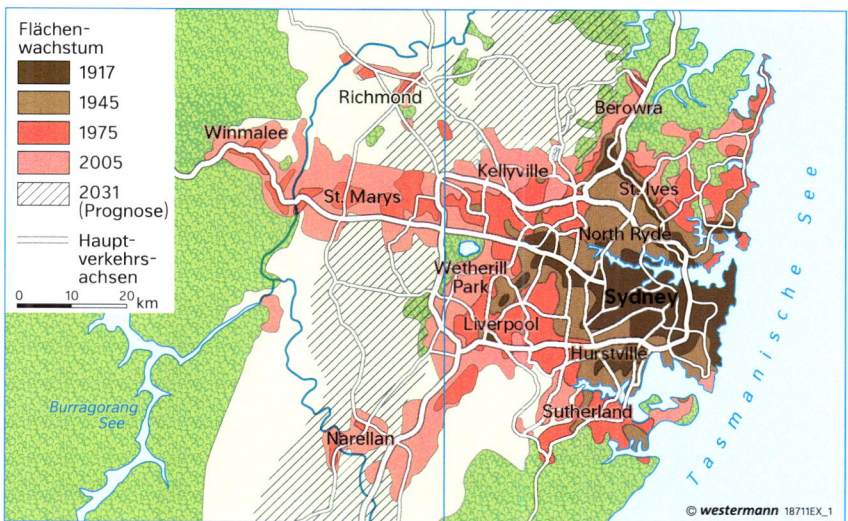

M 9 Flächenwachstum von Sydney

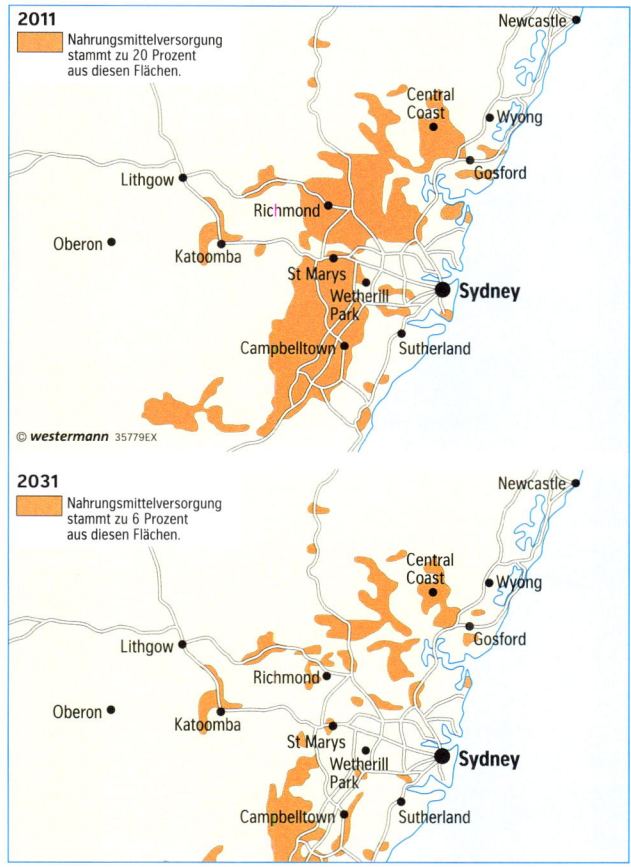

M 7 Nahrungsmittelproduktionsflächen Sydneys in Stadtnähe
2011 und 2031 (Prognose)

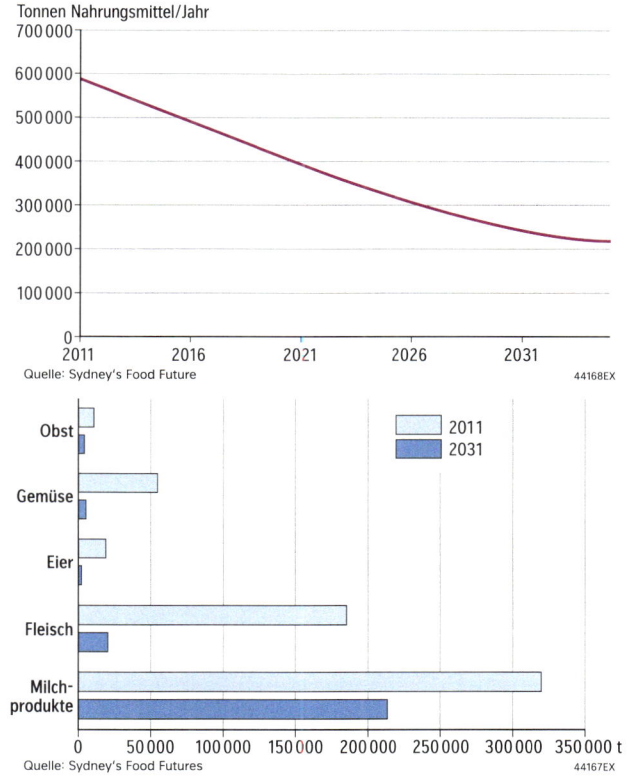

M 10 Sydneys Nahrungsmittelproduktion bei fortschreitender
Suburbanisierung (Prognose)

- geringe Versiegelung: Versickerungs- und Verdunstungsflä-
chen für Niederschläge, Temperaturreduzierung der städti-
schen Wärmeinsel
- Frisch- und Kaltluftflächen für den Luftaustausch und dadurch
Reduzierung des Wärmeinseleffektes von Städten
- Flächen für (heimische) Fauna und Flora
- geringe Umweltbelastung durch Marktnähe (Reduzierung der
CO_2-Emissionen durch Transport, Lagerung, Kühlung; weniger
Abfälle durch verdorbene Lebensmittel auf zu langen Trans-
portwegen vom Erzeuger zum Verbraucher; Verringerung des
Wasserfußabdrucks in entfernten Produktionsgebieten
- Arbeitsplätze in Stadtnähe

M 8 Merkmal stadtnaher Landwirtschaft

Wenn man in einer Großstadt wie Sydney lebt, muss man sich damit
abfinden, dass der Großteil der Lebensmittel wahrscheinlich von nicht
ortsansässigen Produzenten stammt. Nach Angaben des Nahrungs-
mittelanbauprojektes für Sydneys Zukunft deckt die derzeitige „Food
Bowl" nur 20 % des Bedarfs der Stadt, was bedeutet, dass 80 % der
Nahrung entweder transportiert, gekühlt gelagert oder aus einem
anderen Bundesstaat oder Land importiert wird. […] Da Sydney weiter
wächst und sich ausdehnt, wird geschätzt, dass das derzeitige Produk-
tionsangebot von 20 % in den nächsten 12 Jahren abnehmen und im Jahr
2030 nur noch 6 % des Nahrungsmittelbedarfs der Stadt decken wird.
Quelle: The Future of Sydney's Food Bowl. Foodlum 28.1.2020 (Übers.: K. C.)

M 11 Quellentext zur Nahrungsmittelproduktion in Sydney

2.6 Einwanderungsland Australien

„Welcome to Australia for those who've come across the sea." Australien galt lange Zeit als Einwanderungsland für Menschen aus der ganzen Welt und betrieb eine aktive Einwanderungspolitik. Heute sind nur noch Einwanderer willkommen, die ganz bestimmte Eigenschaften erfüllen: englischsprachig, gut ausgebildet (möglichst Handwerker), gesund und unter 45 Jahren. Seit einigen Jahren stehen vor allem Asylsuchende im Zentrum einer emotional geführten Migrationsdebatte.

1. Beschreiben Sie die Migration nach Australien (Verlauf, Herkunft der Einwanderer, Bedeutung beim Bevölkerungswachstum; M1, M4, M7, M8, M10).
2. Analysieren Sie das australische Migrationsprogramm (M4–M6).
3. Charakterisieren Sie die historische und aktuelle Einwanderungspolitik Australiens unter sozioökonomischen Aspekten (M2, M3, M6, M9).
4. „Das australische Punktesystem der Einwanderung reduziert Menschen auf bloßes Arbeitsmaterial!" Nehmen Sie Stellung zu dieser Aussage (M6, M9).
5. Nehmen Sie Stellung zur australischen Asylpolitik (M11–M13).

Fragen Sie doch mal einen Australier nach seiner Familiengeschichte, und Sie werden staunen, wie viele Menschen Ahnen aus aller Welt haben. Das liegt wohl auch daran, dass die „White Australia Policy"* nach dem Zweiten Weltkrieg nach und nach aufgelockert und 1973 schließlich ganz aufgehoben wurde. Einwanderung vor allem aus dem asiatischen Raum hat einen starken Aufschwung erlebt und immer mehr Menschen aus China, Indien und Malaysia kommen nach Down Under. Engländer stellen zwar immer noch die größte Migrantengruppe, gefolgt von Neuseeländern, doch ihre Zahl ist verhältnismäßig kleiner geworden. Menschen kommen heute aus aller Welt und aus den unterschiedlichsten Gründen: als Asylbewerber, Studenten, Facharbeitskräfte oder Familienangehörige. Viele Menschen haben ein Dauervisum in Australien und können je nach Umständen nach vier Jahren einen australischen Pass beantragen.
Quelle: Maria Röckmann: Einwanderung ist Tradition. Institut Ranke Heinemann 20.4.2018

M1   Quellentext zur Einwanderung nach Australien

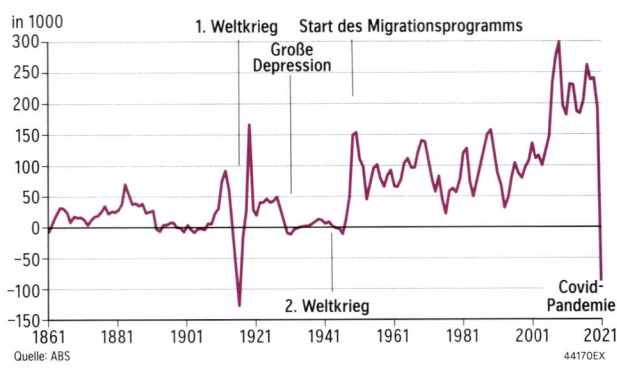

M4   **Nettomigration* in Australien**
Quelle: ABS

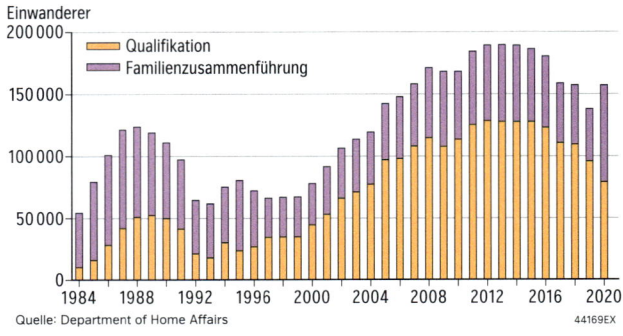

M5   **Ergebnisse des Migrationsprogramms**
Quelle: Department of Home Affairs

	2019-2020	2020-2021
verfügbare Einwanderungsplätze[1] (Zweck der Einwanderung: wirtschaftlicher Ausbau des Landes, Unterstützung des Arbeitsmarktes, Familienzusammenführung, Gestaltung der Gesellschaft)	140 366	160 052
Einwanderung nach Qualifikation[2]	68,28 %	49,74 %
Familienzusammenführung	31,66 %	50,21 %
besondere Migrationsgründe	0,05 %	0,03 %

[1] Jährlich werden in einem Migrationsprogramm eine Obergrenze sowie genau festgelegte Kontingente für bestimmte Einwanderungsgruppen angesetzt.
[2] Nach einem Punktesystem werden potenziellen Arbeitsmigranten Punkte für Schul- und Berufsabschlüsse sowie Berufserfahrung, Alter, Englischkenntnisse und andere arbeitsmarktrelevante Fähigkeiten erteilt.
Quelle: Australian Government: Department of Immigration and Border Protection

M6   Einwanderungskontingent nach Australien

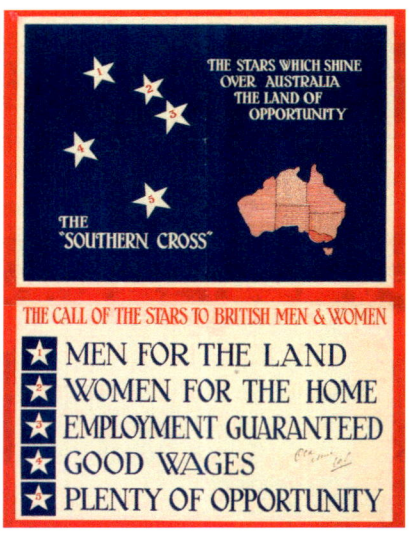

M2   **Plakat von 1928**

M3   **Plakat von 1947**

	2010	2018	2020
Ozeanien	51,74	29,97	20,07
Nordwesteuropa	76,65	50,26	14,74
Süd-/Osteuropa	14,41	14,66	3,58
Nordafrika/ Westasien	19,89	27,51	7,15
Südostasien	56,14	75,55	14,60
Nordostasien	73,51	104,04	15,39
Süd-/Zentralasien	42,34	140,20	18,34
Amerika	27,13	38,64	8,26
Subsahara-Afrika	16,80	19,14	6,31

Quelle: Australian Bureau of Statistics

M7   Herkunft der Einwanderer in Australien (in 1000; 2010, 2018, 2020)

 100800-200-01
schueler.diercke.de   100800-279-04
schueler.diercke.de

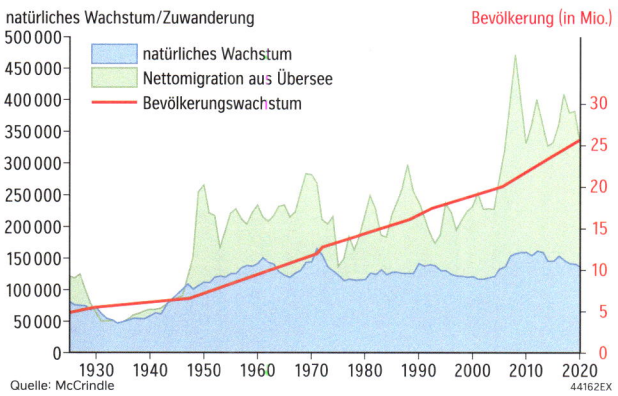

M 8   Bevölkerungswachstum Australien (1925 – 2020)

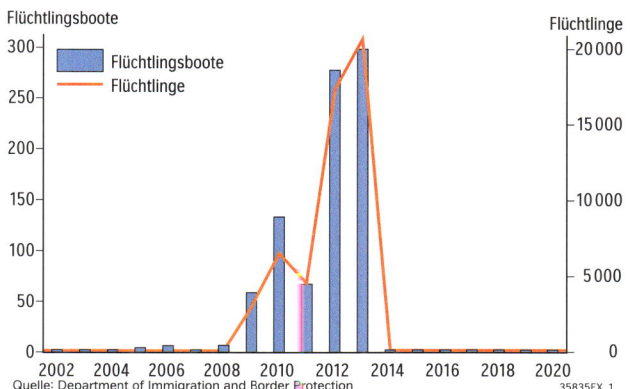

M 11   Illegale Bootsflüchtlinge in Australien

Traditionell wollen Fachkräfte in die großen Städte, da aber gibt es schon genug. Deshalb steuert Australien mit immer neuen Auflagen die Ansiedlung von Einwanderern. Erst mal in die Provinz, ist die Devise, denn dort wollen immer weniger Australier wohnen. [...] Mitten im australischen Nirgendwo [...] hauchen Einwanderer einem kleinen Dorf neues Leben ein. [...] Angefangen hat das mit ihr: Marylin – eine der ersten Einwanderinnen aus den Philippinen. Und mit ihm: Tom – dem Arbeitgeber, der verzweifelt nach Angestellten suchte. Wiegen, messen, pflegen. Veterinärassistentin Marylin ist für die Gesundheit von 5000 Ferkeln zuständig. Den Job hat sie schon auf den Philippinen gemacht, nur war er dort viermal schlechter bezahlt. Ihre Familie konnte damit gerade so überleben. Deshalb betrat sie an einem kalten Herbsttag 2008 australischen Boden. „Ich hatte damals ziemlich gemischte Gefühle. Ich musste meine fünf Kinder zurücklassen. [...] Aber ich habe auch die Chance auf eine gute Zukunft gesehen. Schwer zu beschreiben, was damals alles in mir vorging." Tom Smith hatte eine Anzeige in einer Zeitung in Manila geschaltet. Der Schweinezüchter suchte dringend Pfleger für seine 25 000 Tiere. Marilyn hat einen Bachelor und war bereit, ins Outback zu ziehen. Damit konnte sie relativ schnell ein Arbeitsvisum bekommen. Denn Australien sucht dringend ausländische Fachkräfte, die auf dem Land arbeiten wollen. „Das Tolle an den Philippinern ist: Sie sind gern Schweinezüchter, während der Beruf für Australier oft nur ein Notnagel ist. Verstehen Sie mich nicht falsch: Es gibt durchaus auch gute australische Arbeiter, aber wir bekamen einfach nicht genug." [...] Inzwischen hat Marilyn die Familie nachgeholt. Auch Ehemann Richard arbeitet im Schweinestall. [...]

Inzwischen sind fast 20 Prozent der Einwohner Philippiner, freut sich die Bürgermeisterin. Die Einwanderer haben nur Probleme gelöst und keine gemacht, erzählt Sheryl McKinnon.

Quelle: Sandra Ratzow: Australien – Einwanderer ins Outback. Das Erste 16.12.2019

Es war das Jahr 2013, als Australien dem Menschenschmuggel den Krieg erklärte und sich in eine Festung verwandelte. Wer per Boot illegal durch die Hintertür ins Land wollte, für den hieß es: Betreten verboten! Die australische Regierung sprach Asylbewerbern die Legitimation ab, weil sie durch mehrere sichere Drittländer gereist seien. Statt von Flüchtlingen sprach man von Asyltouristen. Der damalige Einwanderungsminister Scott Morrison erklärte Australien für ungebetene Migranten zum „Niemalsland": „Auch wenn sie als Flüchtling anerkannt werden: Australien wird sie nicht aufnehmen! Sie bleiben außerhalb unserer Grenzen, bis sich ein anderes Land findet, das sie aufnimmt." [...] Noch immer sitzen 239 Asylbewerber in Auffanglagern auf der Südseeinsel Nauru und in Papua-Neuguinea teils seit Jahren fest. In Camps, die Kritiker als „menschenunwürdig", die Regierung als „adäquat" bezeichnen. Die Insassen könnten sich schließlich außerhalb der Lager frei bewegen.

Die Schlepperboote sind gestoppt, niemand ertrinkt mehr bei der Überfahrt. Migrationsforscherin Jane McAdam glaubt trotzdem, Australiens multikulturelle Gesellschaft habe ihre Seele verkauft und dabei ihren guten, internationalen Ruf ramponiert: „Niemand möchte, dass Menschen auf hoher See sterben, aber wir verbannen Menschen aus den Augen, aus dem Sinn. Wir verschwenden 400 000 Euro im Jahr pro Flüchtling, um das Problem außer Landes zu halten. Jetzt sterben Flüchtlinge eben woanders." Australien lehnt den „UN-Migrationspakt für eine sichere und geordnete Migration" entschieden ab, man setzt strikt auf gezielte Einwanderung. So nimmt Australien jedes Jahr [ein bestimmtes, vorher festgelegtes Einwanderungskontingent] auf, dazu Flüchtlinge, die aus Auffanglagern überall auf der Welt umgesiedelt werden. Aus Lagern in Jordanien, Kenia oder Pakistan.

Quelle: Andreas Stummer: Abgeschoben wegen eines „schlechten Charakters"
Deutschlandfunk 31.5.2021

M 9   Quellentext zur Einwanderung ins Outback

M 12   Quellentext zur illegalen Einwanderung

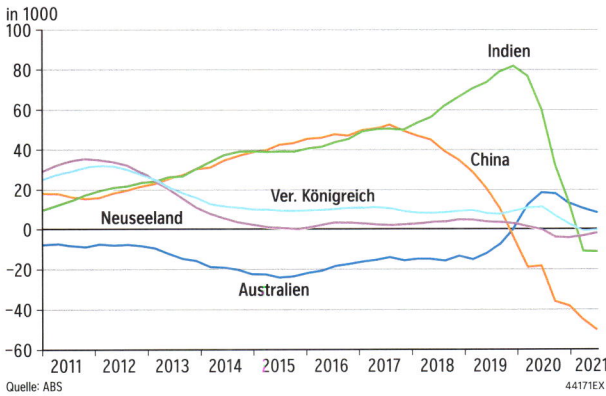

M 10   Australien: Nettomigration* nach Geburtsländern

M 13   Spottplakat über die australische Einwanderungspolitik

2.7 Multikulturelle Vielfalt

„Where are you from?" Das ist nicht gerade die beste Frage, gestellt an die Restaurantbedienung in Chinatown in Sydney oder an den Gemüseverkäufer im moslemisch geprägten Lakemba in einem australischen Suburb Sydneys. Sie müsste eigentlich heißen: „Where are you local?" (Wo sind Sie zu Hause?), und die Antwort würde in den meisten Fällen lauten: „Australia!" Australien ist heute eine Gesellschaft, deren multikulturelle Vielfalt überall zu sehen ist: im Kindergarten und in der Schule, am Arbeitsplatz, in der Freizeit und im täglichen Leben auf der Straße,.

1. Analysieren Sie die Entwicklung der australischen Bevölkerung nach ihren Herkunftsländern und der zu Hause gesprochenen Sprache (M1, M2, M4, M5).
2. Beschreiben Sie die Altersstruktur gebürtiger und in Übersee geborener Australier (M6).
3. Charakterisieren Sie die Multikulturalität Australiens (M7 – M11).
4. Nehmen Sie Stellung zu folgendem Spruch auf dem Eingangstor zur Chinatown in Sydney: „Within the four seas all are brothers (M1 – M11).
5. Stellen Sie die Veränderung des „chinesischen Charakters" in den „Chinatowns" in einem Wirkungsgefüge dar (M9).
6. Nehmen Sie Stellung zum Titel der Meldung einer australischen Nachrichtenwebsite: „Ugly reality of vibrant neighbourhood: Inside Australia's most Muslim suburb (M11).

M3 Grundschulklasse in Australien

Herkunft	Anteil	Herkunft	Anteil
Australien	29,9 %	Nordafrika, Westasien	3,2 %
Aborigines*	2,9 %	Südostasien	4,5 %
Ozeanien	1,0 %	China	5,5 %
England	33,0 %	übriges Nordostasien	0,9 %
Irland	9,5 %	Indien	3,1 %
Schottland	8,6 %	übriges Südasien	3,4 %
Italien	4,4 %	Amerika	1,4 %
Deutschland	4,0 %	Subsahara-Afrika	1,3 %
übriges Europa	7,3 %		

Mehrfachnennungen möglich   Quelle: Australian Bureau of Statistics

M4 Selbstangabe zur Herkunft (2021)

Sprache	2021	Sprache	2011
nur Englisch	72,0 %	nur Englisch	76,8 %
Mandarin	2,7 %	Mandarin	1,6 %
Arabisch	1,4 %	Italienisch	1,4 %
Vietnamesisch	1,3 %	Kantonesisch	1,2 %
Kantonesisch	1,2 %	Arabisch	1,3 %
Italienisch	0,9 %	Griechisch	1,2 %
Griechisch	0,9 %	Vietnamesisch	1,1 %
Punjabi	0,9 %	Punjabi	0,3 %
Filipino/Tagalog	0,9 %	Filipino/Tagalog	0,6 %
Hindi	0,8 %	Hindi	0,5 %
Spanisch	0,7 %	Spanisch	0,5 %
Nepalesisch	0,5 %	Nepalesisch	0,1 %
Koreanisch	0,5 %	Koreanisch	0,4 %

Quelle: Australian Bureau of Statistics

M5 Australien: Zu Hause gesprochene Sprachen (2011, 2021)

Ein kleines Mietshaus in Brisbane, wenige Kilometer Luftlinie von der University of Queensland. Hier wohnen eine Familie aus Papua-Neuguinea, Studenten aus England, eine Familie aus China, ein Franzose und seine japanische Verlobte und wir: eine Deutsche, die seit vier Jahren in Brisbane lebt, und ihr australischer Freund. Der sieht aber gar nicht „typisch australisch" aus und wird auf Partys immer gefragt, wo er denn eigentlich herkommt. Darauf antwortet er frech mit einem absichtlich übertriebenen Queensland-Akzent: „I'm from bloody Australia, mate." Und erklärt dann, dass er in Chile geboren wurde und im Alter von fünf Jahren nach Down Under ausgewandert ist. Heimisch fühlt er sich in beiden Ländern. Australien und Neuseeland sind zwei Gesellschaften, in denen Menschen aus aller Welt eine neue Heimat gefunden haben.
Quelle: Maria Röckmann: Einwanderung ist Tradition. Institut Ranke Heinemann 20.4.2018

M1 Quellentext zum multikulturellen Australien

Geburtsland	2010	2015	2021
UK	985090	1006540	927490
Indien	329510	449040	673352
VR China	371550	508870	549618
Neuseeland	517780	575430	530492
Philippinen	183770	241130	293892
Vietnam	203770	235590	257997
Südafrika	155950	177390	189207
Italien	204690	198510	165616
Malaysia	129880	143420	163326
Sri Lanka	96480	11970	131904

Quelle: Australian Bureau of Statistics

M2 Top-10-Geburtsländer der außerhalb Australiens Geborenen

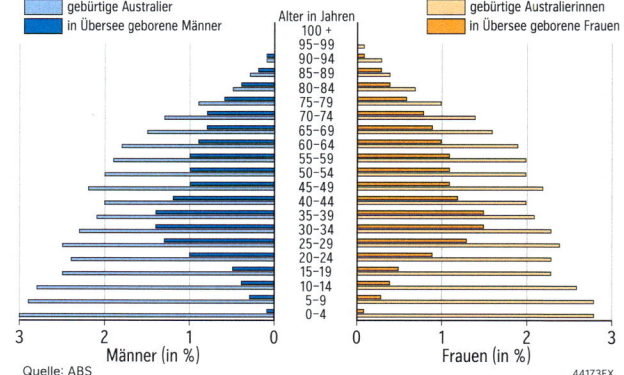

M6 Altersstruktur gebürtiger und in Übersee geborener Australier

M 7 Chinatown in Haymarket (Sydney)

M 10 Haldon Street Festival in Lakemba (Sydney)

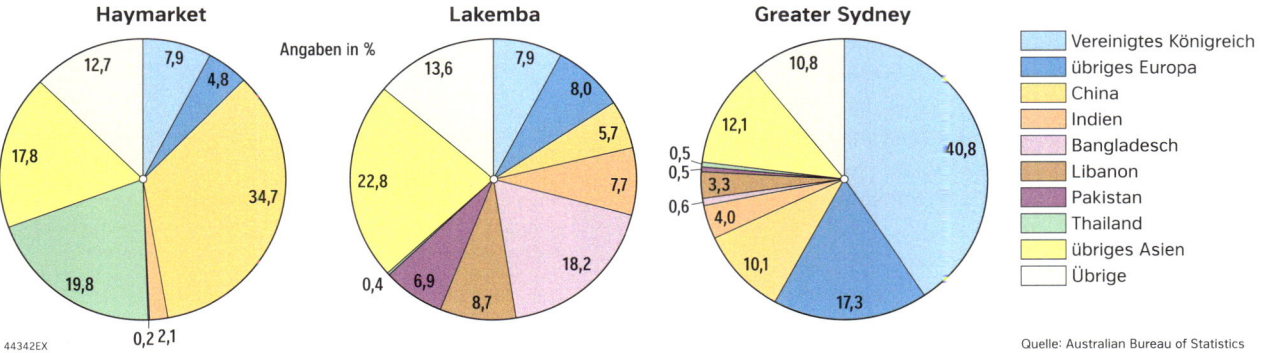

M 8 Herkunft der Einwohner in Greater Sydney und den Stadtteilen Haymarket und Lakemba (2016, Selbstangabe)

Quelle: Australian Bureau of Statistics

Legende:
- Vereinigtes Königreich
- übriges Europa
- China
- Indien
- Bangladesch
- Libanon
- Pakistan
- Thailand
- übriges Asien
- Übrige

Angaben in %

„Als ich 1970 [nach Sydney] kam, gab es eine ziemlich engmaschige Gemeinschaft – wenn ich durch Chinatown ging, kannte ich jeden. Das kann ich heute auf keinen Fall mehr tun", sagt [Simon Chan, der Präsident der Handelskammer von Sydney Haymarket.] In den vergangenen Jahrzehnten wurden Chinatowns auf der ganzen Welt zu einer Anlaufstelle für neu angekommene chinesische Einwanderer. „Sie neigen dazu, sich an einem Ort zu versammeln und Geschäfte zu gründen", erklärt Chan. „Im Laufe der nächsten Generationen versuchen sie in der Regel, sich ein besseres Leben aufzubauen, und ihre Kinder erhalten eine Universitätsausbildung. Viele der nächsten Generation bleiben nicht mehr in Chinatown, um das Familienunternehmen fortzuführen, weil sie Berufstätige geworden sind." [...]
„Meine eigenen Kinder halfen mir im Lebensmittelladen, aber sie hörten auf, als sie zur Universität gingen, weil sie das akademische Leben vorzogen", sagt er. Das heißt aber nicht, dass es in Australien weniger chinesische Einwanderer gibt. [...] Aber bei den Einwanderern, die nach Australien kommen, handelt es sich häufiger um akademisch gebildete Fachkräfte. „Als Student nach Australien zu kommen ist teuer, daher haben die Studenten, die kommen, meist wohlhabende Eltern. Sie können es sich leisten, hohe Mieten zu zahlen und den Luxus des Lebens hier zu genießen. Und weil sie ziemlich wohlhabend sind, sind sie auch besser ausgebildet." [...]
Chan sagt, er hoffe, dass die Stadt Sydney den Entwicklungsplan für Chinatown überprüfe und versuche, den chinesischen Charakter des Viertels zu erhalten. [...] „Überall auf der Welt werden die Chinatowns weniger chinesisch und mehr orientalisch. In Sydney gibt es jetzt Koreaner, Thailänder, Malaysier, Singapurer und Japaner. [...] Die ganze Mischung hat sich verändert."
Quelle: Jessica Mudditt: Chinatowns are dying. www.news.com.au. Sydney 7.8.2017 (Übersetzung: Klaus Claaßen)

M 9 Quellentext über Chinatown in Haymarket

Es ist brütend heiß in Lakemba, im Westen Sydneys, und drei Männer sitzen um einen Tisch vor einer Bäckerei, trinken eine Dose Solo [Softdrink] und lachen miteinander. [...] Ein stämmiger weißer Mann mit einem Strohhut, der sein rotes Gesicht verdeckt, kommt herüber, um unserem Gespräch über das Leben hier in einem der muslimischsten Vororte Australiens zuzuhören. „Ich lebe seit 43 Jahren hier", sagt er, während er sich knapp außerhalb der Hörweite der Gruppe aufhält. „Damals waren es hauptsächlich Engländer, Griechen und Polen. Jetzt ist die größte Bevölkerungsgruppe hier in Lakemba Bangladeshi. „Ich hasse es, ich bin Rassist." [...] Die Gruppe am Tisch – ein libanesischer Muslim, ein fidschianisch-indischer Katholik und ein burmesischer Atheist – schaut unbehaglich aus und beginnt, sich miteinander zu unterhalten. Die Worte des Mannes zeigen, wie sehr das Alltagsleben in einer der multikulturellsten Gegenden Australiens noch immer von Ressentiments gegenüber Einwanderern geprägt ist. [...]
Ganz in der Nähe, in Australiens erstem islamischen Bekleidungsgeschäft Nour Al Houda, sagt Geschäftsleiterin Zena Beydoun, dass alle möglichen Leute durch die Tür kommen. „Sogar Christen kommen in den Laden und kaufen langärmelige Bademode, Kaftane und Parfüm", sagt sie. [...] Dort, wo sie wohnt, im Erskine Park, begnügen sich ihre überwiegend anglo-europäischen Nachbarn mit einem schnellen „Hello, hello, how are you, bye". Aber sie sind Freunde. Sie wird über die Feiertage Weihnachtskarten und Pralinenschachteln verteilen. [...] Frau Beydoun, die seit sieben Jahren einen Hijab trägt, [...] sagt, dass die Menschen weiter westlich, am Stadtrand, anders auf ihr Kopftuch reagieren. [...] „Selbst wenn man versucht, sein Auto zu parken, springen einige Leute auf den Platz vor einem und beschimpfen einen, zeigen einem den Finger."
Quelle: Emma Reynolds: Ugly reality of vibrant neighbourhood: Inside Australia's most Muslim suburb. www.news.com.au 16.12.2017 (Übers.: K. C.)

M 11 Quellentext über das Leben in Lakemba

2.8 Leben im Outback

Blinddarmentzündung, Armbruch, Einkauf, ein kühles geselliges Bier im Pub, Ersatzteile für Pumpen und Fahrzeuge, Unterricht für die Kinder, Transport von schlachtreifen Rindern und Schafen: Das alles sind echte Herausforderungen für die Bewohner in der Einsamkeit und Isolation des Outbacks. Die nächste größere Siedlung liegt oft eine Tagesreise mit dem Auto entfernt, der nächste Arzt zwei Flugstunden, Ersatzteile sind nur in Küstenstädten zu beschaffen. Planung ist hier alles!

1. Charakterisieren Sie das Outback, indem Sie auch topographische und klimatische Aspekte berücksichtigen (M5, Atlas).
2. Analysieren Sie die Hauptverkehrsinfrastruktur Australiens und die Anbindung des Outbacks (M2, M3, M8, Atlas).
3. Beschreiben Sie den Nutzen von Road Trains (M2, M11).
4. Erläutern Sie die Bedeutung des Royal Flying Doctor Service (M5–M7, M9, M10).
5. Fernunterricht ist auch in Deutschland angekommen. Vergleichen Sie unseren Distanzunterricht mit dem der „School of the Air" in Australien (M12, M13, Internet).

Outback
- Abseits jeglicher Zivilisation
- einzelne Rinder- oder Schaffarmen, Bergbaustationen
- riesige Entfernungen zwischen Nachbarn
- wenig asphaltierte Hauptstraßen, Pisten nur mit Allradfahrzeugen befahrbar
- Roadhouses (Allzweckhäuser bei Einzelsiedlungen): Tankstelle, Motel, Kneipe, Post, Bank, Supermarkt, Reparaturwerkstatt

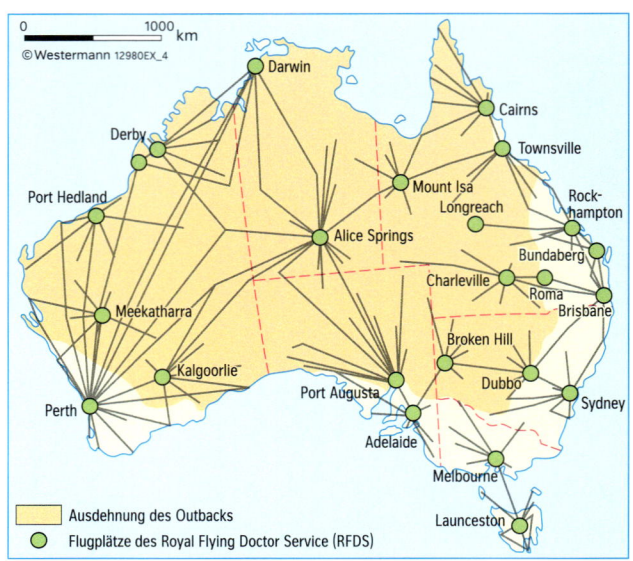

M5 Einsatzgebiet des Royal Flying Doctor Service (gemeinnützige ärztliche Versorgung von Menschen in den wenig besiedelten Gebieten Australiens mithilfe von Flugzeugen)

Jahr	Patienten	Flugeinsätze/Tag	Flugzeuge	Flugkilometer/Jahr
2020/21	337686	309	79	28953688
2017/18	335125	104	71	26863558
2014/15	292174	177	66	26847325
2012/13	295156	142	63	26615486

M6 Entwicklungen der Hilfsleistungen des RFDS

M1 Straße mit Notlandebahn

M3 Haupteisenbahnverbindungen

M7 Flughafen Alice Springs

M2 Hauptstraßennetz (National Road)

M4 Personenzug bei Alice Springs

M8 Flughäfen

M 9   Royal Flying Doctor Service im Einsatz

M 12 Lehrerin von School of the Air

Zwei Stunden – dann sollte auch in den entlegenen Regionen Australiens spätestens medizinische Hilfe beim Patienten eintreffen. Das einzuhalten ist nur aus der Luft möglich. Der Royal Flying Doctor Service of Australia (RFDS) ist nicht nur einer der größten, sondern auch einer der bekanntesten Luftrettungsdienste der Welt. Sein Einsatzgebiet umfasst sagenhafte 7,69 Millionen Quadratkilometer, die rund um die Uhr abgedeckt werden. Zum Vergleich: Die Fläche Deutschlands umfasst gerade einmal 357 386 Quadratkilometer. [...]

Auch wenn sich dank moderner Technologien die Lebensqualität für viele Menschen in den abgelegenen Gegenden des Landes verbessert hat, stellen die weiten Entfernungen bis heute eine Herausforderung dar. „Das Outback wird dank weiterentwickelter Technologie immer besser vernetzt, doch viele Gebiete sind nach wie vor sehr isoliert, abgelegen und dünn besiedelt. Wenn Sie auf einer abgelegenen Station oder in einer dünn besiedelten Stadt im Outback leben, ist der Zugang zu medizinischer Beratung und Hilfe von entscheidender Bedeutung. Der RFDS erprobt und wendet die neuesten Luftfahrt-, Medizin- und Kommunikationstechnologien an, um schnellere und effizientere Gesundheitsdienste in diesen Gebieten zu ermöglichen. Neue Jets, die auf Schotterpisten landen können, cloudgestützte Tele-Gesundheitsdienste zur Behandlung chronischer Krankheitszustände und mobile Hightech-Zahnarztdienste sind Beispiele dafür [...]. „Unsere neuen Flugzeuge [...] sind die ersten ihrer Art auf der ganzen Welt. Diese ‚Notfallstationen‘ an unserem Himmel bieten Platz für drei Krankentragen und zwei medizinische Teams, bestehend aus vier Ärztinnen und Krankenpflegerinnen. Diese Jets können auf unversiegelten Start- und Landebahnen mit einer Länge von bis zu 800 m landen und starten. Sie können bestehende Flugzeiten halbieren und längere Strecken zurücklegen."
Quelle: Urs Weber: Royal Flying Doctor Service – Rettung im Outback Feuerwehr 9/2020

M 10 Quellentext zum Royal Flying Doctor Service

Kinder, die über Hunderte Kilometer verstreut im Outback leben und dennoch beschult werden müssen: Distanzunterricht ist in Australien seit 70 Jahren Alltag, erst per Funk, jetzt online. Die Erfahrung zeigt: Das muss kein Nachteil sein. Seit Corona muss Schuldirektorin Kerrie Russell immer öfter nachsitzen. Da sind Anrufe aus Usbekistan oder den Vereinigten Arabischen Emiraten und E-Mails aus China, den USA und ganz Europa. Oft verzweifelte Lehrerinnen und Lehrer bitten sie um Rat. [...] Die „School of the Air" hat die größten Klassenzimmer der Welt. [...] Weil (die Schüler) nicht in die Schule kommen können, kommt die Schule eben zu ihnen. Per Satellit. Im Studio 1 der „School of the Air" in Broken Hill, 1100 Kilometer nordwestlich von Sydney. [...] „Good morning everybody", begrüßt (Trish Brayshaw) ihre Schüler. Ein Mausklick und (sie) kann auf ihrem Monitor sehen, dass die ganze Klasse 2c eingeloggt hat. Alle acht Kinder. Mrs. Brayshaws Klasse ist über gut 800 000 Quadratkilometer verteilt, eine Fläche mehr als doppelt so groß wie Deutschland. Trotzdem bekommen die 2c und alle übrigen Klassen täglich zwei Stunden interaktiven Videounterricht auf dem Heimcomputer, ohne Zeitverzögerung, störungsfrei und in Farbe. [...] Einmal im Jahr fährt jeder „School of the Air"-Lehrer für 14 Tage mit dem schuleigenen Allrad-Jeep los und besucht jedes Kind seiner Klasse zu Hause. Zeit, um Schwächen auszubügeln, aber auch um das nachzuholen, worum Distanzlehrerinnen wie Kathy Hogan ihre Kollegen in gewöhnlichen Schulen am meisten beneiden: den persönlichen Kontakt mit ihren Schülern. „Ich hätte die Kinder gern jeden Tag vor mir, um zu sehen, was sie im Unterricht machen, ob sie abgelenkt sind oder nicht. Auch wie sie miteinander umgehen, wenn Pause wäre. Aber es ist schön zu sehen, wie sehr sich die Eltern um die Schulbildung ihrer Kinder kümmern."
Quelle: Andreas Stummer: Keine Angst vor Distanzunterricht. DLF 16.2.2021

M 13 Quellentext zum Schulunterricht im Outback

M 11 Road Trains transportieren alles dorthin, wo weder Schienen noch Wasserwege verlaufen. Maximale Länge: 53,50 Meter, Höhe: 4,60 Meter, Gesamtgewicht ohne Zugmaschine: höchstens 132 Tonnen; auf privatwirtschaftlichen Straßen: Länge bis zu 100 m

Zusammenfassung

Besiedelung und Verdrängung

Die Besiedlung des kleinsten Kontinents und der Wasserwelt Ozeaniens verlief in mehreren Etappen. Die heutigen Ureinwohner (Mela-, Mikro- und Polynesier, Aborigines, Maori) kamen vom asiatischen Festland und richteten sich immer wieder in ihrem „Zuwanderungsland" ein. Wurde der Bevölkerungsdruck zu groß, zog man weiter zur nächsten Insel. Einen tiefgreifenden Einschnitt erfuhren Australien und Neuseeland, als sie Ende des 18. Jahrhunderts britische Einwanderungskolonien wurden (erst als Sträflingskolonie) und zahlreiche südpazifische Inseln von Frankreich und den USA in Besitz genommen wurden.

Durch die Kolonialisierung Australiens, Neuseelands und der südpazifischen Inseln wurde die indigene Bevölkerung ihres Landbesitzes, ihrer Kultur und aller Rechte beraubt. Sie wurde an den Rand der von der „europäisch"-australischen, „europäisch"-neuseeländischen und „französisch"-polynesischen oder „US-amerikanisch"-mikronesischen Bevölkerung geprägten Gesellschaft gedrängt und, wie zum Beispiel in Australien, auf kaum nutzbares Land umgesiedelt. Dadurch führte die indigene Bevölkerung in Australien/Ozeanien bis zur (vollen) Anerkennung ihrer Menschenrechte ein oft menschenunwürdiges Leben. Hiervon haben sich die nachfolgenden Generationen bis heute immer noch nicht erholt.

Einwanderung und multikulturelles Zusammenleben

Das klassische Einwanderungsland Australien hat mittlerweile seine Einwanderungspolitik verändert. Einwanderung erfolgt strikt nach sozioökonomischen Kriterien (für die Wirtschaft brauchbare Qualifikation, Familienzusammenführung, regionale Arbeitsmarktengpässe). Gegen die illegale Einwanderung nicht nur von asiatischen Bootsflüchtlingen wird massiv vorgegangen.

Dennoch ist Australien von einer starken Multikulturalität geprägt. Auch wenn die englisch stämmige Bevölkerung den größten Anteil einnimmt, sind die asiatischen Geburtsländer der Einwanderer auf dem Vormarsch, hier vor allem Indien und China. Dies drückt sich auch in der gesprochenen Sprache aus (zum Beispiel Mandarin) und in der Religionszugehörigkeit. Gerade in den großen Städte findet durch die multikulturelle Zuwanderung auch eine ethnische Viertelsbildung mit sozialen Spannungen statt.

Bevölkerungsverteilung

Neben (fast) unbewohnten Festlandsregionen und Inseln gibt es punktuell beziehungsweise linienhaft hohe Bevölkerungskonzentrationen in Australien und Ozeanien. Von Natur aus siedlungsfeindliche Gebiete (mit Trockenheit, Wüsten, Gebirgen, zu hohen Niederschlägen, Überschwemmungen und zu tiefen Temperaturen) wechseln mit (teilweise) historisch bedingten Bevölkerungs-Hotspots, die seit ihrer Gründung schon immer infrastrukturell gut ausgestattet waren. Diese demografischen Disparitäten werden heute noch durch Binnenwanderung und internationale Zuwanderung verstärkt. So wachsen gerade die Hauptstädte der australischen Bundesstaaten und die Küstenmetropolen und bilden ins Umland zerfließende Vorortregionen, die die stadtnahen Lebensmittelproduktionsflächen stark einschränken und den Individualverkehr in die Höhe schnellen lassen. In diesen Konzentrationspunkten findet das „wahre" Leben in Australien statt, während das siedlungsfeindliche Outback in fast völliger Isolation verschwindet und nur dank innovativer Lösungen (Bildung, medizinische Versorgung) seinen Bewohnern ein modernes Leben ermöglicht.

Demografische Entwicklung

Während Australien und Neuseeland den vergleichsweise typischen Verlauf der Bevölkerungsentwicklung westlicher Industrieländer aufweisen, durchlaufen die Staaten Polynesiens, Mikronesiens und Melanesiens den schnelleren demografischen Übergang von Entwicklungsländern. Typisch hierfür sind die Verläufe der Geburten- und Sterberaten sowie der Aufbau der Bevölkerungspyramiden.

Weiterführende Literatur und Internetlinks

Statistiken zur Bevölkerung
UN Population Division
• www.un.org/esa/population
Stiftung Weltbevölkerung
• www.weltbevoelkerung.de/laender
  datenbank

Demografische Daten zu Australien
Australian Bureau of Statistics: Census
(neue Daten des Census 2021)
• www.abs.gov.au/census
• www.abs.gov.au/statistics/people/abori
  ginal-and-torres-strait-islander-peoples

Demografische Daten zu Neuseeland
Stats New Zealand
• bevwww.stats.govt.nz/browse_for_stats/
  people_and_communities.aspx

Maori
• www.stats.govt.nz/browse_for_stats/
  people_and_communities/maori

Statistiken zur Stadtentwicklung
UN Population Division World Urbanisation
Prospects
• esa.un.org/unpd/wup

Urban Development Institute of Australia
• udia.com.au

Städteränkings
Global Liveability Index
• ww.eiu.com/n/campaigns/global-live
  ability-index-2021
Monocle's Quality of Life Survey
• monocle.com/search/quality-of-life-
  survey
Mercer's Quality of Living Ranking
• mobilityexchange.mercer.com/insights/
  quality-of-living-rankings
Numbeo's Quality of Life Ranking
• de.numbeo.com/lebensqualität/rankings
Global Power City Index
• mori-m-foundation.or.jp

Einwanderung
Australian Government Department of Immigration and Border Protection
• www.border.gov.au
Australian Government Department of Home Affairs (Einwanderungsbestimmungen)
• immi.homeaffairs.gov.au
New Zealand Immigration
• www.immigration.govt.nz

Aborigines
Australian Institute of Aboriginal and Torres Strait Islander Studies
• aiatsis.gov.au
Gesellschaft für bedrohte Völker
• gfbvberlin.wordpress.com/tag/aborigines

Royal Flying Doctor Service
• www.flyingdoctor.org.au

Alice Springs School of the Air
• assoa.nt.edu.au

3 LANDWIRTSCHAFT UND UMWELT

Schafherde und Blaubeerplantage in Marlborough (Südinsel von Neuseeland)

3.1 Agrarprodukte für den Binnen- und Weltmarkt

Agrarprodukte aus vier Klimazonen und etlichen Regionalklimaten werden in Australien und Neuseeland für den eigenen Markt und den Export in alle Welt produziert. Die australische und neuseeländische Landwirtschaft arbeitet auf dem höchsten technischen, wenn auch nicht immer auf dem höchsten ökologischen Niveau. Die relativ geringe Bevölkerung des kleinsten Kontinents und der beiden größten Inseln Ozeaniens kann die erwirtschaftete Produktionsmenge aus dem Regen- und Bewässerungsfeldbau, der Viehwirtschaft und den vielen Sonderkulturen im Gartenbau* sowie den nachgelagerten Lebensmittelindustrien nicht alleine verbrauchen. Somit nimmt der Agrarexport in beiden Volkswirtschaften eine wichtige Rolle ein und wird mit dem Blick auf den nahen asiatischen Markt weiter ausgebaut.

Ein wenig anders verhält es sich mit der Landwirtschaft auf den südpazifischen Inseln. Wo ausreichend Platz für die Anlage von Plantagen vorhanden ist, werden Ölbäume, Kokospalmen, Zuckerrohr-, Kakao- und Kaffeepflanzen zum Teil in großem Stil angebaut, deren Früchte oder vorverarbeitete Produkte ebenfalls in den Export gehen. Traditionelle regionale Pflanzen, wie zum Beispiel Taro, werden in Subsistenzwirtschaft* für die Eigenversorgung angepflanzt.

Land	LW-Anteil am BIP*	LW-Anteil an der Beschäftigung	Land	LW-Anteil am BIP*	LW-Anteil an der Beschäftigung
Australien	2,0 % (2020)	2,6 % (2019)	Samoa	10,3 % (2020)	30,2 % (2019)
Neuseeland	5,7 % (2018)	5,8 % (2019)	Salomonen	40,0 % (2012)	37,3 % (2019)
Papua-Neuguinea	17,0 % (2019)	56,2 % (2019)	Tonga	17,7 % (2020)	19,4 % (2019)
Fidschi	9,3 % (2020)	17,6 % (2019)	Vanuatu	21,2 % (2018)	56,8 % (2019)
Kiribati	29,4 % (2019)	15,0 % (2010)	Franz.-Polynesien	2,5 % (2009)	6,8 % (2019)

Quelle: World Bank, FAO, UN   LW = Landwirtschaft (ink. Fischerei, Forstwirtschaft)

M 3   Landwirtschaftliche Kennziffern Australiens und ausgewählter ozeanischer Länder

M 1   Weizenbunker in South Australia   **M 4**   Verladung von Rindern in Queensland   **M 5**   Weinanbau in South Australia

Die Landwirtschaft ist ein wichtiges Rückgrat der australischen Wirtschaft. So leistet der Sektor mit etwa 12 Prozent den zweithöchsten Beitrag zu den Warenausfuhren des Landes (nach der Rohstoffindustrie mit 64 Prozent). Rund 47 Prozent der Landesoberfläche oder etwa 363 Millionen Hektar werden aktiv landwirtschaftlich genutzt. Mit insgesamt 332 Millionen Hektar dominiert dabei die Weidewirtschaft (Anteil 91 Prozent). Die Rinderzucht konzentriert sich auf die nördlichen Landesteile und östlichen Küstenregionen. Im trockenen Landesinnern ist die Schafzucht vorherrschend.

Der Feldanbau nimmt rund 31 Millionen Hektar ein (Anteil 8,5 Prozent). Wichtige Anbauregionen sind dabei der Wheat Belt (Western Australia, WA), die Regionen Mallee (Victoria, VIC) und Riverina (New South Wales, NSW) sowie die Halbinseln Yorke und Eyre (South Australia, SA). Der Obst- und Gemüseanbau konzentriert sich auf etwa 450 000 Hektar. Gemüsefarmen finden sich häufig im Umland der großen Metropolen [...]. Der Obstanbau ist stark in [Victoria und im Südosten von New South Wales] vertreten. Vielfältige Anbaumöglichkeiten bietet der tropische Norden des Landes, beispielsweise die Region um Cairns [...]. [In Australien werden] knapp 2,3 Millionen Hektar Anbaufläche bewässert. Davon entfallen rund 65 Prozent auf das Murray-Darling Basin. [...]

Im Jahr 2019 gab es rund 89 400 Farmen im Land, noch im Jahr 2000 wurden etwa 140 000 Agrarbetriebe gezählt. Viele kommerzielle Farmer verfolgen eine Expansionsstrategie und kaufen benachbarte Landflächen auf.

Quelle: Heiko Stumpf: Struktur der Landwirtschaft. GTAI, Berlin 28.1.2021

M 2   Quellentext zur Landwirtschaft in Australien

M 6 Milchfarm in Neuseeland (Nordinsel)   M 10 Avocadoernte in Neuseeland   M 13 Hirschfarm in Neuseeland (Südinsel)

Bei vielen wichtigen neuseeländischen Agrargütern wie Molkereiprodukten, Rindfleisch oder Kiwifrüchten liegt die Ausfuhrquote bei rund 90 Prozent, weshalb die internationale Nachfrageentwicklung entscheidenden Einfluss auf die Einkommen und Investitionsneigung der Landwirte hat. [...] Ein wichtiger Wachstumssektor ist der Obst- und Gemüseanbau. Die Anbauflächen für Sorten wie Äpfel, Kiwifrüchte, Avocados, Kirschen oder Weintrauben steigen an. Farmer setzen vermehrt auf Diversifizierung und wandeln Weideflächen in Plantagen um. [...] Ein lang anhaltendes Problem sind jedoch fehlende Saisonarbeiter* zur Erntezeit. Bislang wurde der Bedarf durch internationale Rucksacktouristen (Anreize durch Visavergünstigungen) und Wanderarbeiter aus Südseestaaten gedeckt. Infolge der Coronapandemie ist die Rekrutierung jedoch stark eingeschränkt. Dadurch drohen teilweise Ernteverluste. Dies steigert das Interesse an Automatisierungslösungen. In (einigen) Apfelhainen ist bereits ein Ernteroboter im Einsatz [...]. Steigender Ausrüstungsbedarf dürfte auch in den Kühl- und Packhäusern entstehen. [...] Mit rund 10 Millionen Hektar Weideland nimmt die Viehzucht die größte landwirtschaftliche Fläche ein. In der wichtigen Milchwirtschaft sind in den kommenden Jahren keine großen Produktionssteigerungen zu erwarten.

Quelle: Heiko Stumpf: Neuseelands Landwirte können die Coronakrise hinter sich lassen. GTAI, Berlin 16.2.2021

M 7 Quellentext zur Landwirtschaft in Neuseeland

Rang	Exportprodukt	Exporte (in Mio. AU-$)	Anteil am Gesamtexport
6	Rindfleisch	9596	2,2 %
14	Fleisch (außer Rindfleisch)	4975	1,1 %
16	Weizen	3910	0,9 %
23	verarbeitete Lebensmittel	2757	0,9 %
25	Obst/Nüsse	2460	0,6 %
	Geamtexporte	436 365	100,0 %

Quelle: Department of Foreign Affairs and Trade

M 8 Australien: Stellung der Agrarexporte am Gesamtexport (2020)

Rang	Exportprodukt	Exporte (in Mio. NZ-$)	Anteil am Gesamtexport
1	Milchprodukte	16585	27,0 %
2	Fleisch	8316	13,8 %
4	Obst	3692	6,1 %
5	Wein	1923	3,2 %
9	Fisch	1677	2,8 %
12	Kasein[1]	1035	1,7 %
	Gesamtexporte	60230	100,0 %

[1] Proteinanteil der Milch, der zu Käse weiterverarbeitet wird
Quelle: Department of Foreign Affairts and Trade

M 11 Neuseeland: Stellung der Agrarexporte am Gesamtexport (2020)

Produkt	Anteil der Exporte[1]	Produkt	Anteil der Exporte[1]
insgesamt	72 %	Weizen	67 %
Zucker	84 %	Reis	92 %
Rindfleisch	78 %	Milchprodukte	39 %
Lammfleisch	78 %	Obst/Gemüse	33 %
Raps	65 %	Schweine-/Geflügelfl.	6 %

[1] an der landwirtschaftlichen Gesamtproduktion Quelle: ABARES

M 9 Australien: Bedeutung der Agrarexporte (2020)

Land	Agrarexporte	Exportprodukt	Zielländer der Exporte
China	37 %	Milchprodukte	China 42 %, Australien 5 %, Indonesien 4 %
USA	9 %	Fleisch/Wolle	China 38 %, USA 20 %, EU 10 %
Australien	9 %	Obst/Gemüse	EU 18 %, Australien 14 %, China 13 %
EU	6 %	Ackerbauprodukte	EU 44 %, Australien 14 %, USA 9 %

Quelle: Ministry of Pimary Industries

M12 Neuseeland: Agrarexportmärkte (2021)

1. Beschreiben Sie die Bandbreite der Landwirtschaft in Australien und Neuseeland (M1, M2, M4 – M13).
2. Analysieren Sie den ökonomischen Stellenwert der Landwirtschaft in Australien und Neuseeland (M3, M8, M9, M11, M12).

3.2 Landwirtschaft zwischen Subsistenz und Weltmarktproduktion

Die Landwirtschaft und der Fischfang ist für viele Gesellschaften der südpazifischen Inseln und Inselgruppen noch immer der wichtigste Wirtschaftsfaktor, neben dem Tourismus. Jedoch sind die Möglichkeiten für eine agrarische Nutzung der Inseln oft schon aufgrund ihrer geringen Größe und der starken Zersplitterung eingeschränkt. Außerdem verhindern teilweise unzureichende Niederschlagsmengen, wenig ertragreiche Böden und die Meerwasserintrusionen bei Unwettern hohe Erträge. Die traditionelle Subsistenzwirtschaft* spielt auf vielen Inseln eine entscheidende Rolle, weil eine Produktion für den Binnenmarkt auf den kleinen Atollen* der Inselgruppen kaum entwickelt und der Anbau von Cash Crops* auf den kleinen Flächen selten wirtschaftlich ist. Nur auf wenigen größeren Inseln können tropische Exportprodukte in Plantagen* angebaut werden.

M2   Taro (kleines Bild: Knollen)

1. Beschreiben Sie die naturräumlichen Bedingungen für eine landwirtschaftliche Nutzung in Ozeanien (Atlas).
2. a) Analysieren Sie die agrarische Produktion von Französisch-Polynesien (M1, M4).
   b) Erläutern Sie die Herausforderungen für eine Produktivitätssteigerung der (Subsistenz-)Landwirtschaft (M1).
   c) Beurteilen Sie den Export von Vanille als Alternative zur Subsistenzwirtschaft (M3–M5).
3. Charakterisieren Sie die Palmölproduktion in Papua-Neuguinea (M6, M10).
4. Beurteilen Sie den Anbau von Ölpalmen unter Nachhaltigkeitskriterien (M7, Internet).
5. Die Plantagenwirtschaft ist mit einer Kommerzialisierung verbunden, bei der die Kleinbauern und die Umwelt auf der Strecke bleiben. Nehmen Sie Stellung zu dieser Aussage.

M3   Vanille: Nischenprodukt für den Export (kleines Bild: ungeerntete Schoten)

Topographische und ökonomische Situation:
- Viele kleine Inseln mit geringer Landnutzungsfläche, teilweise Koralleninseln mit spärlichem Boden und geringer Pflanzenvielfalt
- teilweise Vulkaninseln mit fruchtbaren Aschepartikeln im Boden, Anbauflächen aber oft zu klein
- Verteilung der Landnutzungsflächen: 82 Prozent auf zwei Inselgruppen (Tuamotu-Archipel 64 %, Marquesas-Inseln 18 %), davon Nutzung als Kokospalmhaine (74 %) und Äcker und Weiden (18 %)

Ziel der Subsistenzlandwirtschaft:
- Versorgung der eigenen Gruppe, des Stammes, des Familienverbandes

Merkmale der Subsistenzlandwirtschaft:
- individuelles Eigentum an Grund und Boden weitgehend unbekannt, gemeinsame Nutzung der traditionellen Anbauflächen
- verwendete Ackergeräte: oft Grabstock und Hacke, daher arbeitsintensive Bestellung des Bodens
- meist geringe Ertragsintensität der kleinen Anbauflächen
- Tierhaltung zur Erzeugung von Eiern, Milch, Geflügelfleisch und vorwiegend Schweinefleisch
- lokale Erzeugnisse für den Binnenmarkt aber nicht ausreichend, Import von Nahrungsmitteln ist erforderlich (Milch, Fleisch, Obst, Gemüse: aus Frankreich: ca. 30 %, aus den USA: ca. 18 %, aus Neuseeland: ca. 17 %)
- Importe zum Schutz der geringen lokalen Produktion, Regelung durch Quoten
- auf den Koralleninseln: Nutzung der vorhandenen und Pflanzung von neuen Kokospalmen sowie Anbau von Obst und Gemüse
- auf den Vulkaninseln mit besserem Boden: Anbau von Grundnahrungsmitteln: Taro, Yams, Süßkartoffeln, Brotfrucht, Zitrusfrüchte, Zuckerrohr, Mangos, Ananas, andere tropische Früchte, Vanille

M1   Französisch-Polynesien: Subsistenzwirtschaft*

	2014 (in Mio. CFP)	2018 (in Mio. CFP)
pflanzliche Produkte	4925	5448
Kopra	1759	1896
Gemüse	1223	1332
Obst	1169	1485
Vanille	164	275
andere	610	460
tierische Produkte	2238	2584
Insgesamt	7163	8032

CFP = Franc der französischen Pazifikkolonien Quelle: L'institut d'émission d'outre-mer

M4   Agrarproduktion in Französisch-Polynesien

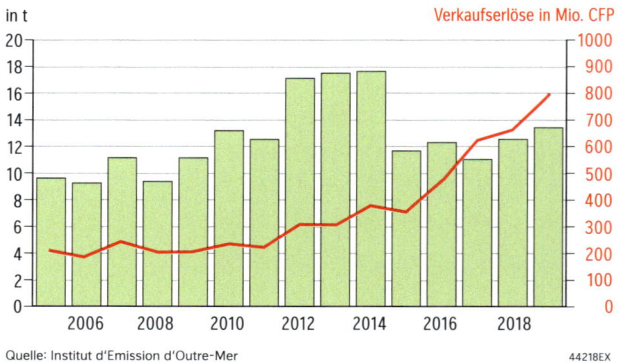

Quelle: Institut d'Emission d'Outre-Mer   44218EX

M5   Vanilleexport aus Französisch-Polynesien

Taro
- ozeanische, Stärke speichernde Sumpf-pflanze (Knollenfrucht)
- Grundnahrungsmittel zum Eigenbedarf; durch gestaffelten Anbau ganzjährige Ernte
- Verwendung wie bei der Kartoffel: gekocht, gegrillt etc., Blätter und Blattstiele als Ge-müse

Kokospalmen
Nutzung:
- Stamm zur Bau- und Brennholznutzung
- Palmwedel als Eindeckmaterial für Dä-cher, als Flecht- und Brennmaterial
- Blütenstände als Gemüse und zur Saft-/Weinproduktion
- Kokosnuss: Fasern zur Herstellung von Seilen, Schnüren, Matten, Schalen zur Herstellung von Gebrauchsgegenstän-den und Holzkohle
- Fruchtfleisch (Kopra) als Nahrung und zur Herstellung von Fetten, Margarine, Seife, Kerzen, Viehfutter; Kopra auch als Exportprodukt

Ölpalme
- ca. 30 m hoch, bildet im Jahr 12 bis 18 Fruchtstände (50 kg) mit Einzelfrüchten
- Gewinnung von Palmöl* und Palmkernöl für den Export

M 8 Subsistenzlandwirtschaft in Papua-Neuguinea

M 11 Ernte von Ölpalmfruchtständen auf einer Plantage in Papua-Neuguinea

M 9 Palmölplantage am Rande des Regenwaldes

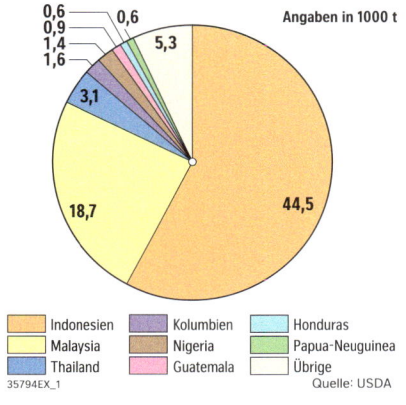

Angaben in 1000 t

0,6
0,9
1,4
1,6
0,6
5,3
3,1
18,7
44,5

Indonesien — Kolumbien — Honduras
Malaysia — Nigeria — Papua-Neuguinea
Thailand — Guatemala — Übrige
35794EX_1 — Quelle: USDA

M 6 Palmölproduktion weltweit (2021)

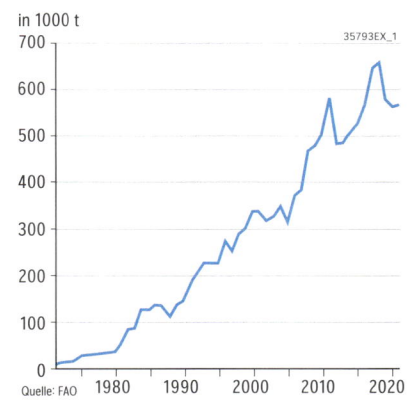

in 1000 t

35793EX_1

Quelle: FAO 1980 1990 2000 2010 2020

M 10 Palmölproduktion in Papua-Neuguinea

M 12 Geerntete Fruchtstände einer Ölpalme

Vorteile	Nachteile
• hohe Nachfrage auf dem Weltmarkt • vergleichsweise billiger als Soja-, Raps- und Sonnenblumenöl • bei Ölpalmen kein periodischer Vegetationszyklus wie bei ihren außertro-pischen Konkurrenten, konstante Auslastung der Produktionsanlagen • ökologisch angepasste Baumkultur, Anbau sogar in sonst kaum nutzba-ren Sumpfgebieten möglich • relativ resistente Pflanze gegenüber Schädlingen • Palmölfabriken energetisch autark, da Pflanzenabfälle zur Energiegewin-nung genutzt werden können • Verwendung zahlreicher Nebenprodukte möglich • durch Arbeitsintensität viele Arbeitsplätze, gleichmäßige Beschäftigung von fest angestellten Arbeitern • hohe Flächenproduktivität: eventuell geringer Flächenverbrauch • ökologischer Anbau möglich	• lange Vorertragsphase: erste Früchte erst nach drei Jahren, maxi-male Produktivität erst nach sieben bis zehn Jahren • massive Vernichtung von Regenwäldern • Monokultur* führt zu Verlust an Biodiversität* • starke Verschmutzung von Gewässern durch Palmölfabriken • durch Rodungen starke Zunahme von Waldbränden mit hohen Um-weltbelastungen (Emissionen, Treibhausgase) • Austrocknung von Mooren (extrem klimaschädlich) • Konflikte mit indigener Bevölkerung*: Plantagengesellschaften set-zen sich über traditionelle Landbesitzregelungen hinweg • Konzentration im Agrarsektor, Verstärkung sozialer Disparitäten* Plantagen häufig im Besitz (ausländischer) Großunternehmen • Abhängigkeit von schwankenden Weltmarktpreisen • Zurückdrängung kleinbäuerlicher Subsistenzwirtschaft*

M 7 Vor- und Nachteile des Ölpalmenanbaus

3.3 Australiens Naturpotenzial

Der Agrarstandort Australien weist starke klimatische, pedologische und topographische Unterschiede auf. Aus europäischer Perspektive wird er – nur das Outback vor Augen – gelegentlich lediglich als „ausgedörrter Kontinent" wahrgenommen. Neben den Trockenklimaten, die zwar einen großen Teil der Landmasse ausmachen, verfügt Australien aber auch über Regionen mit tropischem, subtropischem und gemäßigtem Klima, in denen ergiebige Niederschläge fallen. Außerdem prägen Gebirgs- und Tallagenklimate kleinere Regionen des Kontinents. Wetteranomalien mit Temperaturextremen von über 50°C (Oodnadatta in South Australia, 1960) sowie Pegelhöchstständen* von 19,35 m (bei Ipswich, westl. Brisbane, Queensland, 2011) zeigen die Launen der Natur. Und so stehen die Landwirte Australiens jedes Jahr vor einer neuen Herausforderung, die wirtschaftlich nicht immer von Erfolg gekrönt ist.

1. Beschreiben Sie die Niederschlags- und Temperaturverhältnisse in Australien (M7, M8, M11, M14, M15).
2. Erklären Sie die räumliche Lage
   a) der Trockengebiete Australiens (M7, M11, M12, M14 – M16),
   b) der Waldgebiete (M3, M12, Atlas).
3. Vergleichen Sie die Gunst- und Ungunstfaktoren der landwirtschaftlichen Nutzung in Queensland, Victoria und dem Northern Territory (M3, M7 – M17).
4. Charakterisieren Sie die Regionen, in denen Wein und Weizen angebaut sowie Schafe gehalten werden (M3, Atlas).
5. Begründen Sie, in welchen Regionen Australiens Regen- oder Bewässerungsfeldbau sinnvoll ist (M7 – M17).
Ⓩ 6. „Das Wetter zu verfluchen ist sehr schlechte Landwirtschaft." Nehmen Sie Stellung zu diesem australischen Sprichwort.

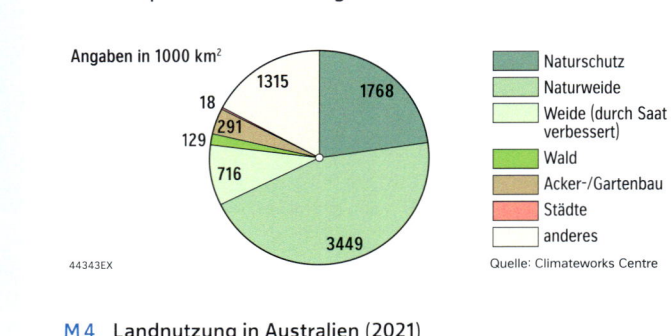

M3 Hauptlandwirtschaftsregionen in Australien

Legende:
- Wald
- ungenutzt
- Rinderhaltung
- Schafhaltung
- Weizenanbau

Angaben in 1000 km²
- 1315
- 18
- 291
- 129
- 716
- 1768
- 3449

44343EX

Legende:
- Naturschutz
- Naturweide
- Weide (durch Saat verbessert)
- Wald
- Acker-/Gartenbau
- Städte
- anderes

Quelle: Climateworks Centre

M4 Landnutzung in Australien (2021)

M1 Schafherde in Victoria

M5 Rinderherde in Queensland

M2 Weizenanbau in Victoria

M6 Kreisbewässerung in der Nähe von Canberra

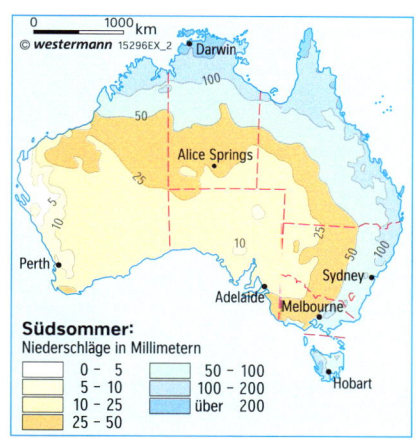

M 7   Niederschläge im Sommer

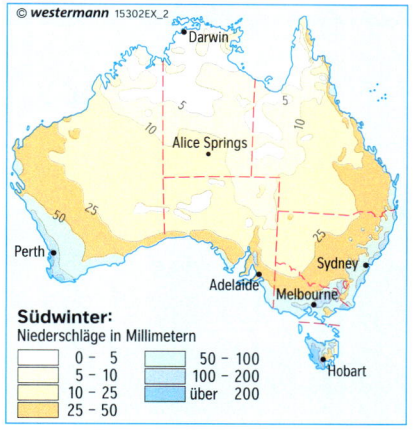

M 11   Niederschläge im Winter

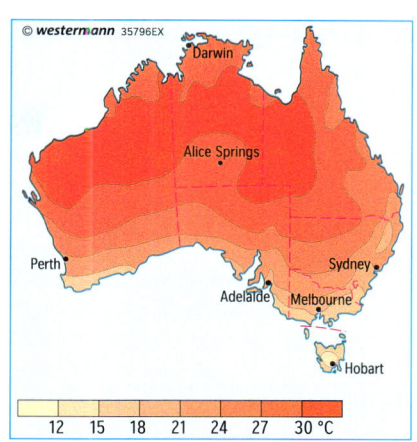

M 14   Temperaturen im Sommer

Alice Springs	J	F	M	A	M	J	J	A	S	O	N	D
mittl. Niederschlag	44	34	28	10	15	13	7	8	7	18	29	39
max. Niederschlag	281	236	227	117	109	74	106	158	90	115	139	288
min. Niederschlag	0	0	0	0	0	0	0	0	0	0	0	0
max. Niederschlag (in 24 Stunden)	98	84	147	72	39	51	50	63	31	58	68	118
Sydney	J	F	M	A	M	J	J	A	S	O	N	D
mittl. Niederschlag	104	125	129	101	115	141	94	83	72	80	77	86
max. Niederschlag	388	564	521	622	585	643	336	378	356	282	518	402
min. Niederschlag	6	3	11	2	4	4	3	1	2	5	2	6
max. Niederschlag (in 24 Stunden)	180	226	281	191	212	132	198	135	145	162	133	121

M 8   Niederschläge in Alice Springs und Sydney (in mm)

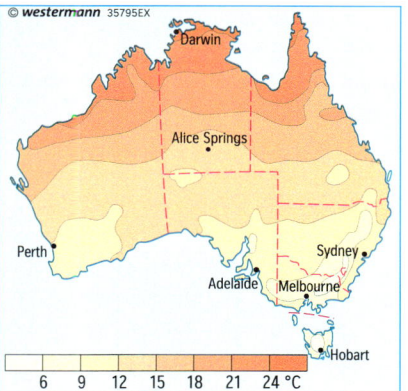

M 15   Temperaturen im Winter

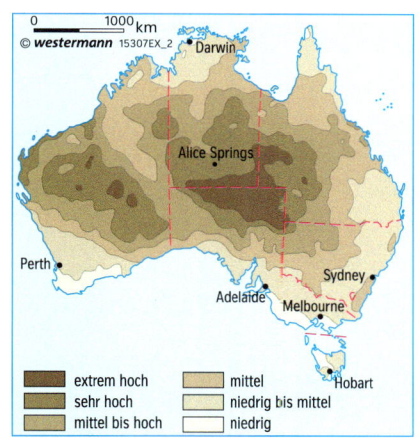

M 9   Niederschlagsvariabilität

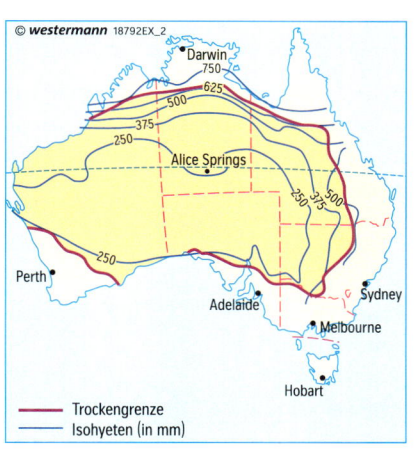

M 12   Trockengebiete

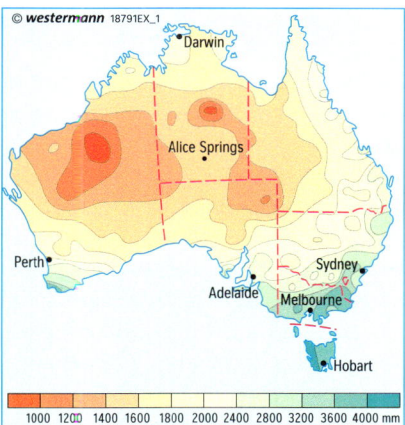

M 16   Durchschnittl. jährliche Verdunstung

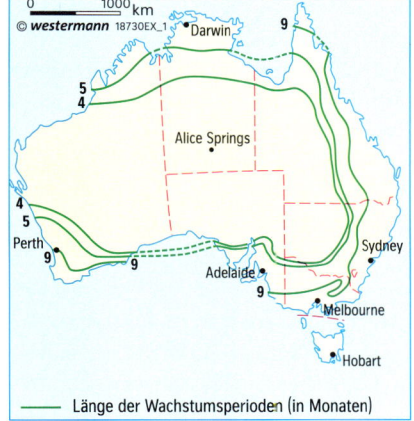

M 10   Wachstumsperioden

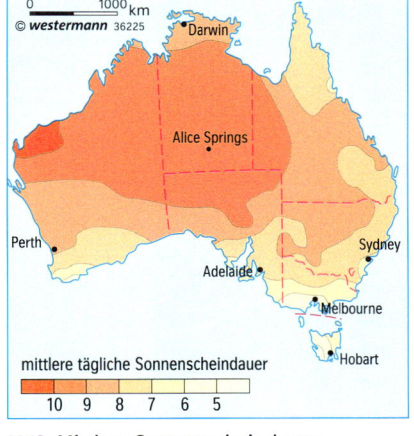

M 13   Mittlere Sonnenscheindauer

M 17   Bodenqualität

3.4 Landnutzung an der Trockengrenze

Abgesehen von der Antarktis ist Australien der trockenste Kontinent der Erde. Mehr als zwei Drittel seiner Landfläche sind arid* oder semiarid, was eine Besiedlung und intensive Landnutzung in weiten Landesteilen stark einschränkt. Eine große Herausforderung für die australische Bevölkerung ist daher der Umgang mit den verfügbaren Wasserressourcen. Dies betrifft insbesondere die städtische Bevölkerung, den Ackerbau und die Viehwirtschaft an der Trockengrenze* sowie die Rohstoffförderung.

1. Fassen Sie die Einschränkungen einer landwirtschaftlichen Nutzung in den semiariden Gebieten Australiens zusammen (M1, M3, Kap. 3.3).
2. Ordnen Sie das Great Artesian Basin (GAB) in die Klimazonen und die Abflussverhältnisse Australiens ein (M2, M3, M4, Atlas).
3. Erklären Sie die Funktionsweise der artesischen Brunnen* im GAB (M4, M7, M8).
4. Charakterisieren Sie aufgrund des Wasserangebotes (Niederschlag, Abflussverhältnisse, artesisches Wasser) die landwirtschaftliche Nutzung im GAB (M2, M3, M4, S.50: M3, Atlas).
5. Analysieren Sie eine mögliche Übernutzung und Verschwendung des im GAB vorhandenen Wasserangebotes für Landwirtschaft und andere Nutzungen (M5, M6 – M9).
6. Begründen Sie die eingeleiteten Maßnahmen des Nachhaltigkeitsprogramms für das GAB (M5, M6, M9).
7. Beurteilen Sie eine Ausweitung der landwirtschaftlichen Produktion und des Bergbaus für die artesische Wasserversorgung und die Fauna und Flora des Outbacks.

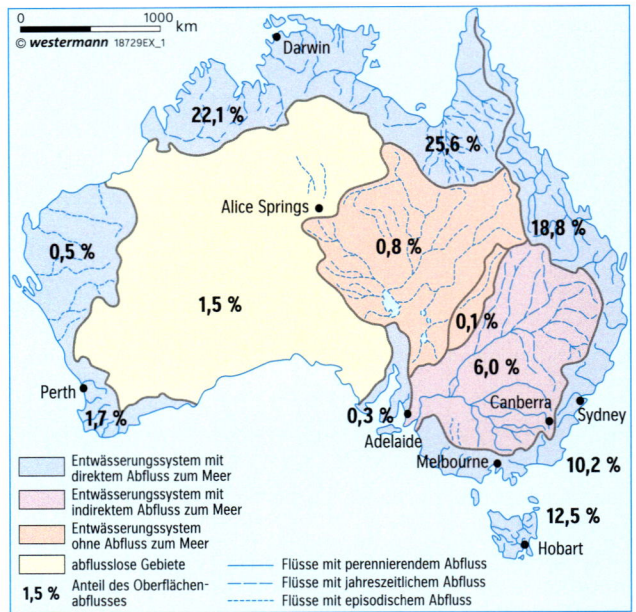

M2   Wassereinzugsgebiete* und Abflussarten

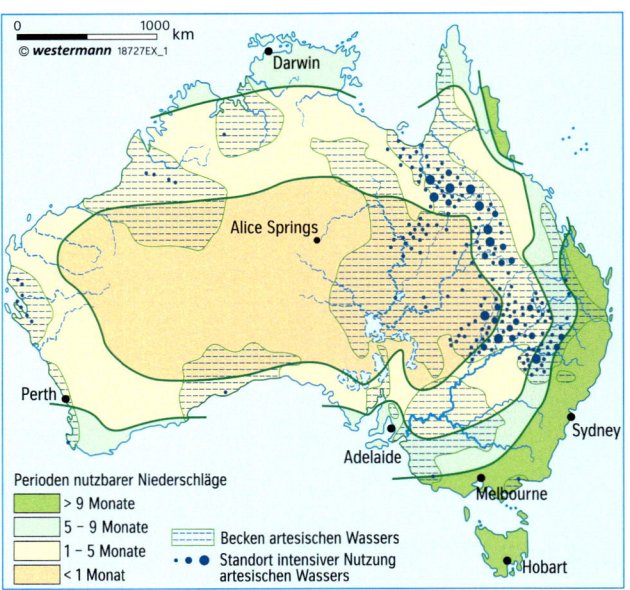

M3   Niederschlagsverteilung und artesische Wasservorkommen*

Die Trockengrenze ist in Australien keine statische Grenze. Man kann sie vielmehr als einen breiten dynamischen Korridor zwischen semihumiden und semiariden Klimaten auffassen, da die jährlichen Niederschlagsmengen lokal sehr stark variieren. Aus diesem Grund pendelt die Trockengrenze von Jahr zu Jahr, was eine agrarwirtschaftliche Nutzung dieses Korridors so schwierig macht. Dennoch liegen einige Siedlungsschwerpunkte sowie Hauptanbau- und Weidegebiete in dieser Region. Hier kommt es darauf an, die begrenzt zur Verfügung stehenden Wasserressourcen (Oberflächen- und Grundwasser, artesisches Wasser) optimal zu nutzen, um eine nachhaltige Entwicklung in diesen Räumen zu garantieren. Diese ist gerade in der Landwirtschaft seit der Besiedlung Australiens in vielen Teilräumen des Kontinents nicht mehr gegeben. Die Beseitigung der natürlichen Vegetation vor allem in den semiariden und -humiden Gebieten hat zu einer Erhöhung der Evaporation (Verdunstung auf der Bodenoberfläche) geführt. Durch den stark zurückgegangenen oder gänzlich fehlenden Beschattungseffekt der Pflanzen trocknet der Boden stark aus. Eine Wasserbeschaffung für alle landwirtschaftlichen Aktivitäten ist unumgänglich.

Den größten Oberflächenabfluss gibt es in Gebieten Australiens, in denen er von der Bevölkerung und von der Landwirtschaft nicht ge- oder verbraucht wird. Die Zonen mit einer hohen ackerbaulichen Aktivität liegen in Südostaustralien, Murray-Darling Becken (MDB, Kap. 3.5). Die Weidewirtschaftsregionen (Schafe, Rinder) befinden sich in den Küstenzonen, der westlichen Gebirgszone, aber auch in den semihumiden und semiariden Gebieten des Kontinentinneren östlich der Great Dividing Range im Great Artesian Basin (GAB). Die Landwirte in den Trockenzonen sind auf die Wasserbeschaffung aus Flusssystemen oder

M1   Landnutzung an der Trockengrenze

aus dem Grundwasserkörper angewiesen, um hier gewinnbringend arbeiten zu können, da die natürlichen Niederschlagsverhältnisse für die unterschiedlichen Betriebssysteme nicht ausreichen.

Gerade in ariden bis semiariden Gebieten mit ihrer spärlicher Vegetation, wie zum Beispiel in den Rangelands (ca. 81 % der australischen Landfläche; ein wenig größer als das Outback: Kap.2.8: M5), führt die weidewirtschaftliche Nutzung zu Bodenverlusten. Hier kommt es darauf an, eine dem Naturpotenzial* angepasste Viehdichte auf den Flächen zu haben, um eine Übernutzung und damit die Zerstörung der Vegetation durch Kahlfraß und Zertrampeln der Wurzelsysteme zu vermeiden. Dies würde unwillkürlich zu Wasser- und Winderosion führen und dem Produktionsfaktor Boden einen kaum reparablen Schaden zufügen. Große Areale im Norden und im Nordosten Australiens sind schon heute von Flächen und Rillenerosion betroffen.

    100800-202-01
schueler.diercke.de   100800-244-04
schueler.diercke.de

M4   Great Artesian Basin (GAB)

- ungefähres Grundwasservolumen: 65 Mio. Gigaliter, entspricht 130 000 Hafenbeckenfüllungen von Sydney Harbour
- Wasserspeicherung/-führung in porösen Gesteinsschichten/ Grundwasserleitern (Aquifer, vgl. M7)
- Wassernachschub aus der Great Dividing Range (vgl. M5, Atlas) und durch Sickerwasser aus Bächen und Flüssen (vgl. M2)
- Wasserentnahme aus dem Aquifer: ca. 480 000 Megaliter (ML), davon ca. 187 000 ML für die Viehwirtschaft, ca. 109 000 ML für die Bewässerungswirtschaft, 87 000 ML für Erdgas- und Erdölförderung, ca. 57 000 für einen Mix aus Bergbau, Intensivtierhaltung, andere Nutzungen, ca. 40 000 ML für 120 städtische Siedlungen
- Nutzung der Wasserressource für ca. 180 000 Einwohner, 7600 Unternehmen, 14 Mio. Rinder, 11 Mio. Schafe
- dramatischer Rückgang des artesischen Drucks in den letzten einhundertvierzig Jahren durch unkontrollierte Wasserentnahme für verschiedene Nutzungen, auch durch Wasserverluste (Versickerung, Verdunstung) an Quellen und frei fließenden Bohrlöchern
- mögliches Trockenfallen von (natürlichen) artesischen Quellen, Verlust von Lebensräumen (Fauna, Flora) um die artesischen Quellen

M5   Great Artesian Basin

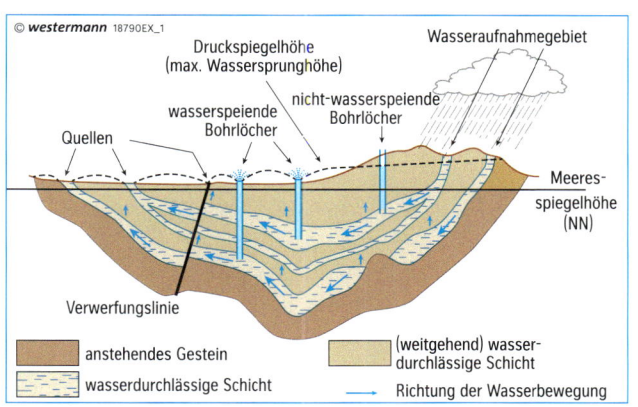

M7   Querschnitt durch das Great Artesian Basin

Branche	NSW	QLD	SA	NT
Viehhaltung	1094,5	3004,4	105,1	463,7
Bergbau	568,3	2980,7	2801,7	0
Gaskohleförderung	7,7	1693,4	0	0
Energiegewinnung	0	0,1	0	0
Bewässerungswirtschaft[1]	30,4	27,7	0	0
städt. Wasserversorgung	7,4	34,0	1,8	0,1
Tourismus	100,5	311,0	150,0	163,0

[1] Dem Bewässerungswasser aus Bohrlöchern wird zusätzlich Wasser aus anderen Wasserquellen zugemischt.
Quelle: Frontier Economics Analysis

M8   Geschätzter jährlicher Produktionswert, der von den Wasserressourcen des Great Artesian Basins abhängt (in Mrd. AU-$)

Ziel des Programms:
- nachhaltige Bewirtschaftung der Wasserressourcen des GAB, um den unkontrollierten Abfluss von Wasser zu bekämpfen
- Reparatur/Kontrolle von bisher frei fließenden Brunnen

	NSW	SA	QLD	insgesamt
Stilllegung offener Kanäle	8558 km	342 km	12491 km	21391 km
neue Wasserrohre	15063 km	344 km	16140 km	31547 km
kontrollierte Brunnen	311	51	397	759
Ausgaben (in Mio. AU-$)	48,72	11,49	64,74	125,95
eingesparte Wassermenge	68,83 GL/ Jahr	48,69 GL/ Jahr	135,42 GL/Jahr	253,21 GL/Jahr

GL = Gigaliter   Quelle: Frontier Economics Analysis

M9   Great Artesian Basin Nachhaltigkeitsprogramm (1999 – 2017)

M6   Natürlicher artesischer Brunnen* im Wabma Kadarbu Mound Springs Conservation Park

M10   Frei fließendes Bohrloch (unkontrollierte Bohrung)

3.5 Bewässerungslandwirtschaft im Murray-Darling Basin

Mark Twain nannte den Murray River den „Mississippi Australiens". Er ist der wasserreichste Fluss des fünften Kontinents und gehört mit seinen Zuflüssen zu dem viertgrößten Flusssystem der Erde. Natürliche Schwankungen der Wasserführung durch lange Trockenperioden sowie extreme Überschwemmungen machen diese Region an der Trockengrenze für die Landwirtschaft unkalkulierbar. Dennoch zählt das Murray-Darling Basin zu den wichtigsten Agrarregionen des Kontinents.

1. Beschreiben Sie die Oberflächenformen des Murray-Darling Basin (MDB) (M1, M2, Atlas, Kap. 1.4: M1, M2).
2. Erläutern Sie auf der Basis des naturräumlichen Potenzials die mögliche landwirtschaftliche Nutzung im MDB (M2, M3, M4, Atlas, Kap.1.6, Kap. 3.3, Kap. 3.4).
3. Vergleichen Sie die statistischen Werte der Bewässerungswirtschaft des MDB mit denen Australiens (M5, M6).
4. Erklären Sie die unterschiedlichen Arten der Bodenversalzung (M7 – M8, M11).
5. Erläutern Sie die möglichen Fernwirkungen der Bodenversalzung aus dem Bewässerungsgebiet des MDB (M9, Atlas).
6. „Ein weiteres Jahr ohne Wasser bedeutet, dass wir den Hof verkaufen müssen. Wir sind seit drei Generationen hier." Nehmen Sie Stellung zur Aussage des MDB-Farmers Jen (M10, Kap. 1.6: M4, Kap. 3.5).

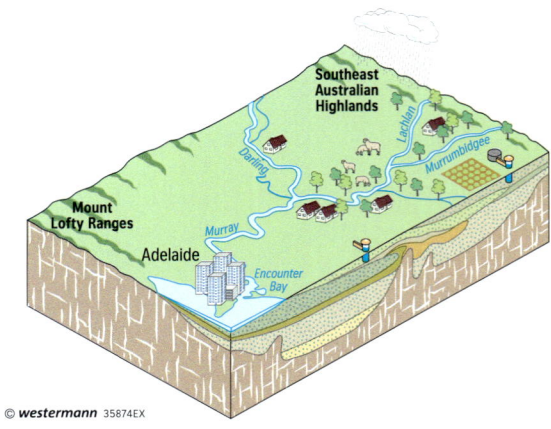

© **westermann** 35874EX

M3   Blockbild des unteren Murray-Darling Basin

- Fläche: 1062025 km² (13,8 % Australiens, ungefähre Größe von Spanien und Frankreich zusammen)
- Darling River: ca. 2740 km lang, Murray River: ca. 2520 km lang, Murrumbidgee River: ca. 1575 km lang
- größte Länge des Beckens: ca. 1200 km, größte Breite: ca. 900 km
- Gesamtwasserdurchfluss: 24000 GL / Jahr)
- 40 % der australischen Farmen liegen im MDB
- ca. 2,3 Mio. Bewohner

M4   Kurzcharakteristik des Murray-Darling Basin (MDB)

Die Flüsse Murray und Murrumbidgee bilden das einzige dauernd Wasser führende Flusssystem Australiens. In seinem Oberlauf durch enge Schluchten und starkes Gefälle gekennzeichnet, tritt der Murray bereits bei Albury (160 m hoch gelegen) in eine Schwemmlandebene ein, in der er stark mäandriert und verwildert. Hier liegt das Kernland der Bewässerungskulturen, unterstützt von den Nebenflüssen aus den Weidegebieten der Victorian Highlands.

Westlich von Swan Hill tritt der Murray in das Gebiet der Mallee ein, eine Strauchsteppe, die durch hohe Verdunstung und Dünen gekennzeichnet ist. Hier wird der Fluss zum Fremdlingsstrom und zur Lebensader für die Bewässerungsoasen um Mildura und Renmark. [...] Die natürlichen Schwankungen in der Abflussmenge des Murray-Systems waren in der Vergangenheit das Haupthindernis bei der Intensivierung der Landwirtschaft in diesem Gebiet. Den verheerenden Überschwemmungen mancher Jahre standen extreme Trockenperioden gegenüber, in denen der Fluss kaum noch die Mündung erreichte. Dies gilt noch extremer für den längsten Nebenfluss Darling, der nur saisonal Wasser führt und daher nicht zur Bewässerung herangezogen werden

kann. Um wirksame Verbesserungen zu erzielen, wurde ein Maßnahmenpaket umgesetzt. Eine Verminderung der Hochwassergefahr wurde durch den Bau von Flussdämmen und Ausgleichsbecken bzw. Stauseen wie dem Victoriasee (am Unterlauf) bzw. dem Humesstausee (am Oberlauf) erreicht. Sie dienten auch einer konstanten Wasserführung. [...] Weitere wichtige Herausforderungen waren der Aufbau eines großflächigen Bewässerungssystems mit lokalen Speichern und die Sicherstellung der Trinkwasserversorgung der Bevölkerungszentren um Melbourne und Adelaide.

Bei den Bewässerungsmethoden steht die Flutung von Weideland im Vordergrund. Bei Futter- und Gemüseanbau überwiegt die Beregnung, bei Wein, Baumwolle und Obst die Furchenbewässerung. In Gebieten mit mangelhafter Entwässerung kommt es zu einem Anstieg des Grundwassers bis auf ein bis zwei Meter unter die Oberfläche. Der dadurch einsetzende kapillare Wasseranstieg hat zu einer Versalzung der obersten Bodenschichten geführt.

Quelle: Südostaustralien – Wasserversorgung. Diercke Handbuch. Braunschweig: Westermann 2015, S. 315 – 316

M2   Quellentext zur Wasserführung des Murray-Darling-Systems

M1   Landwirtschaft am Murray River in der Riverland Region in South Australia

	Australien	MDB
landwirtschaftliche Betriebsfläche in ha	377 002 256	85 241 938
landwirtschaftliche Betriebe	87 779	35 698
Bewässerungsbetriebe	20 733	7 308
bewässerte Fläche in ha	1 520 940	700 997
verfügbares Wasser in ML (alle Quellen: Grund- und Oberflächenwasser)	6 464 546	2 981 506
Wasser aus Bewässerungsleitungen in ML	2 240 778	1 195 604
Bewässerungsrate (ML / ha)	3,7	3,9

Quelle: Australian Bureau of Statistics

M 5 Wassergebrauch in der Landwirtschaft im Murray-Darling Basin und in Australien (2019/2020)

	Bewässerungsrate (ML/ha)	
	Australien	MDB
Weideflächen	2,7	2,6
Gemüse	4,1	4,9
Obst	6,2	7,5
Weintrauben	3,8	5,2
Baumschulen, Schnittblumen	4,4	4,1
Reis	12,2	13,1
Getreide	2,4	2,3
Baumwolle	6,9	6,5
andere Feldfrüchte	2,3	1,5

Quelle: Australian Bureau of Statistics

M 6 Wasserverbrauch in der Bewässerung (2019 – 2020)

Unter dem Murray-Darling Basin liegen salzhaltige Bodenschichten, die sich in einem Zeitraum von 65 Mio. Jahren gebildet haben. Die natürliche Vegetation, die relativ geringen Niederschläge und die Evapotranspiration* haben den Salzgehalt der oberen Bodenschichten über Jahrtausende in einem für die Natur verträglichen Gleichgewicht gehalten (M 7). Erst die Abholzung der natürlichen Vegetation und die anschließende Nutzung haben eine Trockenlandversalzung sowie eine Versalzung durch Bewässerung hervorgerufen. Das salzbelastete Wasser, das in die Vorfluter abgeleitet wird, hat über die Flusssysteme zudem eine Fernwirkung. So fließen zum Beispiel an der Grenze von Victoria jährlich 1000 Tonnen Salz im Murraywasser gelöst nach South Australia. Dies führt nicht nur zu Beeinträchtigungen der Landwirtschaft, sondern auch der Trinkwasserversorgung.

M 9 Salzgehalt des Bodens im Murray-Darling Basin

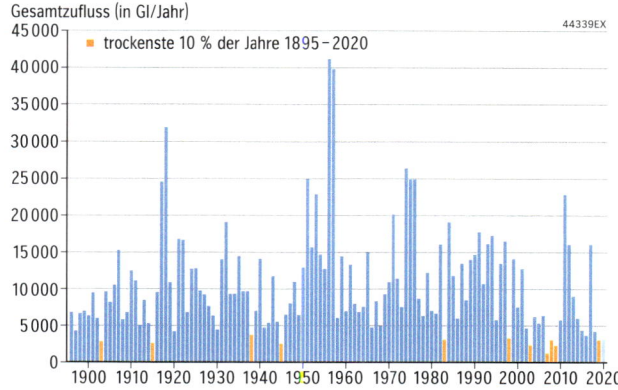

M 10 Gesamtzuflüsse im Murray-System (1895 – 2020)

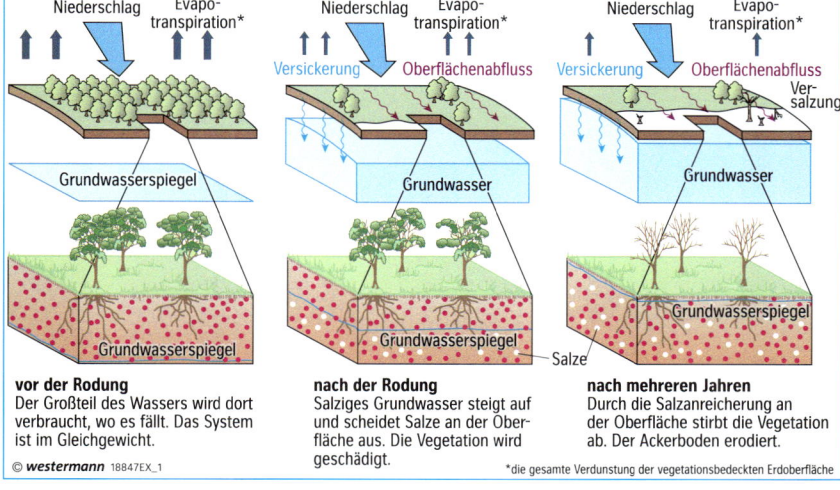

M 7 Trockenlandversalzung

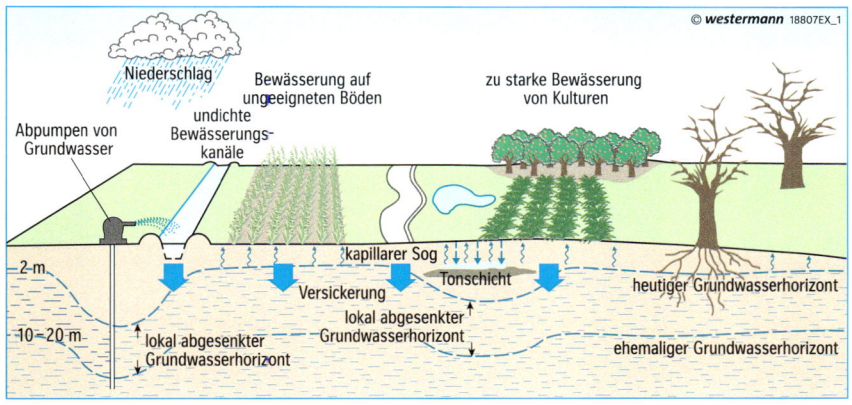

M 8 Folgen einer unsachgemäßen Bewässerung

Die großzügige Zufuhr von Wasser führte dazu, dass der ursprünglich in Tiefen von 10 – 20 m gelegene salzhaltige Grundwasserspiegel allmählich an die Oberfläche gelangt. Mit dem Grundwasser steigen auch Salze empor, die zuvor in unschädlicher Konzentration über ein tiefes Bodenprofil verteilt waren. Besonders kritisch wird die Situation, wenn das Grundwasser eine Höhe von etwa 2 m unter Flur erreicht, denn dann setzt der kapillare Sog ein, mit dem Ergebnis, dass das salzhaltige Wasser an die Bodenoberfläche transportiert wird und das Salz ausfällt, was zum Absterben von Pflanzen, insbesondere salzempfindlichen Kulturen wie Zitrusfrüchten und Steinobst, führt.

Die Bodenversalzung wird heute mit aufwendigen Drainageanlagen* und Grundwasserpumpen bekämpft, eine Maßnahme, die sich nur rentiert, wenn ein entsprechender Gewinn erzielt werden kann. [...] Durch die Drainage wird das Versalzungsproblem jedoch lediglich flussab verlagert, denn das Drainagewasser fließt direkt oder indirekt in die Vorfluter ein. Zum Teil wird das verdünnte Drainagewasser stromabwärts erneut zur Bewässerung verwendet, was die Versalzungsgefahr dort noch verschärft.

Quelle: Ernst W Löffler: Veränderung der australischen Umwelt durch 200 Jahre europäische Besiedlung. Geographische Rundschau 5/2005, S. 23 – 24

M 11 Quellentext zur Bodenversalzung

3.6 Viehwirtschaft – wichtiges Standbein der Landwirtschaft

Australien hat eine breit gefächerte Landwirtschaft, die einerseits steigende Produktionsraten aufweist, gleichzeitig aber auch alle Veränderungs- und Anpassungsprozesse der Landwirtschaft einer Industrienation durchläuft. Tragende Säulen sind der Getreideanbau und die Viehwirtschaft, die oft unter schwierigen Bedingungen in der Nähe der Trockengrenze stattfinden. Dennoch produziert die Landwirtschaft, und hier besonders die Fleischproduzenten, weit über den Eigenbedarf hinaus, sodass fast die vierfache Menge des Rind- und Schaffleisches neben anderen Agrarprodukten in den Export geht.

1. Beschreiben Sie die strukturellen Entwicklungen in der australischen Landwirtschaft seit den 1970er-Jahren (M1, M2, M4, M5, M6, M12).
2. a) Beschreiben Sie die regionalen Schwerpunkte der Rinderwirtschaft in Australien (M7, M9, M11, Kap 3.3: M3).
   b) Ordnen Sie die Regionen der extensiven Weidewirtschaft* den Klimazonen Australiens zu (M3, M7, M8, Atlas).
3. Erläutern Sie die Schwierigkeiten der Rinder- und Schafhaltung im australischen Outback (M5, M7, M8, M11, Kap. 3.4).
4. Analysieren Sie die Bedeutung, Standorte und Größe der Feedlots* in Australien (M9, M12, M14).
5. Erörtern Sie die Rindfleischproduktion der extensiven Weidewirtschaft und die in den Feedlots.
Ⓩ 6. Neuseeland will ab 2023 den Lebendtierexport per Schiff verbieten. Beurteilen Sie diese Maßnahme unter Tierwohlaspekten auch für Australien (M13, Internet, Atlas).

Die australischen Farmer haben den Produktionswert [von 2021-2022] um 7,6 % gesteigert und 13 % mehr verdient. Grund ist die starke internationale Nachfrage nach Produkten. Der australische Agrarsektor steuert im noch bis Ende Juni 2022 laufenden Wirtschaftsjahr auf mehrere Rekorde zu. So optimistisch wie in diesem September war jedenfalls der wirtschaftliche Ausblick […] noch nie; für die sektorale Wertschöpfung, die Exporterlöse und die Einkommen der Farmer werden neue Höchstmarken erwartet. Möglich machen dies überdurchschnittliche Preise für die meisten landwirtschaftlichen Erzeugnisse, eine starke internationale Nachfrage nach der Corona-Pandemie sowie – begünstigt durch Niederschläge – eine erneut sehr hohe Ernte an Getreide, Ölfrüchten und Baumwolle.

Quelle: Agra Europe: Australiens Landwirtschaft boomt. Topagrar 28.9.2021

M1   Quellentext zur boomenden Landwirtschaft

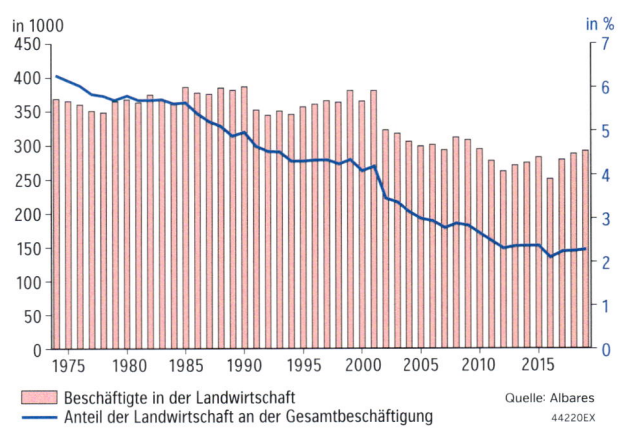

M5   Beschäftigte in der Landwirtschaft

Legende:
- Beschäftigte in der Landwirtschaft
- Anteil der Landwirtschaft an der Gesamtbeschäftigung

Quelle: Albares   44220EX

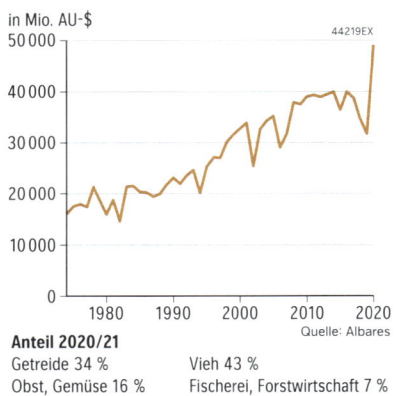

Anteil 2020/21
Getreide 34 %   Vieh 43 %
Obst, Gemüse 16 %   Fischerei, Forstwirtschaft 7 %

M2   Bruttowertschöpfung in der australischen Landwirtschaft

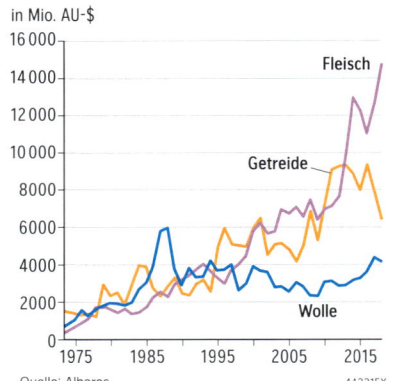

Quelle: Albares   44221EX

M4   Entwicklung der australischen Agrarproduktion

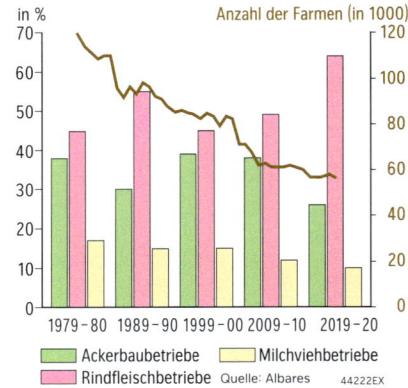

Legende:
- Ackerbaubetriebe
- Rindfleischbetriebe
- Milchviehbetriebe

Quelle: Albares   44222EX

M6   Entwicklung der Anzahl der Farmen und Anteile nach Branchengruppen

M3   Rinderherde im Northern Territory

  100800-202-01
schueler.diercke.de   100800-263-03
schueler.diercke.de

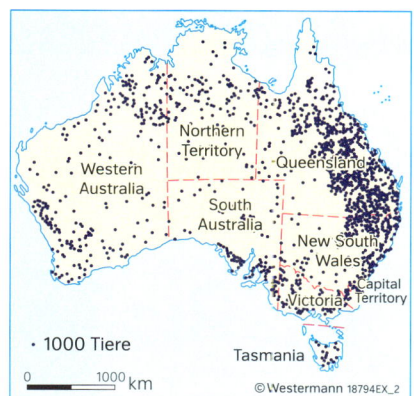

M 7 Verteilung der Fleischrinder (extensive Weidewirtschaft*, Feedlots*)

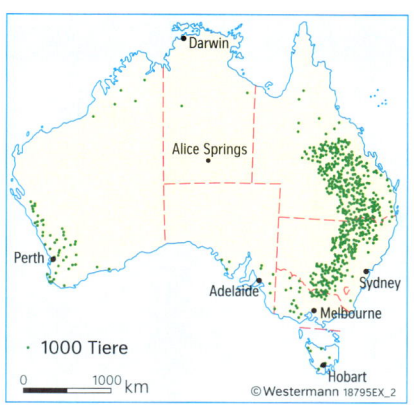

M 11 Verteilung der Fleischrinder in Rinder-Feedlots

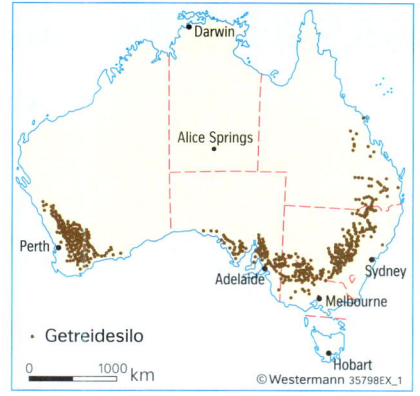

M 14 Verteilung von Weizensilos (auch Futter für Feedlots)

Aufgrund ihrer Größe können Rinder eine Distanz von circa acht Kilometer zur Wasserstelle zurücklegen, Schafe nur 4,8 Kilometer. Wegen der geringen Distanzen zu den Wasserstellen und des ganzjährigen Angebots an nährstoffreichen und faserarmen Gräsern konzentriert sich die Schafhaltung daher weitgehend auf den Süden des Kontinents (NSW, SA, WA). Im restlichen Teil des Outbacks mit größeren Distanzen zu den Wasserstellen ist hingegen die Rinderhaltung stark verbreitet. Während die australischen Feedlots (Mastbetriebe für Rinder) überwiegend in Bereichen mit ausreichendem Wasser- und Futterangebot (Getreide) liegen, befinden sich die extensiv genutzten Weideflächen im Trockengürtel in den sogenannten Rangelands, den Naturweiden. In den wechselfeuchten Tropen des australischen Nordens wird das Futterangebot der Weiden durch Einsaat von Grasgemischen afrikanischer und südamerikanischer Sorten erhöht. Im Rest der Rangelands müssen die Tiere mit der natürlichen Vegetation als Futtergrundlage auskommen. Die Rinder leben hier auf den riesigen Flächen der Farmen im Wesentlichen wild. Sie wachsen eigentlich ohne menschlichen Kontakt auf. Diese extremen Flächengrößen werden aufgrund der spärlichen natürlichen Vegetation für die Viehhaltung benötigt, um ein ausreichendes Futterangebot zu sichern.

M8 Standortbedingungen der Viehwirtschaft

Bundesstaat	Rinder	Bundesstaat	Rinder
New South Wales	3 857 000	Tasmania	775 400
Northern Territory	1 798 800	Victoria	3 514 400
Queensland	1 049 960	Western Australia	2 031 900
South Australia	1 023 800	Australien	23 503 200

Feedlotkapazität	Rinder	Feedlotkapazität	Rinder
< 500	9 820	1000 – 10 000	336 891
500 – 1000	33 178	> 10 000	659 214

Quelle: Meat & Livestook Australia

M 9 Rinder insgesamt und in Feedlots* (2020)

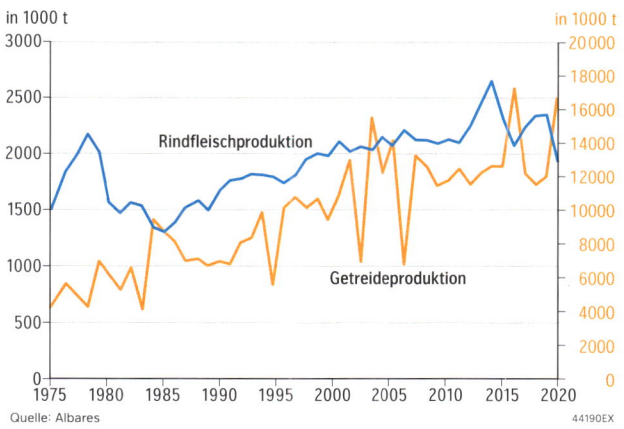

M 12 Viehbestand in australischen Feedlots* und Getreideanbau

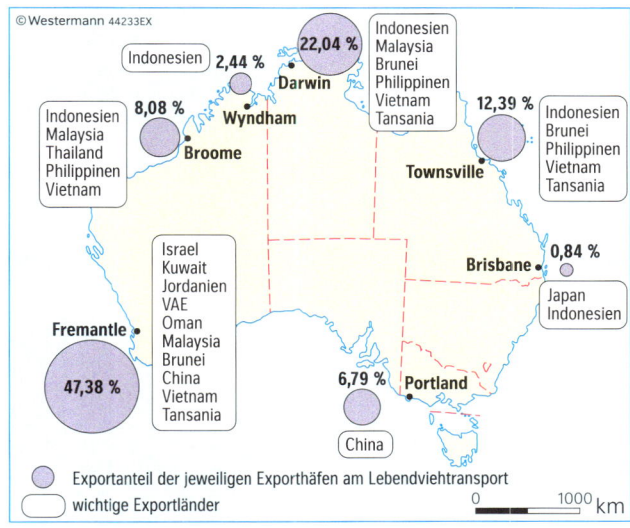

M 13 Exporthäfen für Lebendvieh (2020)

M 10 Feedlot* in Queensland

3.7 Obstanbau in Neuseeland

Neuseeland hat bei Obstneuheiten durch seine Züchtungserfolge und dem erfolgreichen Marketing für seine Gartenbauprodukte* seit Jahrzehnten auf dem Weltmarkt die Nase vorn. Global positioniert wurden nach den Kiwifrüchten (Chinesische Stachelbeere) einige Apfelsorten (Braeburn, Gala und Jazz). Ideale Wachstumsbedingungen mit hohem Sonnenstundenanteil, einer hohen Lichtintensität, einem maritimen, trocken-warmen Klima mit ausreichenden Niederschlägen und Böden mit hohem Humusgehalt ermöglichen einen vielseitigen Frucht- und Gemüseanbau, bei dem Kiwis, Äpfel, Wein und Avocados im Export die Marktführer sind. Doch ist der Transport von Obst und Gemüse über 18 000 km in deutsche Supermärkte überhaupt sinnvoll?

1. Beschreiben Sie die Verbreitung des Obstanbaus und die Entwicklung des Kiwianbaus in Neuseeland (M1, M10).

Ⓩ 2. Vergleichen Sie die klimatischen Bedingungen für den Obstanbau (Äpfel) im Alten Land an der Elbe und in Neuseeland (M1, M4, Atlas, Internet).

3. Erläutern Sie unter Berücksichtigung der Standortansprüche der Kiwi die Verbreitung des Kiwianbaus (M1, M3, M4, M7).

4. Analysieren Sie den neuseeländischen Exportmarkt für Gartenbauprodukte* (M5, M6).

5. Erörtern Sie den Export von Kiwis nach Deutschland unter Nachhaltigkeitskriterien (M8, M9).

6. „Das Schmuggeln der Kiwifruchttriebe nach China zerstört die Existenzgrundlage der neuseeländischen Kiwiindustrie (M3, M6, M7 – M10). Nehmen Sie Stellung.

M2   Kiwiplantage

Die Kiwis sind die Beeren einer strauchartigen Kletterpflanze. Sie bildet bis zu 8 m lange Triebe, hat dichtes Laub und weiße bis rosafarbene Blüten. Der Anbau erfolgt ähnlich dem Weinanbau in Reihen (M2). Fünf Jahre nach dem Pflanzen der Kiwistecklinge trägt die Pflanze zum ersten Mal Früchte. Die Rebstöcke können eine Höhe von 2,5 m erreichen und bis zu 50 Jahre alt werden, wobei jedes Jahr geerntet werden kann. In Neuseeland blühen die Kiwipflanzen im November, im Mai sind die Früchte erntereif. Kiwipflanzen benötigen einen sehr sonnigen, windgeschützten Standort. Die Kiwipflanze verträgt leichten Frost, nicht jedoch eine längere Frostperiode mit höheren Minustemperaturen. Mit 1000 – 1500 mm Jahresmenge hat die Kiwi einen sehr hohen Wasserbedarf.

M3   Standortansprüche der Kiwipflanze

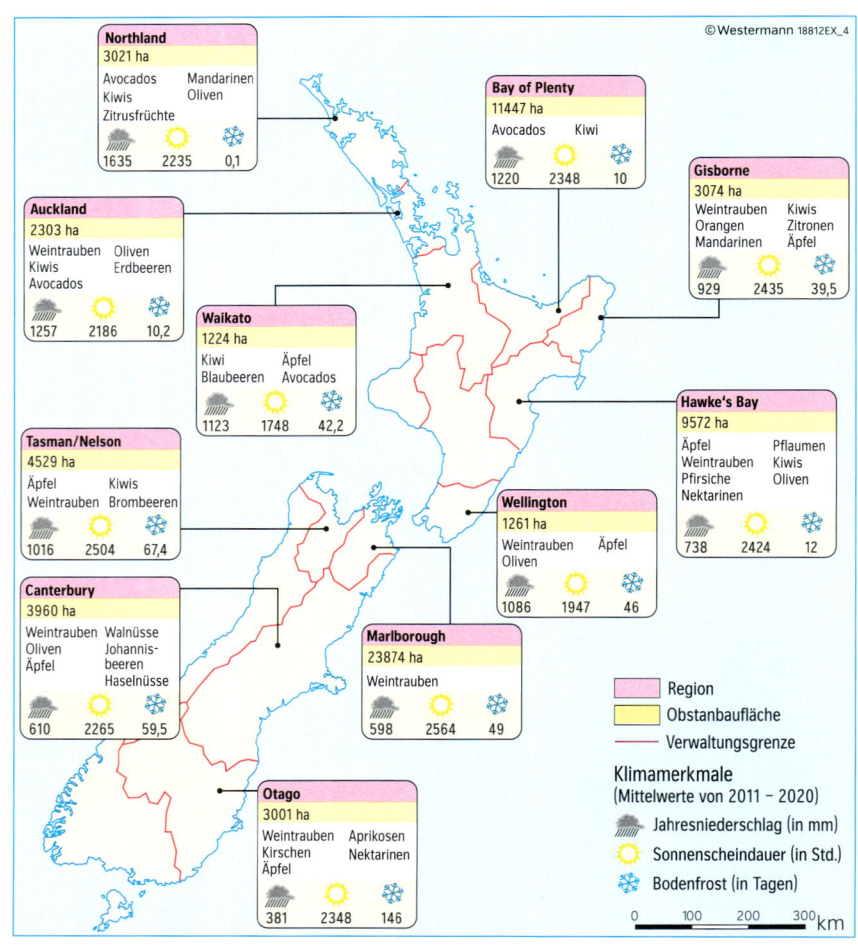

© Westermann 18812EX_4

Northland
3021 ha

Avocados	Mandarinen
Kiwis	Oliven
Zitrusfrüchte	

1635   2235   0,1

Bay of Plenty
11447 ha

Avocados   Kiwi

1220   2348   10

Gisborne
3074 ha

Weintrauben	Kiwis
Orangen	Zitronen
Mandarinen	Äpfel

929   2435   39,5

Auckland
2303 ha

Weintrauben	Oliven
Kiwis	Erdbeeren
Avocados	

1257   2186   10,2

Waikato
1224 ha

| Kiwi | Äpfel |
| Blaubeeren | Avocados |

1123   1748   42,2

Hawke's Bay
9572 ha

Äpfel	Pflaumen
Weintrauben	Kiwis
Pfirsiche	Oliven
Nektarinen	

738   2424   12

Tasman/Nelson
4529 ha

| Äpfel | Kiwis |
| Weintrauben | Brombeeren |

1016   2504   67,4

Wellington
1261 ha

| Weintrauben | Äpfel |
| Oliven | |

1086   1947   46

Canterbury
3960 ha

Weintrauben	Walnüsse
Oliven	Johannis-
Äpfel	beeren
	Haselnüsse

610   2265   59,5

Marlborough
23874 ha

Weintrauben

598   2564   49

Otago
3001 ha

Weintrauben	Aprikosen
Kirschen	Nektarinen
Äpfel	

381   2348   146

Region
Obstanbaufläche
Verwaltungsgrenze

Klimamerkmale
(Mittelwerte von 2011 – 2020)
🌧 Jahresniederschlag (in mm)
☀ Sonnenscheindauer (in Std.)
❄ Bodenfrost (in Tagen)

0   100   200   300 km

M1   Obstanbau in Neuseeland (2020)

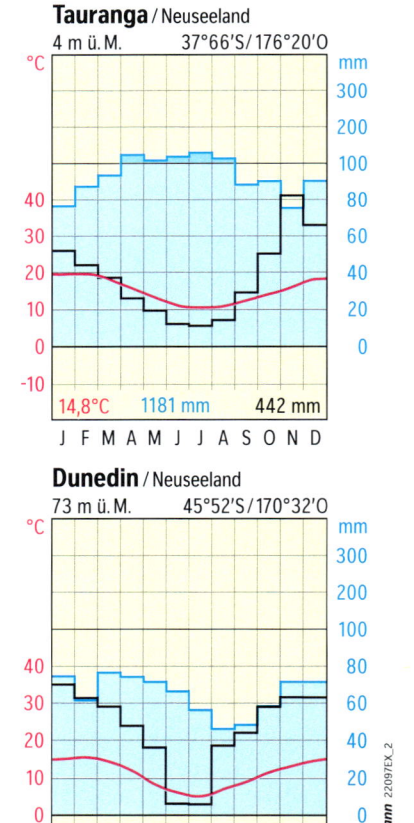

Tauranga / Neuseeland
4 m ü. M.   37°66'S / 176°20'O

14,8°C   1181 mm   442 mm

J F M A M J J A S O N D

Dunedin / Neuseeland
73 m ü. M.   45°52'S / 170°32'O

11,1°C   772 mm   552 mm

J F M A M J J A S O N D

© westermann 22097EX_2

M4   Klimadiagramme

	2005	2010	2015	2020
frische Früchte	1187,7	1454,9	1982,1	3663,3
Äpfel	720,2	995,7	1181,9	2533,6
Kiwis	387,0	324,6	561,8	876,3
Avocado	29,0	59,9	115,5	112,3
Kirschen	10,5	22,7	52,3	51,3
verarbeitete Früchte	534,5	1192,0	1567,3	2045,5
Wein	432,7	1036,8	1406,2	1908,5
Saft, Konfitüre etc.	34,5	31,7	46,5	51,4
frisches Gemüse	200,0	247,7	216,0	300,8
verarbeitetes Gemüse	264,3	321,1	375,1	423,7
Gartenbauprodukte	2306,1	3355,6	4274,5	6652,2
Anteil am neuseeländischen Gesamtexport	7,5 %	8,3 %	8,8 %	11,0 %

Quelle: The New Zealand Institute for Plant & Food Research

M 5 Neuseelands Export von Gartenbauprodukten* (in Mio. NZ-$)

Zielländer	2010	2020	wichtigste Produkte
Europa	618	1099	Kiwis, Wein, Äpfel, Zwiebeln
Japan	483	917	Kiwis, Honig, Kürbisse, Äpfel
USA	352	864	Wein, Kiwis, Honig, Äpfel
Australien	702	836	Wein, Avocados, Kartoffeln, Kiwis
China	100	784	Kiwis, Honig, Äpfel, gefr. Erbsen
UK	367	536	Wein, Äpfel, Honig
Taiwan	108	266	Kiwis, Äpfel, Kirschen
Kanada	74	179	Wein, Kiwis, Äpfel, Honig
Korea	85	161	Kiwis, Kürbis

Quelle: Statistics New Zealand

M 6 Exportmärkte neuseeländ. Gartenbauprodukte (in Mio. NZ-$)

	2005	2010	2015	2020
verkaufte Tabletts in Mio. (Gewicht 3,6 kg)	79,7	96,5	95,2	145,2
Ernte (Tabletts/ha)	7847	8546	8662	11650
Plantagenfläche (in ha)	10934	12525	11233	12905
Erzeuger	2760	2711	2540	2792
Verpackungsstationen	88	71	50	44
Kühlhäuser	89	77	62	63
Gewinn (in NZ-$/ha)	34738	39142	57369	107142

Quelle: The New Zealand Institute for Plant & Food Research

M 10 Kiwiproduktion in Neuseeland (2005 – 2020)

Eine besonders begehrte Kiwiart ist [...] die sogenannte Sungold-Kiwi, die bekannt ist für ihre würzige Süße und ihr leuchtend gelbes Fruchtfleisch. Die goldfarbenen Früchte enthalten zudem weniger Samen als die grüne Variante und sind toleranter gegenüber einer Krankheit, die die bisherige Sorte der goldenen Kiwis vernichtet hat. Farmer, die diese hochwertige Sorte Kiwis anbauen und verkaufen wollen, müssen in Neuseeland eine teure Lizenz erwerben. Diese kostet laut [...] derzeit mehr als 300000 Euro pro Hektar. Zudem sind die Qualitätsstandards für Kiwizüchter hoch – es gibt sogar eine Regulierungsbehörde, die sich um die Angelegenheiten der kleinen Früchte kümmert. Zespri, die neuseeländische Genossenschaft, die hinter den neuseeländischen Kiwis inklusive der Marke Sungold steht, verkauft die Lizenzen für den Anbau der Früchte in Neuseeland. Nach der einmaligen Zahlung erhalten die Landwirte Zugang zu globalen Lieferketten und Marketingkampagnen. Allein im vergangenen Jahr haben Kiwis 3,58 Milliarden neuseeländische Dollar oder umgerechnet über 2 Milliarden Euro für die Genossenschaft eingespielt. Kiwis aus Neuseeland sind weltweit begehrt, doch einer der größten Abnehmer ist – wie auch von vielen anderen neuseeländischen Produkten – China. Doch genau hier braut sich nun ein Konflikt zusammen. [...] Ein Chinese [...] hat vor einigen Jahren Stecklinge der Sungold-Variante unerlaubt außer Landes gebracht und in die chinesische Provinz Sichuan geschmuggelt. Dort züchten inzwischen nun auch lokale Bauern Kiwis von den gestohlenen Pflanzenablegern – ohne jedoch die hohen Lizenzgebühren von Zespri zu zahlen. [...] Laut Zespri soll es inzwischen mehr als 5000 Hektar mit Sungold-Kiwi-Plantagen in China geben.

Quelle: Barbara Barkhausen: Wie ein chinesischer Schmuggler Neuseelands Kiwis stahl. RND 4.6.2021

M 11 Quellentext zum Kiwipflanzenschmuggel

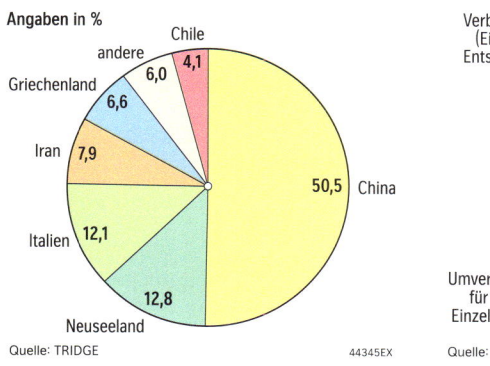

Angaben in %

Quelle: TRIDGE   44345EX

M 7 Wichtigste Kiwierzeuger weltweit (2019)

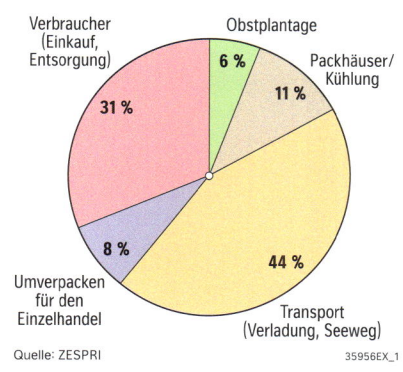

Quelle: ZESPRI   35956EX_1

M 9 CO$_2$-Fußabdruck einer neuseeländischen Kiwi im globalen Export

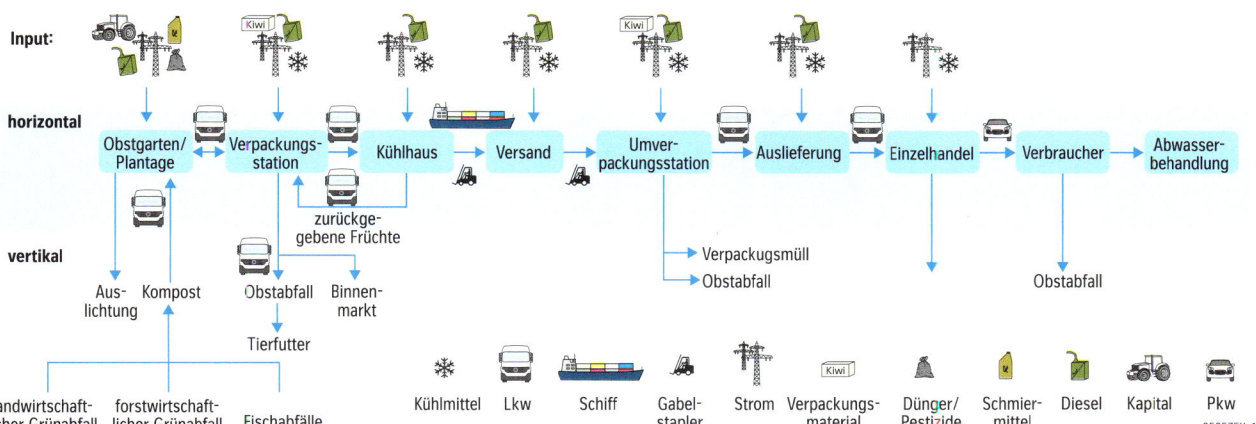

M 8 Lebenszyklus einer Kiwi-Frucht

Zusammenfassung

Unterschiedliche Landwirtschaftssysteme

Im Großraum Australien/Ozeanien wird in zwei grundsätzlich unterschiedlichen landwirtschaftlichen Systemen gearbeitet. Während in Australien und Neuseeland eine hochtechnisierte Landwirtschaft Produkte in Spitzenquantität und -qualität für den Binnen- und den Exportmarkt erzeugt, wird auf den südpazifischen Inseln, teilweise noch mit archaischen Methoden, abgesehen von wenigen Ausnahmen noch Subsistenzwirtschaft betrieben.

Agrarstandort Ozeanische Inselwelt

In vielen Staaten und abhängigen Gebieten der südpazifischen Inselwelt ist die Landwirtschaft zur Selbstversorgung (Subsistenz) heute immer noch die Lebensgrundlage der Bevölkerung in ländlichen Gebieten. Eine intensivere agrarische Nutzung wäre aufgrund der viel zu kleinen Inselgrößen, der wenig ertragreichen Böden und der klimatischen Vulnerabilität (oft zu geringe Niederschläge, Eindringen von Meerwasser in die Inselböden nach tropischen Wirbelstürmen) auch nicht möglich. Auf einigen größeren Inseln und in Papua-Neuguinea ist hingegen die Plantagenwirtschaft (Anbau von Cash Crops wie Ölpalmen) ein wichtiger Devisenbringer und damit auch Motor für die Entwicklung ländlicher Infrastruktur. Sie kann aber auch erheblich zur ökologischen, kulturellen und sozialen Zerstörung beitragen.

Agrarstandort Australien

Aufgrund der natürlichen Ausstattung kann flächenmäßig nur ein relativ kleiner Teil des Kontinents ackerbaulich intensiv genutzt werden, überwiegend die Küstenzonen und deren Randgebiete (Weizen-, aber auch Wein-, Zuckerrohr- und Baumwollanbau). Die Weidewirtschaft in den Wassermangelgebieten im Kontinentinneren erfolgt extensiv, da die Tiere (vor allem Rinder und Schafe) nur über artesisches Wasser an Brunnen beziehungsweise Bohrlöchern oder Wasser aus Flüssen mit jahreszeitlichen oder episodischem Abfluss versorgt werden können. Gerade in Trockengebieten kommt bei Überstockung dieser extensiv genutzten Weideflächen eine verstärkte Erosionsgefahr hinzu, die neue Vegetation nur spärlich aufkommen lässt. In Weizenanbaugebieten werden Rinder auch in modernen, offenen Rindermastanlagen (Feedlots) gehalten.

Im Murray-Darling Basin ist Bewässerungsfeldbau durch Wasserbeschaffung aus Fluss- und Grundwasser möglich. Da das Wasser ein knappes Gut in Trockengebieten ist und eine Vielzahl von Nutzern um das kostbare Nass konkurriert, hat Wassersparen in allen Wirtschaftsbereichen und eine Effizienzsteigerung bei der Bewässerung oberste Priorität. Dennoch führt die Nutzung von Regionen an der Trockengrenze zur Übernutzung des natürlichen Potenzials mit nicht reparablen ökologischen Schäden (Bodenerosion, Versalzung), wenn nicht aufwendige Maßnahmen (z. B. Drainage) ergriffen werden.

Agrarstandort Neuseeland

Neuseeland ist seit jeher für seine Schaf- und Rinderhaltung sowie für den Export von Schaf- und Rindfleisch bekannt. Probleme bei den Erzeugern gibt es daher immer, wenn Teile der globalen Exportmärkte (wie beim Schaffleisch) plötzlich wegbrechen. Da die neuseeländische Landwirtschaft ohne staatliche Subventionen auskommen will, sind die Erzeuger gezwungenermaßen höchst flexibel beziehungsweise ideenreich und haben auf andere tierische Produkte umgestellt, zum Beispiel auf Rotwildfleisch.

Neben der Fleischproduktion fand zudem in den letzten Jahrzehnten ein starker Ausbau des Gartenbaus statt. Gründe hierfür waren die optimalen natürlichen Voraussetzungen in bestimmten Landesteilen, betriebswirtschaftliche Innovationen sowie die steigende Nachfrage nach Obst (z.B. Kiwis, Heidelbeeren, Avocados), Gemüse und auch Wein auf den westlichen und asiatischen Märkten. Eine lukrative Produktion war nicht zuletzt durch kostengünstige saisonale Erntehelfer von vielen südpazifischen Inseln möglich.

Dennoch schlägt für viele Gartenbauprodukten ein nicht unerheblicher ökologischer Fußabdruck bei der Erzeugung, der Verpackung, der Lagerung und dem Transport auf die asiatischen und europäischen Märkte zu Buche. Ähnlich verhält es sich bei der Erzeugung und dem Export von Milcherzeugnissen und Fleisch.

Weiterführende Literatur und Internetlinks

Statistik zur Landwirtschaft
Ernährungs- und Landwirtschaftsorganisation der Vereinten Nationen (FAO)
• faostat3.fao.org

Landwirtschaftsstatistik
Australien
• www.abs.gov.au/Agriculture
• www.agriculture.gov.au/abares

Neuseeland
• www.mpi.govt.nz/news-and-resources/
  open-data-and-forecasting/agriculture
• www.stats.govt.nz/topics/agriculture

Überblick über die Entwicklung der australischen Landwirtschaft
Australian Government: Department of Agriculture, Water and the Environment
• www.awe.gov.au

National Farmer Federation
• nff.org.au

Überblick über das Great Artesian Basin
Department of Climate Change, Energy, the Environment and Water
• www.dcceew.gov.au/water/policy/natio
  nal/great-artesian-basin
• www.ga.gov.au/scientific-topics/water/
  groundwater/gab

Überblick über das Murray-Darling Basin
Murray-Darling Basin Authority
• www.mdba.gov.au
• www.agriculture.gov.au/abares/research-
  topics/surveys/irrigation

Rinderproduktion Australien
Cattle Council of Australia
• www.cattlecouncil.com.au

Beef Central
• www.beefcentral.com

Überblick über die Landwirtschaft in Neuseeland
Ministry for Primary Industries
• www.mpi.govt.nz/agriculture

Federated Farmers of New Zealand
• www.fedfarm.org.nz

Übersicht über die Gartenbauproduktion Neuseelands
Fresh Facts
• www.freshfacts.co.nz

Kiwi-Anbau in Neuseeland
ZESPRI
• www.zespri.com

4 ROHSTOFFE FÜR DIE WELT

Muldenkipper (Dumb Truck) in einer australischen Kohlenmine

4.1 Chancen und Risiken des Ressourcenreichtums

Den ersten großen Rohstoffboom gab es Down Under im 19. Jahrhundert mit den Goldfunden in Australien und Neuseeland, was zu Einwanderungswellen in die beiden damaligen britischen Kolonien führte. Neben Gold wurde auch Blei, Zink, Silber und Kupfer gefunden, doch die Förderung blieb bis auf die Zeit während der beiden Weltkriege überschaubar. Der Eigenbedarf an Mineralen war gering und die Frachtkosten zu den wichtigen Märkten in Europa und Nordamerika zu hoch, sodass nur auserlesene Metalle über die langen Transportwege ausgeführt wurden.

Bergbauriese Australien

Mit dem Anstieg der Weltmarktpreise für Rohstoffe seit Ende der 1960er-Jahre und dem wirtschaftlichen Aufstieg der Tigerstaaten in Ostasien (Japan, Südkorea) begann der Abbau von entdeckten ausgedehnten Vorkommen von Eisen- und Aluminiumerzen (Bauxit*) sowie die Förderung der enormen Kohleressourcen. Der Bedarf am Import australischer Rohstoffe wird mittlerweile angeführt von den beiden bevölkerungsreichsten Volkswirtschaften VR China und Indien. Trotz der immensen Bedeutung des Bergbaus für die australische Wirtschaftskraft arbeiten lediglich etwa 270 000 Menschen in diesem Sektor (2,1 % aller Beschäftigten). Inwieweit die Zielsetzungen der neuen Regierung, die CO_2-Emissionen Australiens strikt zu begrenzen, mit dem fortschreitenden Export von Energierohstoffen zu vereinbaren ist, bleibt abzuwarten.

Neuseeland: Milchprodukte und Holz

Im Gegensatz zu Australien verfügt Neuseeland nur über geringe Mengen an mineralischen und energetischen Rohstoffen. Der Inselstaat konzentriert sich auf Exportprodukte aus der Land- und Forstwirtschaft, was trotz der peripheren Lage durch die Weiterentwicklung von Kühlketten die Ausfuhr von Milchprodukten vereinfacht. Insbesondere für den asiatischen Markt ist Neuseeland ein bedeutender Lieferant von Holz(erzeugnissen).

M 3 Flüssigerdgasanlage in Australien

M 4 Holzstämme für den Export in Picton (Neuseeland)

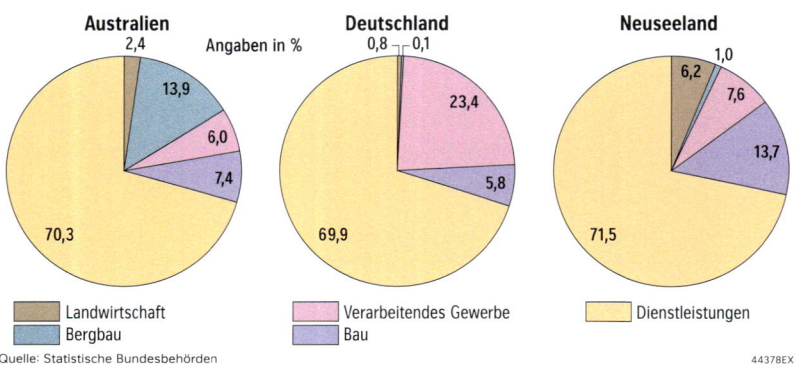
M 1 Anteil der Wirtschaftssektoren am Bruttoinlandsprodukt* (2020)

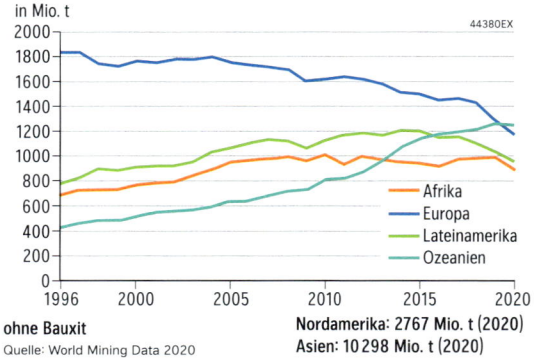
M 5 Produktion Mineralien/Metalle (1996–2020)

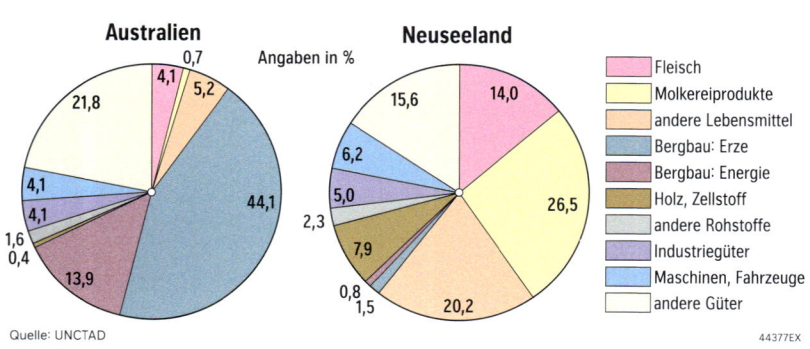
M 2 Exportstruktur Güter (ohne Dienstleistungen) (2020)

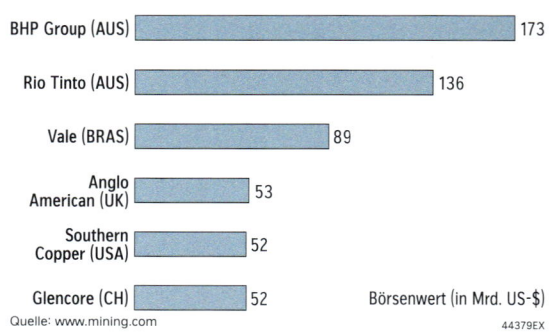
M 6 Größte Bergbaukonzerne der Welt (2021)

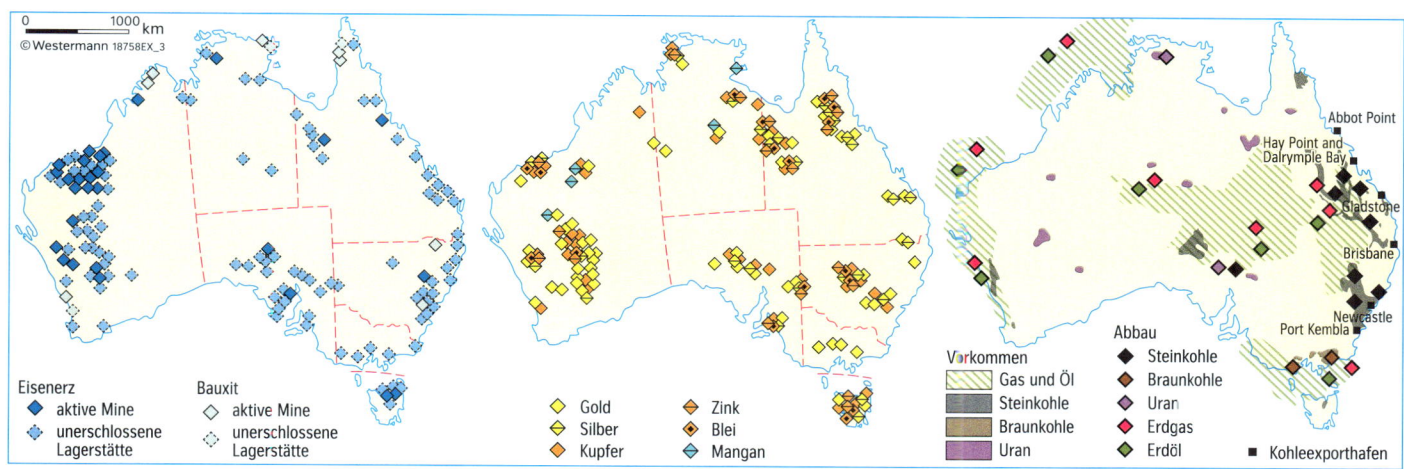

M 7   Rohstofflagerstätten: metallische und energetische Rohstoffe

Legenden:

Eisenerz
◆ aktive Mine
✦ unerschlossene Lagerstätte

Bauxit
◇ aktive Mine
✧ unerschlossene Lagerstätte

◆ Gold   ◆ Zink
◆ Silber   ◆ Blei
◆ Kupfer   ◆ Mangan

Vorkommen
▨ Gas und Öl
▦ Steinkohle
▨ Braunkohle
▨ Uran

Abbau
◆ Steinkohle
◆ Braunkohle
◆ Uran
◆ Erdgas
◆ Erdöl
■ Kohleexporthafen

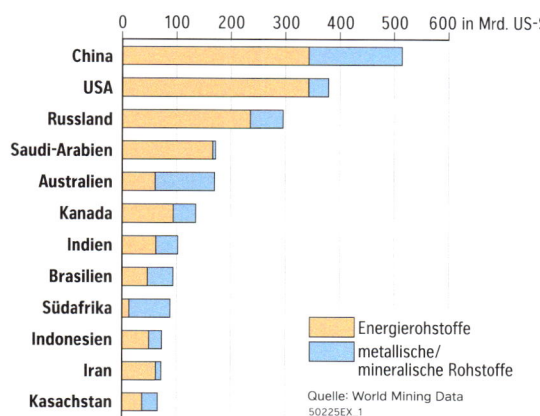

M 8   Weltweite Bergbauproduktion (2020)

Quelle: World Mining Data 50225EX_1

■ Energierohstoffe
■ metallische/mineralische Rohstoffe

Rohstoff	Förderung			Reserven		
	Menge	Anteil Welt	Rang	Menge	Anteil Welt	Rang
Eisenerz	900 Mio. t	34,6 %	1	51 Mrd. t	28,3 %	1
Bauxit*	110 Mio. t	28,2 %	1	5,3 Mrd. t	16,4 %	1
Kohle[1]	477 Mio.t	6,2 %	5	148 Mrd. t	14,0 %	3
Uran	4192 t	8,6 %	2	1,69 Mio. t	27,5 %	1
Nickel	160000 t	5,9 %	6	21 Mio. t	22,1 %	1
Kupfer	900000 t	4,3 %	6	93 Mio. t	10,6 %	2
Gold	330 t	11,0 %	2	11000 t	20,4%	1
Diamanten	8 Mio. kt	17,7 %	3	11 Mio. kt	0,6 %	6
Lithium	55000 t	55,0 %	1	57,7 Mio. t	25,7 %	2
Zink	1 300 t	10,0 %	4	69000 t	27,6 %	1
Silber	1 300 t	5,4 %	6	90000 t	17,0 %	2
Erdgas	143 Mrd. m³	3,7 %	7	2,4 Bio. m³	1,3 %	13

[1] Stein- und Braunkohle   Quelle: BP, USGS, World Nuclear Association

M 11   Förderung und Reserven von Rohstoffen in Australien (2020)

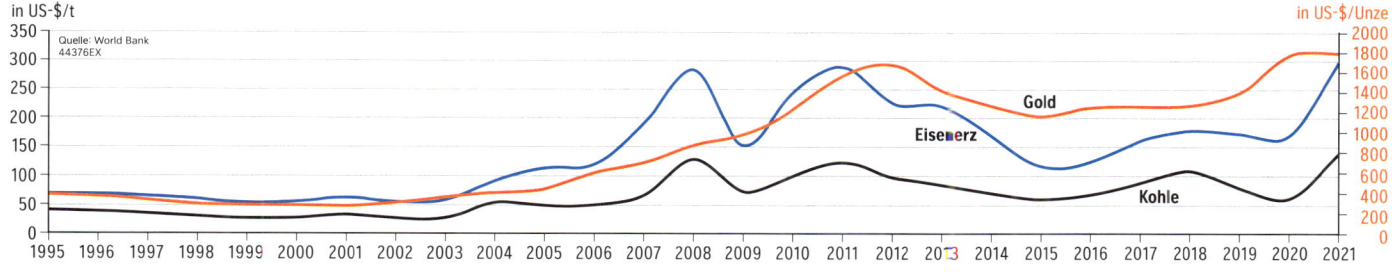

M 9   Preisentwicklung Kohle, Eisenerz und Gold (1995 – 2021)

Die Folgen des Rohstoffreichtums wurden in Australien intensiv untersucht, wobei sich zeigte, dass Rohstoffe nicht unbedingt ein Segen für eine Volkswirtschaft sind. Der australische Ökonom Robert Gregory setzte sich 1976 mit den Folgen eines Rohstoffbooms für die Ökonomie eines Landes auseinander. Seit 1977 ist das Theorem als „holländische Krankheit" [...] bekannt: So bezeichnete man den Rückgang des verarbeitenden Sektors nach den Erdgasfunden vor der holländischen Küste. Bis zu jenem Zeitpunkt galt Rohstoffreichtum stets als eine den Entwicklungsprozess begünstigende Komponente. Gregory erbrachte aber den Nachweis, dass Rohstoffreichtum die industrielle Entwicklung eines Landes hemmen kann. Ein Boom im Rohstoffsektor führt zum Anstieg von Löhnen und Renditeerwartungen auch im industriellen Sektor, der mit importierten Produkten konkurrieren muss. [...]
Galt die australische Wirtschaft bis ins neue Jahrtausend hinein wegen der großen Bedeutung von Rohstoffexporten als rückständig, so machte sich in der ersten Dekade des 21. Jahrhunderts eine Art neuer Goldrausch breit. Der massive Anstieg von Rohstoffpreisen beflügelte die australische Wirtschaft.

Quelle: Heribert Dieter: Australiens Wirtschaft im 21. Jahrhundert. In Länderbericht Australien. Bonn: bpb 2012, S. 287 – 288

M 10   Quellentext zu Risiken und Chancen einer rohstofforientierten Wirtschaft

1. Beschreiben Sie Bedeutung des Rohstoffsektors für die australische und neuseeländische Wirtschaft (M1, M2).
2. Beschreiben Sie die Lage der Rohstofflagerstätten Australiens innerhalb des Kontinents und zu den Hauptschifffahrtsrouten (M7, Atlas).
3. Erläutern Sie die Bedeutung Australiens für die globale Rohstoffversorgung (M5, M6, M8, M11).
4. Erörtern Sie die Chancen und Risiken der Exportstruktur Australiens.

 100800-202-01 schueler.diercke.de   100800-264-01 schueler.diercke.de   100800-264-02 schueler.diercke.de   100800-25-03 schueler.diercke.de

4.2 Pilbara: Iron ore country

Roter Boden, blauer Himmel, ein unendlich scheinender Horizont und Durchschnittstemperaturen von bis zu 41°C. Pilbara, eine 500000 km² große siedlungsfeindliche Landschaft wird von den Australiern oft als „Rugged Country" (raues, wildes, zerfurchtes Land) bezeichnet. Zerfurcht nicht nur durch die Hamersleykette, sondern auch durch die seit den 1960er-Jahren entstandenen Narben der Transporttrassen für Eisenerz, auf denen Trucks das Erz aus den Minen zu den Verladestationen und dann auf endlos lange Güterzüge zu den Exporthäfen am Indischen Ozean bringen. Immerhin mehr als ein Viertel der weltweiten Eisenerzreserven werden in der Region vermutet.

1. Lokalisieren Sie die Pilbara-Region und beschreiben Sie ihre naturräumliche Ausstattung (Atlas).
2. Charakterisieren Sie die wirtschaftliche Ausrichtung und Bedeutung der Pilbara-Region innerhalb Western Australias, Australiens und der Welt (M1, M3, M6).
3. Erläutern Sie die Entwicklung der Eisenerzproduktion in Western Australia (M3, M4, M7, M10, M11).
4. a) Erläutern Sie die Eisenerzproduktion und den -transport von den Minen zu den Exporthäfen (M2, M3, M5, M7–M9, M12).
   Ⓩ   b) Erstellen Sie eine Liste mit den aktuellen Zielhäfen der Frachter in und bei den Pilbara-Häfen (Online-Schiffspositionsdienst, siehe Anhang).
5. Erörtern Sie die Chancen und die Risiken für Australien aus dem Konflikt mit China (M10, M11, Kap. 4.1).
Ⓩ 6. Begründen Sie die hohen Eisenerzexporte und die geringe Stahlproduktion von Australien.

Mitte der 1960er-Jahre begann in Australien der Abbau von Eisenerz für den Export. Die Lagerstätten mit Reserven* von insgesamt 25 Mrd. Tonnen waren seit 1953 erkundet worden. Sie besitzen einen sehr hohen Eisengehalt (70 %), sind oberflächennah (Bändereisenerze) und zählen zu den weltweit größten Lagerstätten. Hauptakteure sind die beiden weltweit größten Bergbaukonzerne BHP Billiton und Rio Tinto. Der drittgrößte dort aktive Konzern ist die Fortescue Metals Group (FMG).

Mehr als 90 Prozent der rund 900 Mio. Tonnen australischer Eisenerzförderung stammen aus dem Pilbara-Gebiet; dies entspricht einem Drittel der Weltförderung. Der weitaus größte Teil des Erzes gelangt in den Export. Die Reichweite* beträgt bei der aktuellen Förderung noch etwa knapp 30 Jahre.

Die Bergbaugesellschaften haben die benötigte Infrastruktur auf eigene Kosten errichtet und Arbeitskräfte angeworben. Es gibt zehn größere Siedlungen, vier Bahnlinien und fünf Häfen. 1961 lebten nur 3240 Menschen in dem Gebiet, 2021 waren es etwa 60000. Die wichtigsten neu gegründeten oder ausgebauten Siedlungen sind Newman, Port Hedland, Dampier, Karratha und Tom Price. Die Tagebaue* beschäftigen nur jeweils 150 bis 400 Personen, die teilweise, aufgrund der Siedlungsferne, für mehrere Tage aus Perth eingeflogen werden (siehe Kap. 4.3).

Die Erzzüge sind bis zu 3,5 Kilometer lang, bestehen aus bis zu 330 Wagen und transportieren maximal 40000 Tonnen Erz. Die Abbaugebiete und die Exporthäfen sind Standorte der Erzaufbereitung. Neben der Eisenerzförderung werden in der Pilbara-Region noch eine Reihe weiterer Metalle (z. B. Gold, Kupfer, Blei, Zink) abgebaut und gibt es vor der Küste größere Erdgas- und Erdölfelder.

M3 Eisenbergbau in der Pilbara-Region

	Pilbara-Region	Western Australia	Australien
Bevölkerung	59554	2682257	25750198
Beschäftigte im Bergbau (Anteil)	29151 (45,7 %)	125755 (8,8 %)	279200 (2,1 %)
BRP bzw. BIP* (in Mrd. AU-$)	71,1	361,8	2173,8
BRP bzw. BIP/Einw. (in AU-$)	1194890	135479	84419
Bergbau: Anteil am BIP	87,1 %	47,0 %	6,9 %
Bergbau Export (in Mrd. AU-$)	76,5[1] (90,1 %)	227,1 (95,0 %)	362,7 (58,0 %)
Durchschnittseinkommen (Woche, in AU-$)	2897	1895	1328

[1] 2020 BRP = Bruttoregionalprodukt Quelle: Australian Bureau of Statistics

M1 Vergleich Pilbara-Region, Western Australia und Australien (2021)

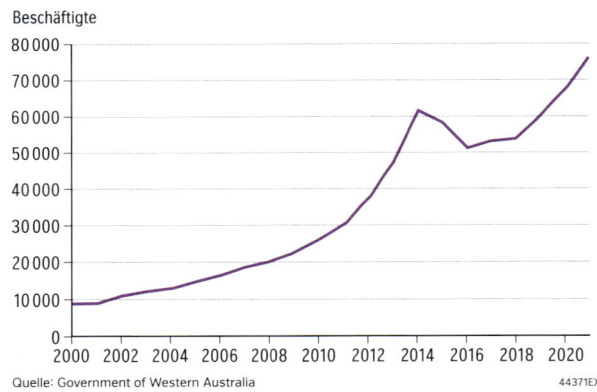

Beschäftigte

Quelle: Government of Western Australia   44371EX

M4 Western Australia: Beschäftigung in Eisenerzminen

M2 Eisenerzmine Tom Price

M5 Eisenerzabbau mit Tagebaugerät (Surface Miner)

 100800-202-01 schueler.diercke.de   100800-200-02 schueler.diercke.de

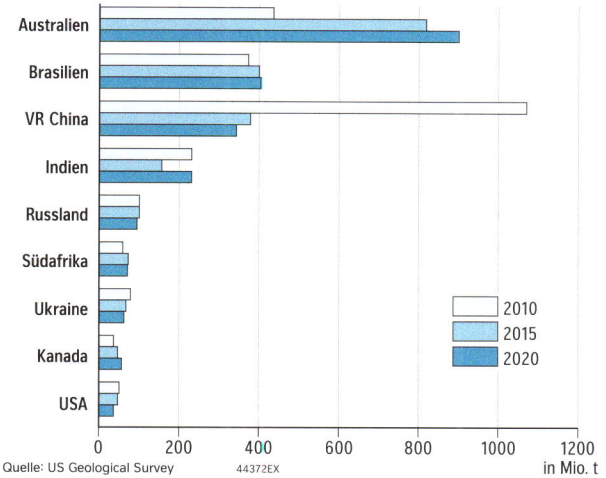

Quelle: US Geological Survey   44372EX

M 6 Wichtigste Eisenerzproduzenten weltweit (2010 – 2020)

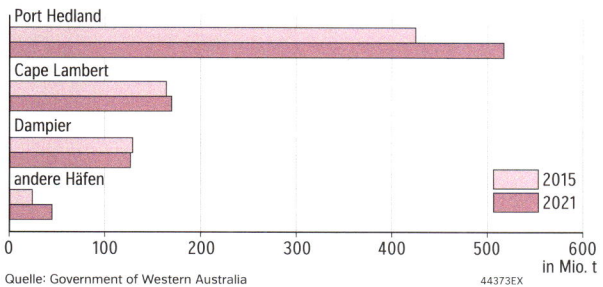

Quelle: Government of Western Australia   44373EX

M 7 Eisenerzexporte aus Western Australia

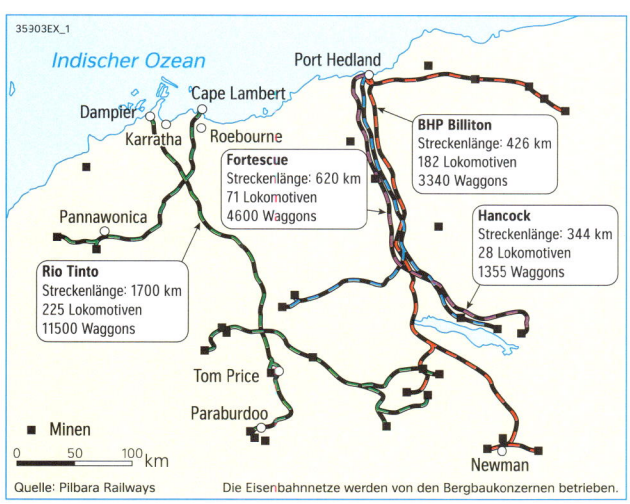

M 8 Erztransport in der Pilbara-Region

M 9 Eisenerztransport per Zug

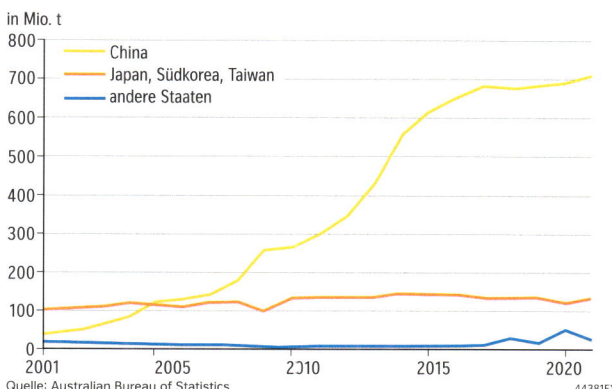

Quelle: Australian Bureau of Statistics   44381EX

M 10 Eisenerzexporte von Western Australia nach Hauptexportländern

Der australische Eisenerzbergbau ist ein Gewinner der Coronakrise. [...] Die Eisenerzförderung des größten Konkurrenten Brasilien [ist] durch die Pandemie gesunken. Der Weltmarktpreis bewegt sich daher seit Juni 2020 auf einem hohen Niveau von deutlich über 100 US-Dollar (US$) pro Tonne. Mehrere Produzenten wollen die Förderung deshalb ausweiten. Eine gewisse Unsicherheit besteht in Bezug auf die Zuverlässigkeit des Hauptabnehmers China. [...] Hiervon ist insbesondere auch der Kohlesektor betroffen. Auswirkungen auf den Eisenerzexport gab es bislang zwar nicht, jedoch rechnen Beobachter mit Bemühungen Pekings, die Abhängigkeit von australischen Eisenerzlieferungen zu reduzieren.
Quelle: Heiko Stumpf: Australien will mehr Eisenerz fördern. GTAI 15.3.2021

China ist eine Exportnation. Doch umgekehrt ist China auch abhängig von Technologie-Vorprodukten und Rohstoffen aus dem Ausland. Vieles davon muss es bei geopolitischen Rivalen einkaufen. [...] Auch 60 Prozent seiner Eisenerz-Importe bezieht China aus Australien. Pekings Beziehungen mit Canberra sind aber auf dem Tiefpunkt. China piesackt Australien mit Strafzöllen oder Einfuhrverboten etwa für Rindfleisch, Hummer, Gerste und Wein, seit Canberra eine unabhängige Untersuchung der Ursprünge von Covid-19 gefordert hat. Australien hat sich seither mehreren Sicherheitsbündnissen angeschlossen, die implizit gegen China gerichtet sind. Gerade erst besiegelte es eine Partnerschaft mit Japan.

An die Eisenerz-Importe aus Down Under wagte sich Peking bislang nicht heran. Doch missfällt China die Abhängigkeit von australischem Erz. Die Volksrepublik sucht deshalb nach Alternativen. Eine fand es 2020 in der Hügelkette Simandou im westafrikanischen Guinea. Dort soll die weltweit größte Reserve an unerschlossenem hochwertigem Eisenerz liegen.
Quelle: Christiane Kühl: Exportgigant China: Rohstoff-Importe nun „Schicksal der Nation" – auch von den großen Rivalen. Merkur, München 8.2.2022

M 11 Quellentexte zu den Eisenerzexporten nach China

M 12 Eisenerzverladung in Port Hedland

4.3 Arbeiten im Outback

Die Pilbara-Region ist reich an Rohstoffen und arm an Menschen. Um Arbeiter in die abgelegene Region zu locken, werden sie von den Bergbaukonzernen mit exorbitant hohen Löhnen in die Minen und Häfen gelockt. Ein Teil siedelte sich in kleinen Städtchen wie Tom Price in der Nachbarschaft der Arbeitsplätze an, andere werden zur Arbeit wochenweise eingeflogen. In Western Australia gibt es etwa 60000 solcher FIFO-Worker (Fly-in-fly-out). Diese Form der Arbeit ist mit hohen Belastungen verbunden, die sich zurzeit der Coronoa- Pandemie noch einmal verschärften.

1. Erklären Sie die geringe Bevölkerungsdichte in der Pilbara-Region (M 7, Kap. 2.2: M 3; Kap. 3.3).
2. a) Lokalisieren Sie die Bergbaustadt Tom Price (Atlas, Kap. 4.2: M 8, Google Earth).

b) Beschreiben Sie die Stadt und ihre Umgebung (M 2, Google Earth, Google Street View).
c) Analysieren Sie den Aufbau, die Infrastruktur und Entwicklung von Tom Price (M 1, M 2, M 4).
d) Charakterisieren Sie die Bewohner von Tom Price (M 3, M 5).
3. Erläutern Sie den Strategiewechsel der Bergbauunternehmen bei der Unterbringung der Minenarbeiter (M 7).
4. Charakterisieren Sie die Beschäftigungsart FIFO und die FIFO-Worker (M 7 – M 10).
Ⓩ 5. Vergleichen Sie das Leben eines FIFO-Workers aus Perth mit einem Minenarbeiter aus Tom Price.
6. Beurteilen Sie die Auswirkungen der Corona-Pandemie auf das FIFO-Arbeitsmodell (M 8).

- Name: benannt nach dem US-amerikanischen Bergbauingenieur Thomas Moore Price, der die Eisenerzvorkommen 1962 entdeckte und erkundete
- Öffnung der Erzmine Mt. Tom Price 1964, 1966 Beginn des Erzabbaus (Tagebau*), Erzmine 5 km entfernt von der Stadt Tom Price (Kap. 4.2: M 2)
- Baubeginn der Stadt 1965 als Wohn- und Dienstleistungszentrum für Minenarbeiter und ihre Familien (Modellbergbaustadt), ursprünglich 250 Unterkünfte
- heute über 1600 Wohnhäuser; Infrastruktur: Supermarkt, Bank, Krankenhaus, Bücherei, zwei Primary Schools, eine Secondary School, Schwimmbad, Golfplatz, Indoor Cricket Center, Rasenbowling- und Squashplatz, Tennis- und Basketballplätze, Go-Kart Club, Skate Park
- Stadt gelegen an der Privatbahnstrecke des Bergbaukonzerns Rio Tinto von Dampier-Tom Price-Paraburdoo (Kap. 4.2: M 8); sechs Erzzüge pro Tag

M 1   Tom Price Kurzcharakteristik

	Tom Price	Western Australia	Australien
Beschäftigte im Bergbau (Eisenerz)[1]	51,6 %	2,5 %	0,3 %
Median-Wocheneinkommen (in AU-$) Einzelperson Haushalt	1741 3125	848 1815	805 1746
Medianalter	32	38	38
abgeschl. Studium	7,3 %	21,3 %	23,3 %
Mieter	82,0 %	27, 3 %	30,6 %
Durchschnittsmiete (Woche, in AU-$)	48	340	375

[1] nicht in Australien geboren Quelle: Census 2021, [1]Census 2016

M 3   Daten zu Tom Price, Western Australia und Australien (2021)

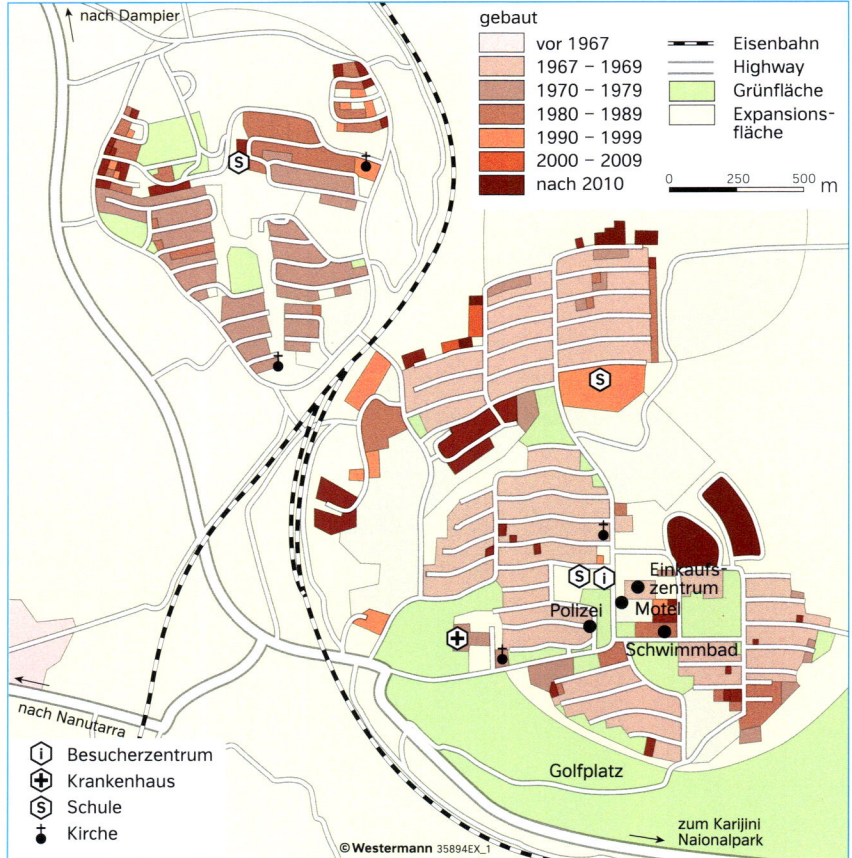

M 2   Tom Price

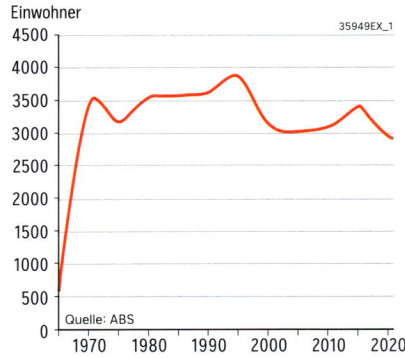

M 4   Tom Price: Bevölkerungsentwicklung

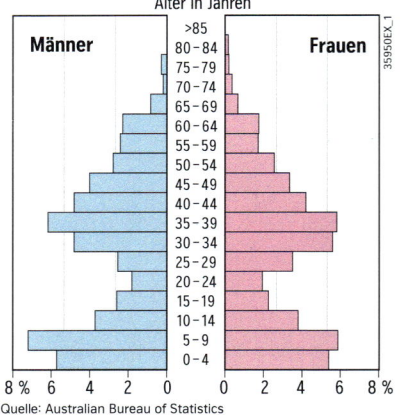

M 5   Tom Price: Altersstruktur (2021)

M 6 Tom Price

M 9 FIFO-Minenarbeiter einer Eisenerzmine in der Pilbara-Region

Die wertvollen Bodenschätze des Landes befinden sich fast alle im harschen Hinterland. Örtliche Arbeitskräfte gibt es meistens nicht. Arbeiter, Handwerker, Geologen, Ingenieure, Cateringpersonal und Büroangestellte werden in den Großstädten an der Küste oder auch im Ausland angeworben. In den 1960er- und 1970er-Jahren bauten die großen Bergbauunternehmen für ihre Mitarbeiter und deren Familien in der Nähe schwer erreichbarer Minen Siedlungen wie Tom Price, mit Supermärkten, Schulen, Pubs, Sportstätten, kleinen Krankenhäusern und in der Wüste besonders beliebten Schwimmbädern. Heute ist es billiger, Arbeitskräfte einzufliegen und in vorübergehenden Unterkünften unterzubringen. Viele Arbeitnehmer wollen ihre Familien auch nicht mit ins Outback bringen, weil es dort an medizinischer Versorgung, Schulen, Freizeitmöglichkeiten und Arbeitsplätzen für Partner und Kinder fehlt. Die Arbeit im Outback ist hart, vor allem in der zwei- bis dreijährigen Aufbauphase einer neuen Mine. Bauarbeiter und Handwerker arbeiten oft vier oder fünf Wochen lang zwölf Stunden pro Tag in ständigem Staub und oft großer Hitze ohne Unterbrechung hintereinander und bekommen dann eine Woche frei. Viele arbeiten dabei im Durchschnitt bis zu 60 Stunden die Woche bei wechselnden Tag- und Nachtschichten. [...] Während der Arbeitswochen leben die Arbeiter in klimatisierten Wohncontainern mitten im Nirgendwo. Für die Plackerei werden die Minenarbeiter aber gut bezahlt. Ein FIFO-Arbeiter in Westaustralien verdient im Schnitt 100 000 bis 160 000 Dollar im Jahr, mehr als doppelt oder dreimal so viel wie eine Krankenschwester, ein qualifizierter Verkäufer oder ein Automechaniker in der Großstadt. Spezialisierte Geologen, Ingenieure, besonders gesuchte Handwerker und Bergbauspezialisten können noch erheblich mehr verdienen. Dennoch ist die Fluktuation der Belegschaften im Outback hoch. Viele halten die langen Arbeitszeiten, die Isolation, die Hitze und das Leben in oft engen Männerunterkünften kaum zwei bis drei Jahre aus. [...] In einigen Camps leben Tausende überwiegend junge Männer von ihren Familien getrennt wochenlang eng zusammen. [...] Das führt schnell zu gewalttätigen Auseinandersetzungen, Depressionen, erhöhtem Alkoholismus, Drogenkonsum und Prostitution.

Quelle: Ester Blank: Australien. Berlin: CH. Links 2014, S. 106 -107

M7 Quellentext zu FIFO-Workern in Western Australia

Westaustraliens Fly-in-Fly-out-Arbeiter (FIFO) waren während des Höhepunkts der Pandemie maßgeblich an der Aufrechterhaltung der Bergbauproduktion in diesem Bundesstaat beteiligt. Doch nun, fast ein Jahr später, wird von den persönlichen Opfern berichtet, die einige Bergleute aufgrund der strengen Beschränkungen hinnehmen mussten. Änderungen der Dienstpläne und Quarantänevorschriften, die die Übertragung des Virus eindämmen sollen, haben in vielen Fällen dazu geführt, dass die FIFO-Arbeiter bis zu sechs Monate am Stück von ihren Familien getrennt waren. Der nationale Sekretär der Australian Workers Union, Daniel Walton, bezeichnete die Situation als „herzzerreißend". [...]

Die FIFO-Arbeitsform gilt seit jeher als schwierig – Studien haben eine höhere Rate an psychischen Erkrankungen unter den Beschäftigten aufgezeigt: [...] Eine Studie [...] aus dem Jahr 2018 ergab, dass 33 % der FIFO-Beschäftigten eine hohe oder sehr hohe psychische Belastung aufwiesen. [...] In einer kürzlich durchgeführten Studie im Rahmen von Covid-19 stieg diese Zahl auf 41 %. [...]

Trotz der Herausforderungen boomt der westaustralische Bergbausektor. Die hohe Nachfrage nach Eisenerz und Gold, den wichtigsten in diesem Bundesstaat geförderten Rohstoffen, hat den Druck erhöht, die Produktionsmengen zu steigern. [...] Im Januar 2021 wurden in Western Australia 16 % mehr Stellen im Bergbau ausgeschrieben als im gleichen Monat des Vorjahres. [...]

Der Premierminister von Westaustralien, Mark McGowan, hat den Rohstoffsektor dazu aufgerufen, lokale Arbeitskräfte zu suchen. Dies wird jedoch nicht einfach sein, da der Bergbausektor auf nationaler Ebene bereits vor der Pandemie mit einem Fachkräftemangel zu kämpfen hatte, der auf den Bergbau-Crash von 2012 zurückgeht. [Experten meinen], dass Regierungen und große Bergbauunternehmen darüber nachdenken müssen, ob das FIFO-Modell ein realistischer Geschäftsplan für die Zukunft ist oder nicht. Vor allem aber muss man sich darauf konzentrieren, neue Fachkräfte zu gewinnen und die Arbeit so anzupassen, dass sie für sie attraktiv ist.

Quelle: Heidi Vella: Is there a future for Australia's fly-in fly-out mining workers? Mining Technology, London 23.3.2021 (Übersetzung: Thilo Girndt)

- 67 % in Western Australia (davon 73 % Pilbara), 23 % Queensland
- 80 % Männer, 78 % 25 – 44 Jahre alt, 81 % Australier
- 64 % verheiratet, 8 % Singles, 58 % mit Kindern
- Branchen: Bergbau (inkl. Öl, Gas): 78 %, Bau: 19 %
- wichtigste Tätigkeiten: operativ (55%), Verwaltung (16%), Instandhaltung (16%)
- 96 % Arbeitszeit > 10 h, 34 % Schichtarbeit (Tag und Nacht)
- 75 % Einkommen 100 000 – 200 000 AU-$
- 80 % übergewichtig (Männer)
- 62 % risikoreicher Alkoholkonsum (Durchschnitt: 36 %)[1]
- 29 % Drogenkonsum im letzten Jahr (Durchschnitt: 19 %)[1]

Quelle: FIFO Life Survey 2014 [1]WA Mental Health Commision 2018

M 8 Quellentext zu FIFO-Workern während der Corona-Pandemie

M 10 Daten zu FIFO-Workern in Australien

4.4 Queensland: Steinkohle für Asiens Stahlproduktion

Australien nimmt als Kohleexporteur global eine herausragende Stellung ein und versorgt die ganze Welt mit dem „schwarzen Gold". Es steuert 50 Prozent der Kokskohle und 15 Prozent der Thermalkohle zum internationalen Handel bei. Es gibt 125 Kohlebergwerke, davon allein 56 in Queensland (49 Tagebaue* und 7 Untertagebergwerke). Damit ist der nordöstlichste Bereich des kleinsten Kontinents zu einer wichtigen nationalen Exportregion geworden. Doch welchen Preis bezahlt Australien für diesen Exportschlager? Ein zunehmender Unmut macht sich mittlerweile in der Bevölkerung über den bedingungslosen Abbau und Export breit. Der Bau einer neuen Kohlemine schlug sogar in Deutschland hohe Wellen.

1. Charakterisieren Sie den globalen Steinkohlehandel, hier besonders die Stellung Australiens und die seines Bundesstaates Queensland (M1, M3, M4).
2. a) Verorten Sie die Kohleminen innerhalb des Bundesstaates Queensland (M5, Kap. 3.3, Kap. 3.4, Atlas).
   Ⓩ b) Erstellen Sie eine Kartenskizze einer in M1 aufgelisteten Kohleminen (Ausmaß der Mine, Verkehrswege, Siedlungen) mithilfe eines Internetkartendiensts (Queensland Globe: qldglobe.information.qld.gov.au; Google Earth).
   Ⓩ c) Vergleichen Sie anhand einer Analyse von Satellitenbildern den deutschen Braunkohle- und den australischen Steinkohletagebau (Queensland Globe, Google Earth).
3. a) Beschreiben Sie den Hafen Abbot Point und seine Umgebung (M10, Atlas, Internetkartendienst).
   b) Erläutern Sie die Umweltgefahren durch den Abbau, den Transport und die Verschiffung der Kohle (M9–M11).
4. Die Kohleförderung im Galilee Basin verursacht einen hohen (Grund-)Wasserverbrauch (Grundwasserabsenkung zur Förderung, Sprinkler gegen Kohlestaub etc.). Erläutern Sie das sich ergebende Konfliktpotenzial zwischen Bergbau, Landwirtschaft und städtischen Siedlungen (M5, Kap. 3.3, Kap. 3.4, Atlas).
5. Erörtern Sie die Eröffnung neuer Kohleminen wie Carmichael unter Berücksichtigung ihrer regionalen, nationalen und internationalen Dimension.

M2 Steinkohletagebau in Queensland

	2000	2005	2010	2015	2021
Kokskohle*	73,7	105,5	125,0	160,2	142,9
Thermalkohle*	31,0	40,0	58,0	57,6	50,2

Quelle: Queensland: Department of Ressources

M3 Kohleexporte aus Queensland (in Mio. t; 2000–2021)

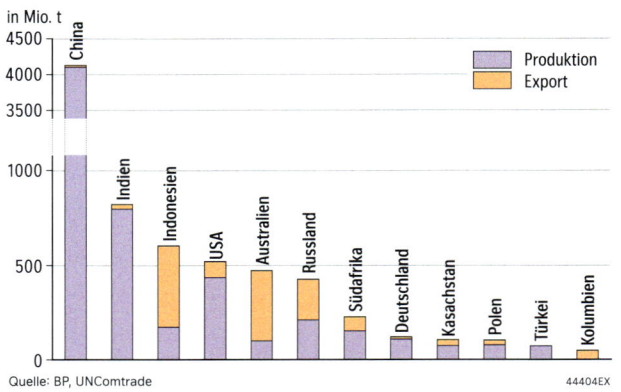

M4 Wichtigste Kohleproduktions- und Exportländer (2021)

	2018	2019	2020	2021
China	53,4	38,6	32,8	2,0
Japan	45,5	41,6	38,8	43,3
Indien	38,3	31,4	28,5	39,1
Südkorea	25,4	22,7	19,7	24,5
Taiwan	10,5	10,1	7,6	10,2
Singapur	7,8	23,3	27,6	23,6
Vietnam	5,9	9,0	13,4	10,6
Brasilien	4,8	3,3	2,6	5,2
Hongkong	4,0	9,6	8,7	1,1
Deutschland	3,9	3,3	3,4	2,4
Schweiz	3,6	8,4	4,9	10,3
Malaysia	1,9	2,7	3,2	2,3
andere Länder	18,3	17,2	13,2	18,5
gesamt	223,3	221,2	204,4	193,1

Quelle: Queensland: Department of Ressources

M1 Zielländer der Kohleexporte aus Queensland (in Mio. t 2018–2021)

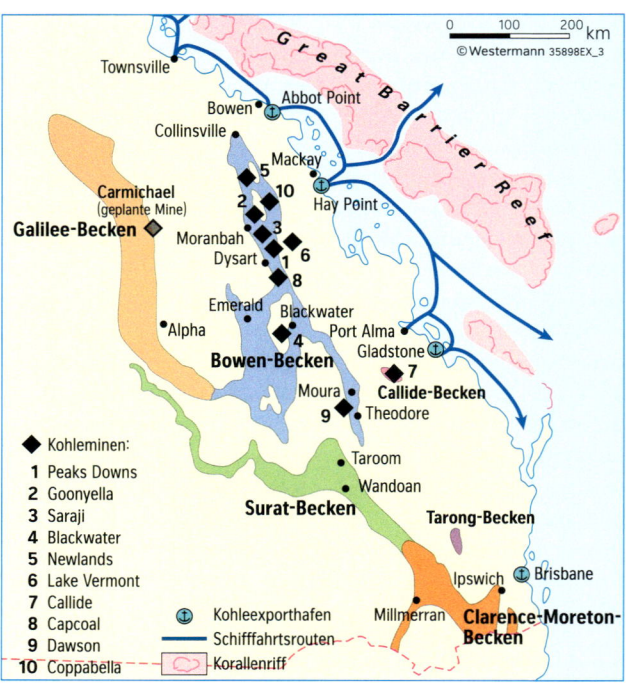

M5 Kohlelagerstätten in Queensland

 100800-202-01
schueler.diercke.de
 100800-264-01
schueler.diercke.de

M 6 Deutsche Klimaaktivisten demonstrieren 2020 während einer Protestaktion von Fridays for Future vor der Hamburger Siemens-Niederlassung. Siemens wollte Signaltechnik für die neue Eisenbahnstrecke liefern, die die Carmichael Mine mit dem Hafen Abbot Point verbindet.

Im knapp 250 000 km² großen Galilee-Becken* gibt es zahlreiche große Kohlevorkommen sehr guter Qualität, die im Gegensatz zu denen im Bowen-Becken bislang noch nicht ausgebeutet werden. Neben einigen ähnlichen Großprojekten sollte hier der größte Kohletagebau der Welt entstehen. 2010 wurde angekündigt, in einem Abbaugebiet mit einem geschätzten Steinkohlevorkommen von 8 Mrd. t die Carmichael-Mine zu errichten. Der multinationale Mischkonzern Adani mit Sitz in Indien wollte über 90, später 60 Jahre jährlich 60 Mio. t Thermalkohle abbauen. Dazu soll eine Fläche von 279 km² ausgehoben werden (geplante Gesamtfläche des Minengeländes: 447 km²).

Andauernde Proteste von indigener Bevölkerung, Landwirten und Umweltschützern in Australien und der ganzen Welt, Finanzierungsschwierigkeiten und die unklare Wirtschaftlichkeit konnten das Projekt zwar nicht verhindern, es fällt aber sehr viel kleiner aus als ursprünglich geplant. Die Bauarbeiten begannen Anfang 2019. Die Carmichael-Kohlemine hat in ihrer ersten Stufe ein Abbauvolumen von 10 Mt pro Jahr und gehört damit immer noch zu den größten Steinkohleminen in Australien (höchste Jahresfördermenge: Loy Yang Mine in Victoria: 20,9 Mt (2020)). Nach Konzernangaben wurden 2600 direkte Jobs durch die Mine geschaffen.

Umstritten war auch die Bahnstrecke zum 290 km entfernten Verladeterminal am Great Barrier Reef. Mit Fertigstellung bzw. Anschluss der 189 km langen Teilstrecke an das bestehende Schienennetz konnte Mitte Dezember 2021 der erste Zug mit Kohle aus Carmichael die Strecke nach Abbot Point zurücklegen. Die Kraftwerkskohle geht ausschließlich in den Export nach Indien und Südostasien.

Auch der zunächst geplante Ausbau der Hafenanlagen und Lagerareale in Abbot Point wird aufgrund der Reduzierung der Abbaumengen derzeit nicht zur Umsetzung kommen.

M 7 Carmichael Mine

M 8 Abbot Point (Queensland)

1. Stufe: Carmichael-Kohlemine
Bau der Kohlemine als Tagebau*, Folgen:
- Entwässerung kostbarer Wassereinzugsgebiete*
- hoher Wasserverbrauch bei der Kohleförderung
- Zerstörung des Lebensraumes von gefährdeten Vogelarten

2. Stufe: Kohletransport
Bau einer circa 190 km langen Eisenbahnstrecke, Folgen:
- Zerschneiden von Farmland und Flussüberschwemmungsgebieten
- Verwehung von giftigem Kohlestaub

3. Stufe: Kohlelager
Kohlelagerung an der Küste zwischen einem Feuchtgebiet und den Eiablagestätten von Schildkröten an der Küste

4. Stufe: Kohlehafen Abbot Point
Verladung der Kohle in dem Great-Barrier-Naturschutzgebiet. Folgen:
- Ausbaggern der Fahrrinne (17 m Tiefgang) mit Verwirbelung des Baggergutes im Wasser (Wassertrübung)

5. Stufe: Kohleexport
Schiffsdurchfahrten am Great Barrier Reef und zusätzliche Schifffahrtsbewegungen auf den Hauptschifffahrtsrouten, Folgen:
- Gefahr von Schiffskollisionen
- Eintrag von Schiffbalastwasser in den Reef Marine Park

6. Stufe: Kohlekraftwerke
Verbrennung von Kohle zu Energiezwecken in Indien, Folgen:
- Ausstoß von mehr als 23 Mio. Tonnen CO_2 im Jahr
- enorme Wärmeabgabe an die Atmosphäre

M 9 Ökologische Auswirkungen des Carmichael-Projekts

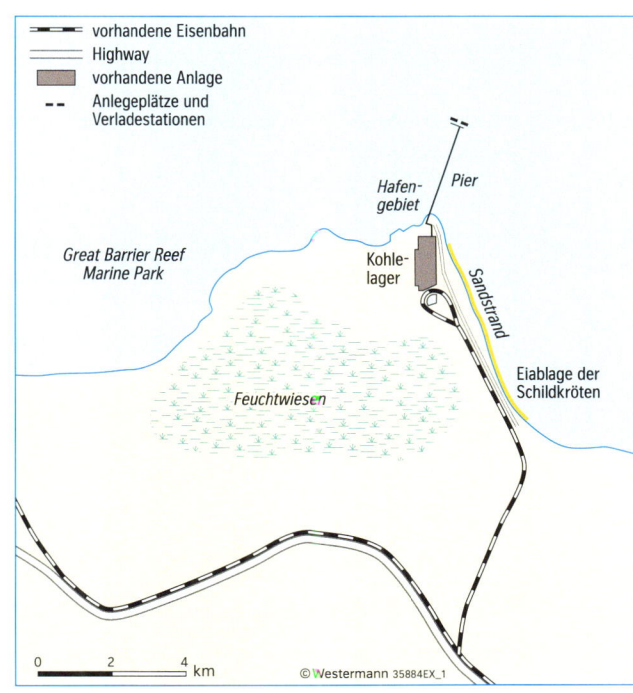

vorhandene Eisenbahn
Highway
vorhandene Anlage
Anlegeplätze und Verladestationen

Great Barrier Reef Marine Park

Hafen-gebiet · Pier

Kohle-lager

Sandstrand

Eiablage der Schildkröten

Feuchtwiesen

0 2 4 km

© Westermann 35884EX_1

M 10 Kohlehafen Abbot Point (Queensland)

Wale: Buckelwalmütter und ihre Kälber legen in den Flachwasserbereichen um Abbot Point Ruhepausen auf ihren Wanderungen ein.

Dugongs (Gabelschwanzseekühe): Baggerarbeiten zerstören große Seegraswiesen, auf die der Seekuhbestand zum Überleben dringend angewiesen ist.

Fische: Kohlestaub, der in die Feuchtwiesen geweht wird, enthält schädliche Substanzen. Diese werden über die Flussmündung in das Meeresschutzgebiet gewaschen, verursachen Krankheiten und führen ggf. zu Massensterben von Fischen.

Schildkröten: Der ununterbrochene Lärm der technischen Anlagen und deren nächtliche Beleuchtung beeinträchtigen die Eiablage von Meeresschildkröten.

Vögel: Die Feuchtgebiete im Hinterland sind Heimat einer Vielzahl von Küstenvögeln, von denen zahlreiche Arten vom Aussterben bedroht sind.

M 11 Auswirkungen des Hafens Abbot Point auf die Tierwelt

4.5 Energiewende auch in Australien?

Lange Zeit galt Australien keinesfalls als Vorreiter in Sachen Klimaschutz, eher als negatives Beispiel. Doch nicht nur die eigene Verantwortung für einen großen Teil der globalen CO$_2$-Emissionen, sondern auch die immer offensichtlicher werdenden Klimawandelfolgen haben für einen Umschwung der öffentlichen Meinung gesorgt. Laut Umfragen war der Klimawandel eines der wichtigsten Themen im australischen Wahlkampf 2022. Die neue Regierung will nun bis 2030 seinen CO$_2$-Ausstoß Australiens um mehr als 40 Prozent gegenüber 2005 senken. Eine wichtige Rolle spiele dabei der Ausstieg aus der Kohleverstromung und die Förderung der erneuerbaren Energien.

1. Charakterisieren Sie die australischen CO$_2$-Emissionen im weltweiten Vergleich (M1).
2. a) Erläutern Sie die Bedeutung und Entwicklung der erneuerbaren Energien in Australien (M2, M3).
   Ⓩ b) Vergleichen Sie diese mit der in Deutschland.
3. Erläutern Sie das Potenzial und den Ausbau von Wind- und Sonnenenergie in Australien (M6, M7, M8, M10).
4. Im Northern Territory soll bis 2027 der größte Solarpark der Welt entstehen, der über ein Unterseekabel Singapur mit Strom versorgen soll. Beurteilen Sie das Australia-Asia Power Link-Projekt.
5. Erörtern Sie den globalen Effekt der „australischen Energiewende".
   Ⓩ 6. Vergleichen Sie die Diskussion um den Kohleausstieg in Australien und Deutschland (M4).

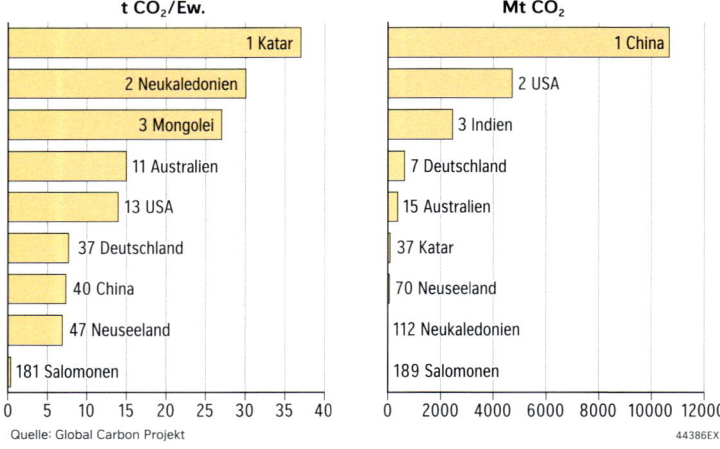

M1   Kohlendioxidemissionen pro Einwohner und gesamt (2020)

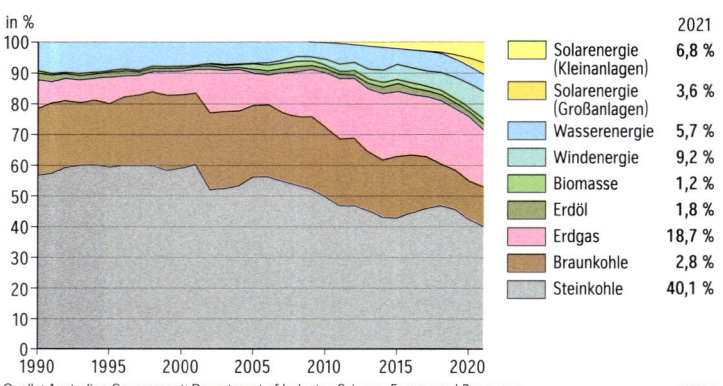

M2   Elektrizitätsgewinnung in Australien (1990 – 2021)

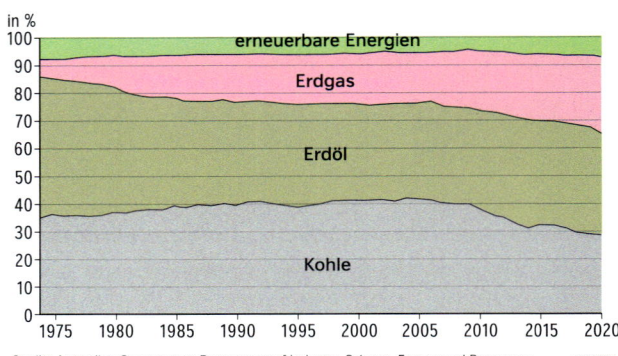

M3   Australien: Primärenergieverbrauch nach Energieträgern

Vor 15 Jahren wurde der Bedarf an Elektrizität landesweit noch zu 87 Prozent durch Kohlestrom gedeckt, heute sind es nurmehr 60 Prozent [2021: 53 %], Tendenz fallend. Jüngstes Opfer der Begrünung des Energiesektors ist Eraring, Australiens größtes Kohlekraftwerk, 120 km nördlich von Sydney. Die Anlage geht 2025 vom Netz. Sieben Jahre früher als geplant. […] „Mit immer größeren Mengen erneuerbarer Energie und besseren Vertriebswegen ist Kohle zur Stromerzeugung immer mehr auf dem Rückzug", begründet Frank Calabria, Geschäftsführer der Betreiberfirma Origin Energy die Schließung des Eraring Kraftwerks. Die Zukunft gehört alternativen Energien. […]"

Beschleunigt durch den Vormarsch alternativer Energieerzeugung werden bis spätestens 2050 alle 15 Kohlekraftwerke in Australien stillgelegt. Geht es nach der Regierung, wird von da an nur noch schadstofffreie Energie produziert. Man kalkuliert, mehr Solar plus mehr Wind und mehr Hydroenergie ist gleich weniger Kohle. Wirtschaftswissenschaftler wie der Melbourner Ökonom Allan Moran aber halten das für eine Milchmädchenrechnung. „Je mehr erneuerbare Energie auf dem Markt ist, desto kostspieliger und unzuverlässiger ist unsere Versorgung mit Elektrizität. Etwa doppelt so teuer wie bei Kohlestrom. Wir verlieren nach und nach unsere Grundlastkraftwerke. Vor zehn Jahren hatte Australien enorm günstige Strompreise, jetzt gehören sie weltweit zu den teuersten."

Das sukzessive Aus für australische Kohlestromkraftwerke hat weniger mit der schlechten CO$_2$-Bilanz des Landes oder einer Energiewende der Regierung zu tun, sondern rein mit Wirtschaftlichkeit. Mit dem Verfeuern von Kohle lassen sich im australischen Energiesektor keine schwarzen Zahlen mehr schreiben, vor allem dann nicht, wenn die Sonne scheint und der Wind weht. „Tagsüber kommen riesige Mengen erneuerbare Energie ins Netz", sagt der Wirtschaftsjournalist Ross Greenwood. „Dadurch sind die Kohlestromkraftwerke, die bisher rund um die Uhr für die Elektrizitätsgrundlast gesorgt haben, nicht mehr profitabel. Sie werden als Verlust machende Objekte abgestoßen." Obwohl Verbraucher bis zu 80 Prozent mehr für alternativ erzeugte Elektrizität bezahlen müssen und obwohl die Industrie Blackouts vorhersagt.

Privatinvestoren wittern ein gutes Geschäft. Einfach einen großen Energiekonzern kaufen, dessen Kohlekraftwerke stilllegen und sich dann mit stark regierungssubventionierter erneuerbarer Energie eine goldene Nase verdienen. Im Bergbausektor zuckt man mit den Schultern. Was an Kohle nicht mehr in Australien verfeuert wird, das nimmt das Ausland dankend und zu Rekordpreisen ab.

Quelle: Andreas Stummer: Australien zieht den Kohleausstieg vor. DLF 17.3.2022

M4   Quellentext zum Kohleausstieg in Australien

M 5 Albany Windpark (Western Australia)

M 9 Merredin Solar Park (Western Australia)

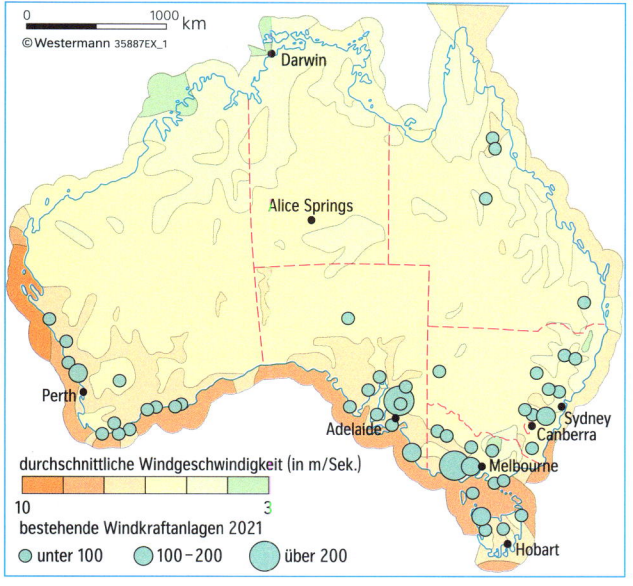

M 6 Australiens Windenergiepotenzial und -anlagen (2021)

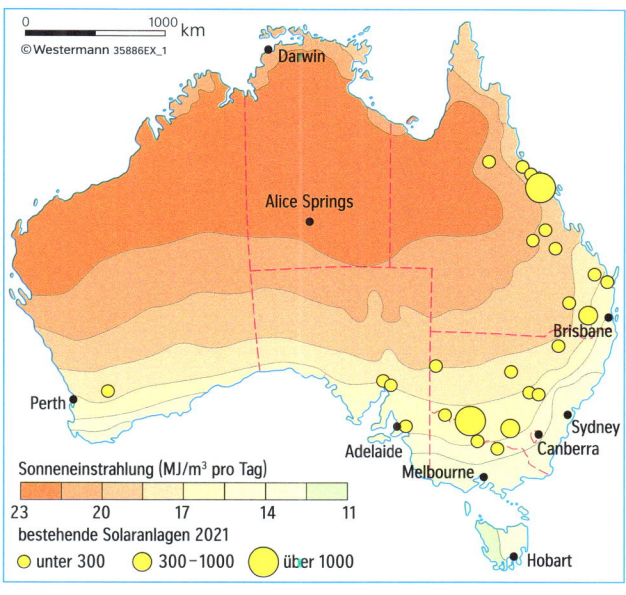

M 10 Australiens Sonnenenergiepotenzial und -anlagen (2021)

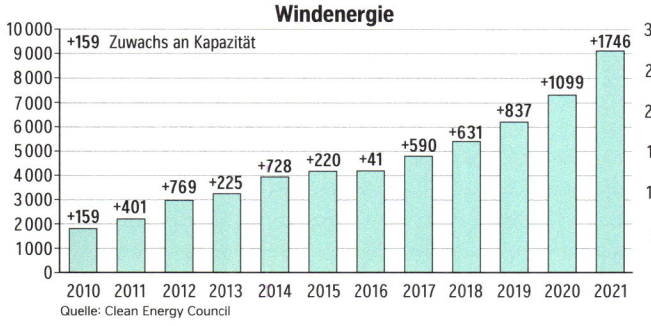

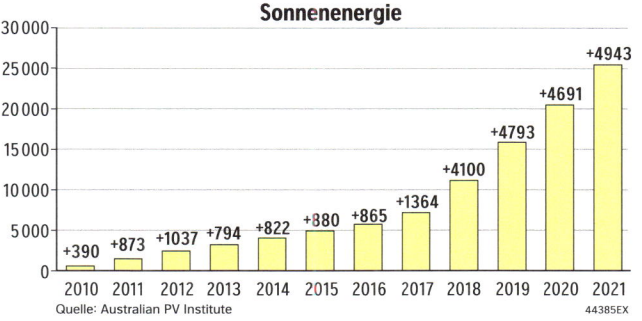

M 7 Entwicklung der Kapazitäten von Wind- und Sonnenenergie (2010 – 2021)

Nun hat es auch die Australier gepackt. Sie installierten im Jahr 2020 so viele Fotovoltaikanlagen auf ihren Häusern wie nie zuvor. Rund drei Gigawatt Leistung gingen in diesem Segment in Betrieb. Das entspricht einer Steigerung um 39 Prozent gegenüber dem Vorjahr. [...] Die Wachstumsraten verteilen sich auf alle Bundesstaaten und Territorien. [...] Der Trend zu größeren Solaranlagen setzt sich [...] fort. [...] Die Regulierungsbehörde für saubere Energie geht davon aus, dass das Tempo in den nächsten Jahren gehalten wird. Schon in den nächsten vier Jahren soll sich die installierte Leistung im Dachanlagensegment verdoppeln.

Quelle: Petra Franke: Die eigene Solaranlage wird immer beliebter. www.energiezukunft.eu 25.1.2021

M 8 Quellentext zum Ausbau der Fotovoltaik in Australien

M 11 Neubausiedlung in South Australia

4.6 Neukaledonien: ein Rohstoff treibt die Insel an

Viele der kleinen Inselstaaten des Südpazifiks haben außer ihrem Haupt-exportprodukt Tourismus wirtschaftlich kaum etwas zu bieten. Das franzö-sische Überseegebiet Neukaledonien spielt da in einer anderen Liga: Es ex-portiert das für Flachbildschirme, Mobiltelefone und Akkus von Elektroautos unabdingbare Nickelerz, das es mittlerweile auch selber zu Nickelmetall und -chemikalien weiterverarbeitet, um am Weltmarkt höhere Einnahmen zu erzielen als nur mit dem Erz. Auch die lange Zeit unterdrückte indigene Be-völkerung der Kanak hat inzwischen wirtschaftlich Anteil am Nickelboom.

1. Recherchieren Sie die Verwendung von Nickel (Internet).
2. Charakterisieren Sie die Bedeutung von Neukaledonien als aktueller und zukünftiger Produzent und Exporteur von Ni-ckel und Nickelerzen in der Welt (M10, M11, M12, M15).
3. Analysieren Sie a) die Exportstruktur und -partner von Neu-kaledonien (M2, M16) und b) die Fortschritte beim Ausbau der Raffination* von Nickelerzen (M2, M10, M12) .
4. Nickel ist ein Metall der Zukunft, auch für Neukaledonien und seine indigene Bevölkerung. Erörtern Sie diese Aussage (M1 – M14).

M3   Nickeltagebau in Neukaledonien

In einem Referendum haben sich die Bewohner des französischen Überseegebiets Neukaledonien für den Verbleib bei Frankreich entschieden. Mit einer überwältigenden Mehrheit von 96,5 Prozent stimmten die Bürger der Inselgruppe im Südpazifik dafür. […] Wahlberechtigt waren ungefähr 185000 Menschen. Allerdings war die Wahlbe-teiligung niedrig – nach offiziellen Angaben lag sie bei 43,9 Prozent. Die indigenen Bewohner der Insel, die sich selbst Kanak nennen und ihre Insel La Kanaky, wollen mehrheitlich die Unabhängigkeit von Frankreich. Sie hatten zum Boykott des Refe-rendums aufgerufen. Angesichts der Corona-Pandemie sei kein „fairer Wahlkampf" möglich gewesen, argumentierten sie. […] [Beim ersten und zweiten Referendum 2018 und 2020 hatten noch 43,3 bzw. 46,7 Prozent für die Unabhängigkeit gestimmt.] Die meist wohlhabendere weiße Bevölkerung spricht sich traditionell mehrheitlich für den Verbleib bei Frankreich aus. Die Loyalisten – weiße Einwanderer oder Nach-fahren der Kolonisatoren, Caldoches genannt – argumentieren, dass Neukaledonien ohne finanzielle Hilfe aus Paris zusammenbrechen würde. Die Zuwendungen aus Frankreich machen circa 15 Prozent des Bruttoinlandsproduktes aus. […]
Der Kiesel – le caillou – wie die Franzosen Neukaledonien nennen, ist für die ehemalige Kolonialmacht Frankreich ein in jeder Hinsicht wertvoller Flecken Erde. […] Denn tief im Boden dieses französischen Überseeterritoriums, das Frankreich im Jahr 1853 zur Kolonie erklärt hatte, liegen [7] Prozent der weltweiten Nickel-Reserven. […] Doch es geht für Frankreich nicht vorrangig um wirtschaftliche Interessen. Paris versteht sich als Weltmacht und möchte im Indopazifik weiter als solche auftreten. Dafür braucht Frankreich die Militärbasis Neukaledonien.
Quelle: Julia Borutta: Neukaledonien bleibt französisch/Paris fürchtet um Einfluss im Indo-Pazifik. www.tagesschau.de 12.12.2021

M1   Quellentext zur Rolle Frankreichs in Neukaledonien

Bis 2010 wurden die Nickelerze entweder direkt verschifft oder in der einzigen Metallverarbeitungsfabrik des Landes, der „Doniambo"-Fabrik in Nouméa zu Ferronickel und Nickelmatte weiterverarbeitet. Angetrieben von hohen Rohstoffpreisen auf dem Weltmarkt sind seitdem zwei neue Verarbeitungsfabriken entstanden: Goro Nickel und Koniambo. Die Hoff-nung auf eine Verdreifachung der Nickelmetallproduktion ist bisher jedoch nicht erfüllt worden. Goro Nickel, gebaut vom kanadischen Großkonzern Inco und seit 2021 im Besitz eines neukaledonisch-schweizerischen Konsortiums, hatte von Beginn an mit Widerstand der indigenen Kanak-Bevölkerung zu kämpfen. Nach mehreren Unfällen (wobei u. a. Tausende Liter Schwefelsäure ausgetreten sind) und technischen Problemen hat die Fabrik, die eine Produktionskapazität von 60000 t pro Jahr besitzt, im Jahr 2021 immer noch nur 22000 t produziert. In Zukunft wird Tesla mit der Fabrik im Süden Neukaledoniens zusammenarbeiten.
Koniambo, betrieben von dem Joint-Venture KNS (Koniambo Nickel SAS), das zu 49 Prozent dem Schweizer Großkonzern Glencore und zu 51 Prozent dem lokalen Unternehmen SMSP gehört, ist im Gegensatz zu Goro Nickel ein stärker politisch verankertes Projekt. Mit der 2013 fertiggestellten Fabrik möchte die indigene Unabhängigkeitsbewegung der Kanak zeigen, dass sie in der Lage ist, ein großes Industrieprojekt umzusetzen. Die Nordprovinz, von der Unabhängigkeitsbewegung regiert, ist direkt in das Projekt involviert und möchte mit Koniambo die wirtschaftliche Abhängigkeit vom Mutterland Frankreich verringern und die Basis für eine eventuelle politische Unabhängigkeit schaffen. Dafür soll die lokale Bevölkerung in der Nordprovinz am Koniambo-Projekt partizipieren: durch Jobs, Gründung von Zuliefererunternehmen und die Bereitstellung von Land für neue Gewerbe- und Wohngebiete. In der Tat wurden mit Unterstützung von KNS im Zeitraum 1998 – 2009 über 90 Subunternehmen gegründet. Die Rechnung der wirtschaftli-chen Emanzipation geht aber nur auf, wenn Koniambo auch Gewinne abwirft. Auf der anderen Seite ist die Kontrolle über einen Teil der mineralischen Ressourcen bereits als Erfolg zu werten.
Matthias Kowasch, Pädagogische Hochschule Steiermark (2022)

M4   Nickelabbau in Neukaledonien

	2005		2015		2021	
	in Mrd. CFP	Export-anteil	in Mrd. CFP	Export-anteil	in Mrd. CFP	Export-anteil
Nickel[1]	79,7	76 %	100,6	74 %	112,6	63 %
Nickelerz	15,2	15 %	23,5	17 %	54,5	31 %
Garnelen	2,4	2 %	1,0	1 %	1,2	1 %
anderes	5,6	7 %	11,4	8 %	10,4	5 %

[1] Nickelmatte, Ferronickel, Nickeloxid etc. CFP = Franc der frz. Pazifikkolonien (1000 CFP = 8,50 Euro (2022) Quelle: ISEE

M2   Exporte aus Neukaledonien (2005 – 2021)

	Beschäftigte	Anteil
im Bergbau	3410	57 %
in der Verarbeitung	2550	43 %
insgesamt	5960	100 %

Direktbeschäftigte in der Nickelbranche =
42 % aller Industriebeschäftigten des Landes =
9 % der Gesamtbeschäftigung
Quelle: ISEE

M5   Beschäftigte in der Nickelindustrie Neukaledoniens (2019)

  100800-202-01
schueler.diercke.de   100800-265-03
schueler.diercke.de

M 6   Nickelverarbeitung und Verschiffung in Noumea

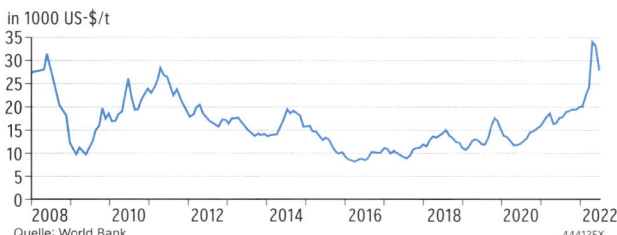

M 7   Nickelpreis (2000 – Mai 2022)

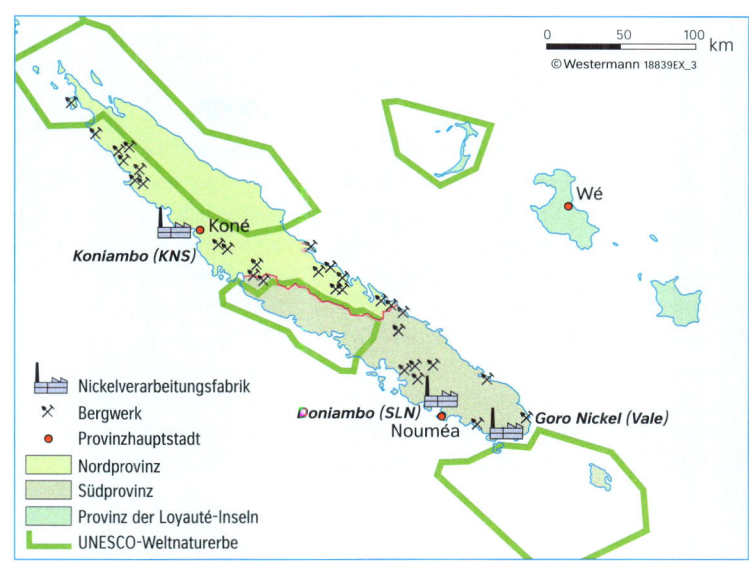

M 13   Nickelminen und Nickelverarbeitung in Neukaledonien

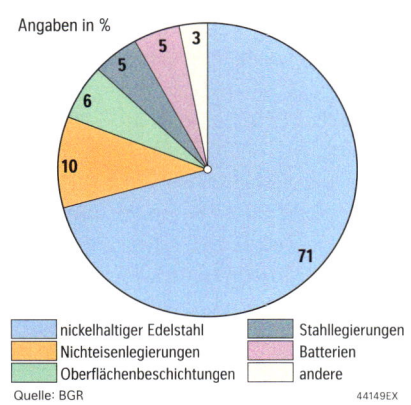

M 8   Nickelverwendung

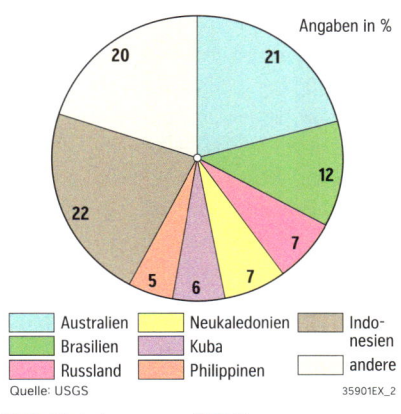

M 11   Nickelreserven (2021)

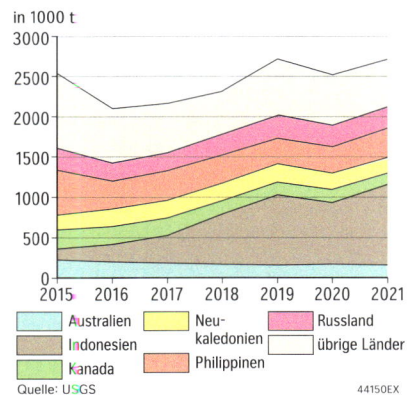

M 15   Nickelförderung (2015 – 2021)

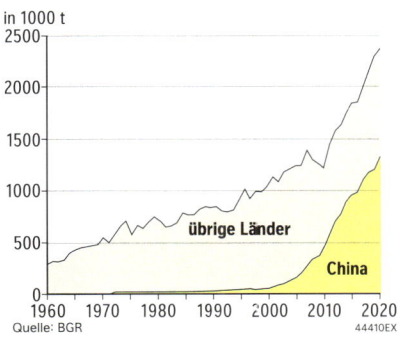

M 9   Weltweiter Bedarf an Nickel (1960 – 2020)

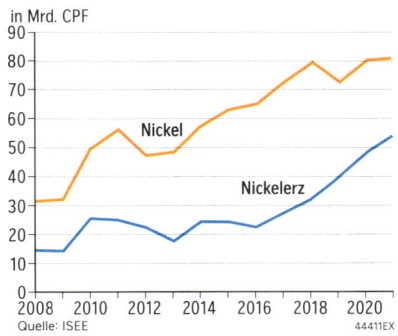

M 12   Neukaledonien: Export von Nickelerz und Nickel (2008 – 2021)

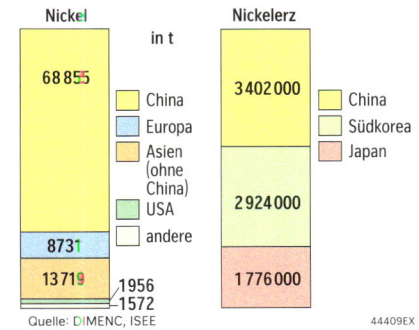

M 16   Neukaledonien: Exportländer von Nickelerz und Nickel (2020)

	Bergwerksproduktion		Raffinadeproduktion*	
	in 1000 t[1]	Anteil	in 1000 t[1]	Anteil
Indonesien	853	33,6 %	376	15,8 %
Philippinen	323	12,7 %	-	-
Russland	223	8,8 %	167	7,1 %
Neukaledonien	210	8,3 %	88	3,7 %
Kanada	187	7,4 %	124	5,2 %
Australien	158	6,3 %		4,5 %
China	105	4,1 %	806	34,0 %
Japan	-	-	183	7,7 %
Welt	2537		2393	

[1] bezogen auf 100 % Nickel-Inhalt   Quelle: BGR

M 10   Bergwerks- und Raffinadeproduktion* von Nickel (2019)

M 14   Pro-Kopf-Einkommen in Ozeanien im Vergleich

4.7 Tiefseebergbau im Südpazifik

Heute werden Metalle und Industrieminerale für die Herstellung von Maschinen und Konsumgütern fast ausschließlich an Land gewonnen. Um sich gegen zukünftige Engpässe abzusichern und von Importen aus bestimmten Ländern wie China, dem Kongo und Russland unabhängig zu machen, überlegen einige Länder, Rohstoffe wie Nickel, Kobalt und Seltene Erden auch aus den Ozeanen zu gewinnen, wenn dies auch mit sehr großem Aufwand und hohen Kosten verbunden ist. Große Vorkommen an Manganknollen, Massivsulfiden und Kobaltkrusten, die dort über mehrere Millionen Jahre entstanden sind, befinden sich im Südpazifik. Für die dortigen Inselstaaten könnte der Abbau eine große wirtschaftliche Chance bedeuten. Allerdings bestehen zugleich auch große Bedenken.

Ⓩ 1. a) Erstellen Sie ein Kurzreferat zur Entstehung von Manganknollen, Massivsulfiden oder Kobaltkrusten (M1, Internet).
   b) Beschreiben Sie ihre Vorkommen im Südpazifik (M1, M4).
2. Erläutern Sie den Unterschied von Tiefseebergbau auf Hoher See und in der AWZ der Südpazifikstaaten (M3–M5).
3. Beurteilen Sie den Tiefseebergbau für die südpazifischen Inseln unter Nachhaltigkeitskriterien (M3–M8).
4. Im Zuge der Energiewende (Herstellung von E-Autos, Energiespeicherung etc.) wird der Bedarf an Metallen, die in der Tiefsee gefördert werden können, steigen. Erörtern Sie den Tiefseebergbau im globalen Kontext.

Manganknollen

- schwarzbraune Mineralaggregate; Kugeln, Disken (Durchmesser 1 bis <15 cm)
- vor allem Mangan und Eisen, aber auch Nickel, Kupfer, Kobalt, Titan, Molybdän, Lithium, Seltene Erden
- befinden sich lose auf dem Meeresboden der Ozeane in 3000 - 6000 m Tiefe (z. T. 1000 Knollen pro m²)
- Vorkommen: Clarion-Clipperton-Zone im Nordpazifik zwischen Hawaii und Mexiko (25 - 40 Mrd. t) Perubecken (Südostpazifik), Penrhyn-Becken (Südwestpazifik), zentraler Indischer Ozean

Massivsulfide

- schwefelhaltige Metallerze
- neben Schwefel und Eisen vor allem Kupfer, Zink, Gold, aber auch Antimon, Germanium, Indium, Silber, Tellur, Wismut
- in Bereichen vulkanischer Aktivität (schwarzen Rauchern*) an den Plattengrenzen in den Ozeanen in Wassertiefen zwischen 800 und 5000 Meter
- an tektonischen Schwachstellen (z. B. mittelozeanischen Rücken) Manus-Becken bei Papua-Neuguinea

Kobaltkrusten

- harte Überzüge aus Mangan- und Eisenoxid, 3–6 cm dick, max. 26 cm
- neben Eisen und Mangan auch Kobalt, Titan, Molybdän, Zirkon, Tellur, Bismut, Niob, Wolfram, Seltene Erden, Platin
- entlang der Flanken submariner Gebirgszüge (meist zwischen 1000 und 2500 Meter Tiefe)
- 2/3 im Pazifik, gesamt: ca. 40 Mrd. t

M1 Arten abbauwürdiger Tiefsee-Erzvorkommen

M2 Querschnitt durch eine Manganknolle

Völkerrechtlich macht es einen Unterschied, ob der Meeresbergbau in den Hoheitsgewässern eines Staates stattfindet oder auf dem Meeresboden im Bereich der Hohen See, die gemäß Art. 136 Seerechtsübereinkommen (SRÜ) als gemeinsames Erbe der Menschheit gilt. Zuständig für die Vergabe von Erkundungslizenzen auf der Hohen See ist die Internationale Meeresbodenbehörde (IMB), eine eigenständige internationale Organisation, die 1994 mit Inkrafttreten des SRÜ in Kingston, Jamaica, eingerichtet wurde. [...] Die Aufgabe der IMB ist es, den Tiefseebergbau zu regulieren und den Schutz der Umwelt zu gewährleisten. [...]
In den AWZ verfügen allein die Küstenländer über die Nutzungsrechte. Während die Meeresbodenbehörde eine unkontrollierte Ausbeutung des Meeresbodens auf der Hohen See verhindert, können Staaten in ihren AWZ eigene Lizenzen vergeben. Beispielsweise erhielt 2011 das kanadische Unternehmen Nautilus Minerals eine Bergbaulizenz von der Regierung in Papua-Neuguinea für ein in der Bismarcksee gelegenes Gebiet. Das als „Solwara 1" bezeichnete Gebiet ist nicht nur reich an Schwarzen Rauchern* mit Metallsulfidvorkommen, sondern liegt auch im sogenannten Korallendreieck, einer der artenreichsten Meeresregionen der Welt. [...] Am „Solwara 1"-Projekt entzündete sich ein Konflikt zwischen der Regierung von Papua-Neuguinea und der Zivilgesellschaft, die umfassende wissenschaftliche Informationen über die Auswirkungen des Tiefseebergbaus vor ihrer Haustür einforderte. [...] Als das Projekt 2019 aufgrund der Insolvenz von Nautilus Minerals eingestellt wurde, noch bevor es operationell geworden war, blieb die Regierung von Papua-Neuguinea auf einem Schuldenberg von 125 Mio. US-$ aus bereits getätigten Investitionen sitzen.
Quelle: Ulrike Kronfeld-Goharani: Welthunger nach Rohstoffen. Wissenschaft & Frieden 4/2020

M3 Quellentext zur Regelung des Tiefseebergbaus

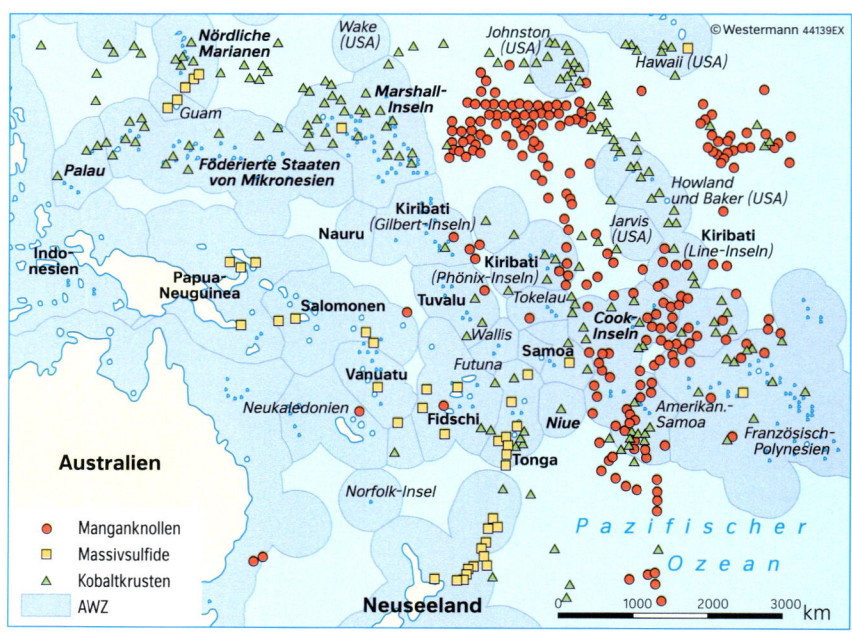

M4 Vorkommen von Manganknollen, Massivsulfiden und Kobaltkrusten im Südpazifik

Kommerzielle Abbauvorhaben bedürfen [...] oft enormer Flächen. Ferner haben die Verträge in der Regel eine Laufzeit von 30 Jahren. Mit solchen Vorhaben würde erstmalig großflächig in Ökosysteme eingegriffen, die bislang weitgehend unberührt sind. Im Wesentlichen lassen sich drei Formen von Umweltbeeinträchtigungen unterscheiden:

1. kann die Entnahme der mineralischen Rohstoffe nachteilige Wirkungen auf die Biodiversität* haben, da z. B. die Manganknollen selbst die Grundlage einzigartiger Lebensräume sind.
2. wird durch den Abbau Sediment aufgewirbelt und verteilt, das zu einer Trübung des ansonsten kristallklaren Wassers führt und nach dem Absinken Bodenlebewesen bedecken kann. Auch wird die Nahrungsaufnahme der hochsensiblen Lebewesen am Tiefseeboden und in der Wassersäule beeinträchtigt.
3. wird nach einer Erstbearbeitung der gewonnenen Erze das verunreinigte Produktionswasser wieder in die Meere eingeleitet und kann in der Wassersäule zu Verschmutzung und Schädigungen führen. Weitere mögliche nachteilige Effekte können durch Lärm- und Lichtemissionen verursacht werden.

Kommerzieller Tiefseebergbau wird mit großer Wahrscheinlichkeit zu Artensterben führen. [...] Zu berücksichtigen ist, dass der Kenntnisstand über die Ökosysteme der Tiefsee sehr gering ist und dass die dort lebenden Arten sehr empfindlich sind, da u. a. alle Lebensprozesse in der Tiefsee sehr langsam ablaufen.

Quelle: Bergbau am Tiefseeboden. Umweltbundesamt 18.8.2021

Die Völker des Südpazifiks, die seit Hunderten von Generationen dort fischen, segeln und Handel betreiben, haben tiefe kulturelle und spirituelle Verbindungen zum Ozean. Als Gemeinschaften und Individuen sind ihre Identitäten eng mit dem Ozean verbunden, auch mit der Tiefsee und mit (marinen) Orten fern vom Lebensraum der Menschen. Das gesamte Ausmaß der soziokulturellen Folgen von Tiefseebergbau, insbesondere für die Bewohner*innen der pazifischen Inselwelt, ist bisher völlig unklar. Die schwersten wirtschaftlichen Folgen hätte Tiefseebergbau sehr wahrscheinlich im Bereich der Fischerei. Viele wirtschaftliche Betriebe auf den pazifischen Inseln und damit die wirtschaftliche Situation der jeweiligen Länder, die Existenzgrundlagen der lokalen Bevölkerung, kulturelle Praktiken sowie die Ernährungssicherheit sind unmittelbar abhängig von der Fischerei. 2018 wurden mit dem Thunfischfang im Pazifik mehr als 6 Mrd. USD umgesetzt, für viele Volkswirtschaften im Südpazifik ein großer Anteil am BIP*. [...] Tiefseebergbau verursacht bereits jetzt tiefe soziale Spaltungen, obwohl der kommerzielle Abbau noch gar nicht begonnen hat. Viele Inselbewohner*innen im Pazifik geben der Erhaltung von Lebensräumen, ihrer Lebensweise, ihrer Existenzgrundlage und der Ernährungssicherheit Vorrang vor den unbestätigten Vorteilen, die Tiefseebergbau angeblich mit sich bringt. Sie sind sich der Zerstörung bewusst, die der terrestrische Bergbau anrichtet, und wissen, dass die betroffenen Gemeinschaften keinesfalls in nachhaltiger Weise vom Abbau der natürlichen Ressourcen profitieren. Während einige Regierungen und Bevölkerungsteile Tiefseebergbau unterstützen, weil sie sich davon eine stärkere wirtschaftliche Entwicklung versprechen, sind viele pazifische Inselökonomien nach Jahrzehnten der exzessiven Rohstoffgewinnung nach wie vor unterentwickelt und fragil. Selbst wenn Tiefseebergbau ein wirtschaftlicher Erfolg sein sollte, würden die daraus erzielten Einnahmen nicht ausreichen, um den Inselbewohner*innen im Pazifik zu gesteigertem Wohlstand zu verhelfen oder um vorausgesagte und potenzielle Verluste bei der gegenwärtigen Nutzung des Ozeans (z. B. Fischerei) auszugleichen.

Quelle: Jan Pingel, Nicole Skrzipczyk: Das Meer als Rohstoffquelle? Hamburg: Ozean Dialog, S. 5

M 5 Quellentexte zu den ökologischen, sozialen und wirtschaftlichen Folgen des Tiefseebergbaus

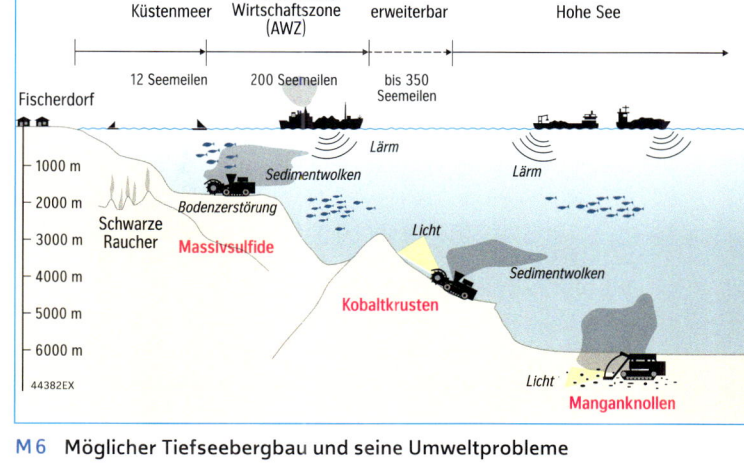

M 6 Möglicher Tiefseebergbau und seine Umweltprobleme

Ein positives Beispiel für den Umgang mit den Rohstoffen in der AWZ bieten die Cook-Inseln [...]. Um ihre Einnahmequellen zu diversifizieren, die zurzeit vor allem aus Tourismus und Fischerei bestehen, und um die wirtschaftliche Abhängigkeit von Neuseeland zu verringern, hat die Regierung die Vermarktung ihrer kobaltreichen Manganknollenvorkommen selbst in die Hand genommen. In einem langwierigen Informationsprozess wurden alle relevanten Interessengruppen inklusive der religiösen und traditionellen Führer der Cook-Inseln eingebunden. Darüber hinaus hat die nationale „Seabed Minerals Authority" eine Gesetzgebung zum Tiefseebergbau entwickelt, die auch die Reduzierung von Umweltauswirkungen vorsieht. Erste Lizenzen zur detaillierten Erkundung der Vorkommen wurden bereits vergeben. Nach derzeitigem Kenntnisstand könnten allein die knollenreichsten Gebiete in der AWZ der Cook-Inseln, deren potenzieller Wert rund drei Billionen US-Dollar beträgt, zwischen etwa 400 und 900 Jahre Abbau ermöglichen und über die Förderabgaben zu einem langfristigen wirtschaftlichen Aufschwung beitragen, der der gesamten Bevölkerung zugutekommt. Die Mehrzahl der örtlichen Interessengruppen steht einem zukünftigen Tiefseebergbau deshalb positiv gegenüber.

Quelle: Carsten Rühlemann, Thomas Kuhn, Annemiek Vink: Tiefseebergbau – Ökologische und sozioökonomische Auswirkungen. Bürger und Staat 4/2019

M 7 Quellentext zum zukünftigen Tiefseebergbau auf den Cook-Inseln

Pro-Argumente

- Arbeitsplätze an Verarbeitungsorten
- Metallerze mit verschiedenen Rohstoffen, für die jeweils ein hoher Bedarf besteht
- bei steigendem Bedarf bestimmter Metalle kein Ausbau bzw. neue Bergwerke an Land mit damit verbundenen Problemen (Entwaldung, Grundwasserbelastung, Abraumproblematik, Schadstofffreisetzung, Umsiedlungen etc.)
- keine Kinderarbeit und andere Formen von Ausbeutung
- Abbau der Abhängigkeit von politisch instabilen oder undemokratischen Staaten

Kontra-Argumente

- hohe Anforderungen (Druck, Kälte, Salzwasser) an Abbau- (z. B. ferngesteuerte Raupenfahrzeuge) und Abtransporttechnik (vertikale Fördersysteme zu Schiffen oder Plattformen), schon entwickelt, aber nicht erprobt
- noch kein Verfahren für Extraktion der Metalle und kein metallurgisches Verfahren zur Herstellung verkaufsfähiger Zwischenprodukte im industriellen Maßstab
- daher hohe Kosten, Abhängigkeit von hohen Metallpreisen, die immer Schwankungen ausgesetzt sind
- Umweltverschmutzungen an Orten der metallurgischen Aufbereitung (auch Trinkwasserverschmutzung)
- kein echter Bedarf, da Kreislaufwirtschaft noch nicht ausgeschöpft

M 7 Weitere Pro- und Kontra-Argumente: Tiefseebergbau

Zusammenfassung

Monostrukturierte Exportwirtschaften

Australien und Neuseeland unterscheiden sich stark von anderen „westlichen", hoch entwickelten „Industrienationen". Ihre Wirtschaftsstruktur ähnelt eher der eines Entwicklungslands: geringer Beitrag des Industriesektors, sehr hoher Anteil des Dienstleistungssektors und ein bedeutender primärer Sektor (Landwirtschaft, Bergbau). Dies trifft verstärkt noch auf die Exportwirtschaft zu. Bergbauprodukte (z. B. Eisenerz, Bauxit, Gold, Kohle, Erdöl-/-gas, Uran, Blei, Titan, Zirkon) machen über 50 Prozent der Exporte des rohstoffreichen Australiens aus. Neuseelands mit Abstand wichtigste Exportgüter sind hingegen agrar- und forstwirtschaftliche Produkte. Diese Rohstofforientierung macht beide stark abhängig von der Preisentwicklung und der Nachfrage der Weltmärkte. Lange Zeit profitierte Australien von steigenden Weltmarktpreisen und dem Rohstoffhunger der asiatischen Schwellenländer, allen voran China, in das knapp 40 Prozent der australischen Exporte gehen. Welche Auswirkungen der Handelsstreit mit der Volksrepublik hat, ist noch nicht abzusehen.

Australiens Bergbau: Ausbeutung und Infrastrukturentwicklung

Ein wesentlicher Kostenvorteil der australischen Bergbauindustrie ist, dass viele australische Rohstoffvorkommen (Eisenerz, Kohle, Bauxit) oberflächennah sind und ihr Abbau im Gegensatz zu anderen Weltregionen großflächig im Tagebau geschehen kann. Australische Bergbaukonzerne sind zu mächtigen Global Playern aufgestiegen. In der Pilbara-Region und in Queensland reißen sie nicht nur die Erde überall auf und treiben die Ausbeutung der Lagerstätten massiv voran, sondern sie erstellen und betreiben auch die gesamte hierfür notwendige Infrastruktur vom Rohstoff-, Material- und Lebensmitteltransport bis hin zum Aufbau ganzer Bergbaustädte. Aufgrund der lebensfeindlichen Umgebung ist es inzwischen aber üblich, einen Großteil der Bergbaubeschäftigen für mehrtägige Schichten einzufliegen. In den Bergbauregionen ist dieser Wirtschaftsbereich der mit großem Abstand wichtigste Faktor, weshalb sich in der Krise hier noch schneller und heftiger die Exportabhängigkeit des Landes zeigt.

Der in vielen, nicht nur unbewohnten Regionen intensiv expandierende Bergbau greift zudem massiv in den gesamten Natur- und Landschaftshaushalt ein, bisher mit unabsehbaren Folgen. Beispiel hierfür sind neu erschlossene Kohleminen im Hinterland des Great Barrier Reefs. Australiens Bevölkerung protestiert lautstark nicht nur gegen die Ausweitung des Bergbaus, sondern auch gegen eine Energiepolitik, die trotz enormen Potenzials an erneuerbaren Energien (Sonnen-/Windenergie) lange Zeit auf Kohlekraftwerke setzte. Australien gehört zu den Ländern mit dem höchsten CO_2-Ausstoß pro Kopf. Die neue Regierung will aber eine Energiewende (Ausstieg aus Kohleverstromung, Ausbau erneuerbarer Energien) vorantreiben.

Bergbau im Südpazifik

Auf den kleinen ozeanischen Inselstaaten spielt der Bergbau an Land nur eine untergeordnete Rolle. Die Ausnahme ist der Abbau der großen Nickelvorkommen in Neukaledonien, dessen Ausbau auch eine wichtige Rolle bei der politischen Emanzipation der Urbevölkerung vom französischen Mutterland spielt. Die Nickelminen und -industrien bedrohen allerdings auch die einzigartige Natur und das von der UNESCO zum Weltnaturerbe erklärte Korallenriff. Eine neue Möglichkeit bieten die großen Vorkommen an Rohstoffen am Meeresboden (Manganknollen, Massivsulfide, Kobaltkrusten), die sich in den Ausschließlichen Wirtschaftszonen zahlreicher Südpazifikinselstaaten befinden. Mittlerweile steht die Technologie für diesen teuren Tiefseebergbau zur Verfügung, allerdings werden die Umweltgefahren für die weitgehend unerforschten Tiefseeökosysteme als sehr hoch angesehen.

Weiterführende Literatur und Internetlinks

Statistikportal der Weltbank mit vielen Wirtschaftsdaten
- data.worldbank.org

Statistikportale mit Handelsdaten
UN Conference of Trade and Development
- www.unctad.org
UN Comtrade
- comtrade.un.org
Welthandelsorganisation WTO
- stat.wto.org

Daten zu mineralischen Rohstoffen
Deutsche Rohstoffagentur
- www.bgr.bund.de/DERA/DE
United States Geological Survey (USGS)
- minerals.usgs.gov/minerals
British Geological Survey
- www.bgs.ac.uk/data

Interaktive Karten zum Bergbau in Australien
Australian Mines Atlas
- www.australianminesatlas.gov.au

Informationen zum Bergbau in Australien
Australian Government: Geoscience Australia
- www.ga.gov.au/minerals.html
Minerals Council of Australia
- www.minerals.org.au

Australische Bergbaukonzerne
Rio Tinto
- www.riotinto.com
BHP Billiton
- www.bhp.com
Fortescue
- http://fmgl.com.au

Online-Schiffspositionsdienste
- www.marinetraffic.com
- www.vesselfinder.com
- www.vesseltracker.com

Tom Price
- www.tomprice.org.au
Pilbara Development Commission
- www.pdc.wa.gov.au

Protest gegen neue Kohleminen
- www.nonewcoalmines.org.au
- www.stopadani.com
- www.stopadanialliance.com

Bergbau in Ozeanien
- www.roland-seib.eu/mining.html
- www.pazifik-infostelle.org/themen/bergbau

Informationen zum Nickelabbau
- www.mncparis.fr/uploads/Nickel_MNC.pdf

Informationen zum Tiefseebergbau
Internationale Meeresbodenbehörde (IBM)
- isa.org.jm
- www.umweltbundesamt.de/themen/wasser/gewaesser/meere/nutzung-belastungen/tiefseebergbau-andere-nutzungsarten-der-tiefsee
DeepSea Mining Alliance
- www.deepsea-mining-alliance.com
DeepSeaMining Campaign (kritisch)
- www.deepseaminingoutofourdepth.org

5 TOURISMUS ALS WIRTSCHAFTSFAKTOR

Whale Watching vor Hervey Bay (Queensland, Australien)

5.1 Die weiße Industrie in Turbulenzen

207 000 Deutsche besuchten 2019 Australien, 102 000 Neuseeland und 9400 Fidschi (zum Vergleich Mallorca: 4,5 Mio. deutsche Touristen).

Für viele Europäer ist eine Reise nach Australien, Neuseeland oder auf eine der Südseeinseln der Traumurlaub schlechthin. Angelockt werden sie von traumhaften Stränden, spektakulärer Natur, der einzigartigen Tier- und Pflanzenwelt, aufregenden Städten und Kulturen, die sich zumindest teilweise ihre traditionellen Lebensarten bewahrt haben.

Australien und Neuseeland liegen nicht nur bei Backpackern* und Work-and-Travel-Reisenden aus Europa und den USA unangefochten an der Spitze der Reiseziele, sondern locken auch aufgrund der relativen räumlichen Nähe viele Touristen aus den wirtschaftlich aufstrebenden Staaten Asiens an – zumindest bis 2019. Einige der abgelegenen Südpazifikinseln erlebten ebenfalls viele Jahre einen Tourismusboom und wurden von individuellen Inselhoppern, Luxusreisenden, aber auch Kreuzfahrttouristen angesteuert, wenn auch auf einem sehr viel niedrigeren Niveau. Trotzdem ist der Tourismus* für viele Staaten des Großraumes Australien/Ozeanien zu einem

wichtigen Wirtschaftsfaktor geworden. Besonders die kleinen ozeanischen Inseln sind auf die Tourismuseinnahmen und den Tourismus als Beschäftigungsfaktor angewiesen, da es kaum andere Exportprodukte und Arbeitsmöglichkeiten gibt.

Globale Krisensituationen – zuletzt die Corona-Pandemie im außergewöhnlichen Maße – sind jedoch besonders kritisch für Fernreiseziele. Ob Australien und die anderen ozeanischen Reiseziele mit ihrem Kultur- und Naturpotenzial* auch in Zukunft wieder punkten können, bleibt abzuwarten.

	2000	2010	2019	2020
Australien	4 931	5 790	9 466	1 828
Neuseeland	1 780	2 435	3 888	996
Fidschi	294	632	969	168
Französisch-Polynesien	252	154	300	89
Vanuatu	106	238	256	82
Samoa	88	130	181	24
Neukaledonien	161	282	130	31
Tonga	43	65	94	12
Palau	58	85	94	18
Salomonen	5	21	29	4
Welt	680 000	957 200	1 467 700	402 600
Deutschland	18 983	26 875	39 563	12 449

Quelle: UNWTO

M 4 Internationale Touristenankünfte (in 1000; 2000 – 2020)

M 1 Sydney (Australien)

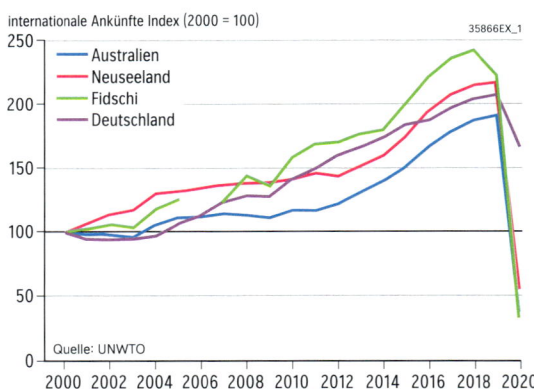

M 5 Internationale Touristenankünfte in Australien, Neuseeland, Fidschi und Deutschland (2000 – 2020)

M 2 Hooker-Tal (Neuseeland)

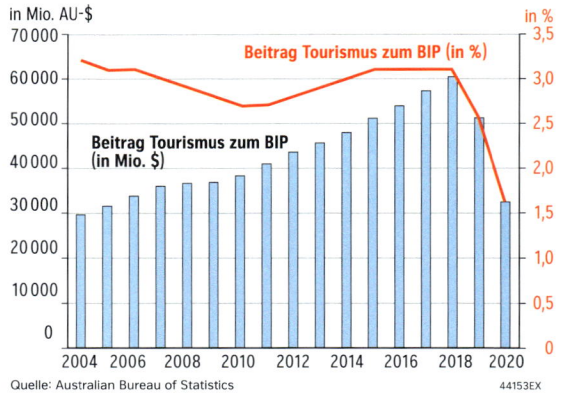

M 6 Wirtschaftliche Bedeutung des Tourismus in Australien (2004 – 2020; BIP*: nur direkte Beiträge)

M 3 Bora Bora (Französisch-Polynesien)

	Beitrag des Tourismus zum BIP*[1] (in Mrd. US-$ und in %)		Beschäftigte im Tourismus[1] (in 1000 und in %)		Einnahmen aus Tourismus[1] (in Mrd. US-$ und in % der Gesamtexporte)		Einnahmen aus dem inländischen Tourismus (in Mrd. US-$)	
	2019	2020	2019	2020	2019	2020	2019	2020
Australien	149,1 (10,7 %)	6,0 (1,4 %)	1652,8 (12,8 %)	1431,9 (11,9 %)	20,7 (6,0 %)	4,7 (1,6 %)	80,9	47,7
Neuseeland	29,6 (14,0 %)	18,4 (8,8 %)	424,0 (15,7 %)	392,9 (14,4 %)	10,3 (18,0 %)	4,8 (9,4 %)	16,3	11,3
Fidschi	1,7 (32,0 %)	0,5 (10,9 %)	88,2 (25,3 %)	68,9 (24,2 %)	1,3 (50,6 %)	0,2 (12,0 %)	0,32	0,11
Deutschland	393,1 (9,8 %)	208,8 (5,5 %)	5872,6 (13,0 %)	5431,4 (12,1 %)	53,4 (2,8 %)	22,5 (1,4 %)	323,3	170,5

[1] direkte, indirekte und induzierte Beiträge (siehe M10)   Quelle: World Travel & Tourism Council

M7 Kennzahlen zum Tourismus in ausgewählten Ländern (2019, 2020)

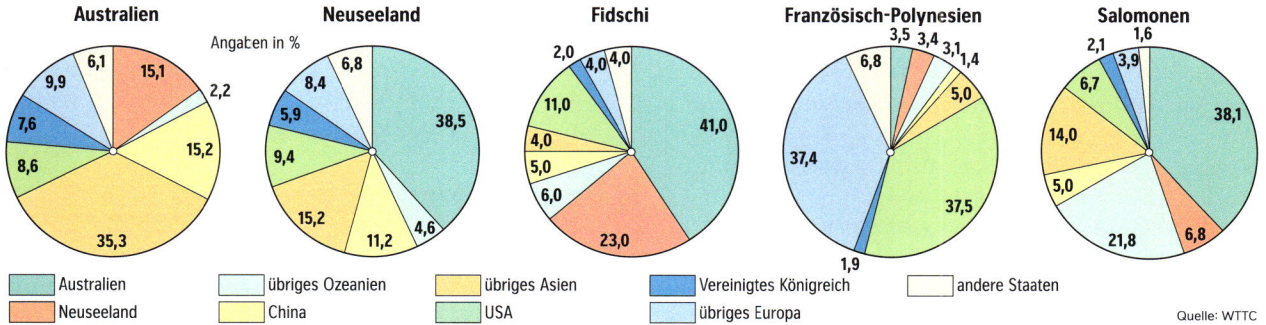

M8 Herkunftsregionen der Touristen in Australien/Ozeanien (2019)

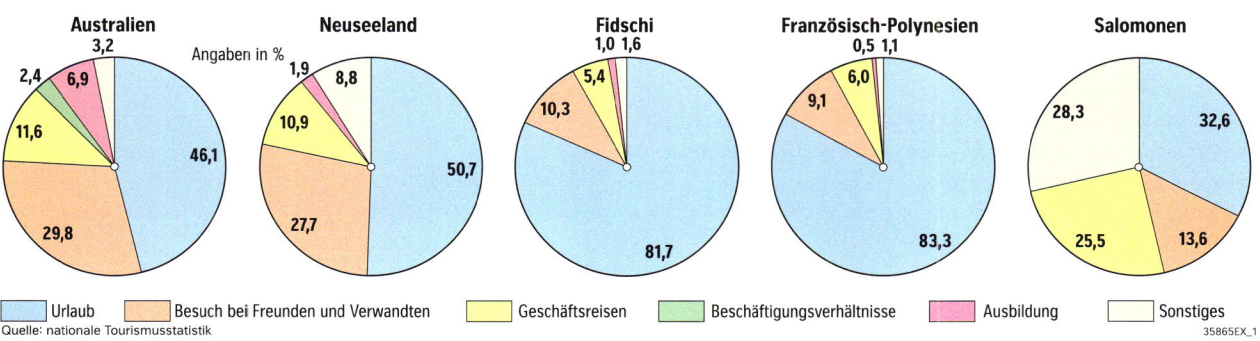

M9 Hauptreisezwecke (2019)

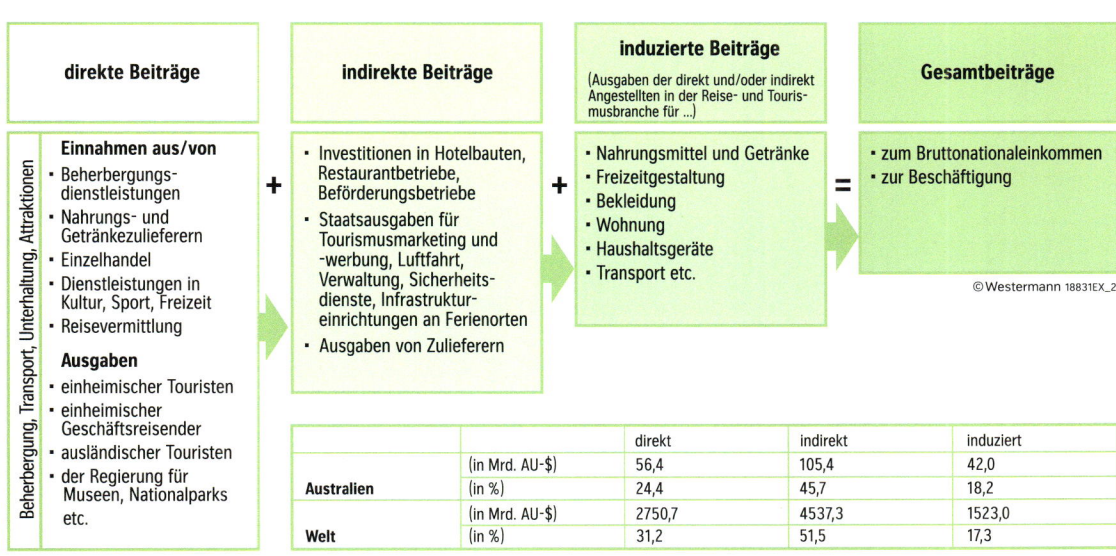

		direkt	indirekt	induziert
Australien	(in Mrd. AU-$)	56,4	105,4	42,0
	(in %)	24,4	45,7	18,2
Welt	(in Mrd. AU-$)	2750,7	4537,3	1523,0
	(in %)	31,2	51,5	17,3

M10 Beiträge der Tourismusbranche zur Gesamtwirtschaft eines Landes (Tabelle: Beiträge zum BIP* für 2018)

1. Beschreiben Sie den Tourismus und die Tourismusentwicklung im Großraum Australien/Ozeanien (M4, M5, M8, M9).
2. Erläutern Sie den ökonomischen Stellenwert des Tourismus (M6, M7, M10).
3. Beurteilen Sie die Situation der Tourismusbranche von 2019 bis 2020 (M4–M7, M10).
4. Recherchieren Sie das touristische Potenzial Australiens, Neuseelands und der südpazifischen Inseln (M1–M3, Internet, Atlas).

5.2 Great Barrier Reef: „Untergang" eines Reiseziels

„Sie werden die Unterwasserwelt von Queensland lieben. Es ist eine farbenprächtige und leuchtende Tauchzone aus Riffen und Untiefen sowie kleinen Koralleninseln und Schiffswracks, in denen es von tropischem Meereslebewesen nur so wimmelt." So preist ein deutscher Tauchreiseführer für Queensland das Great Barrier Reef (GBR) an. Trotz der gewaltigen Größe des Riffs werden die Areale, in denen eine solche Unterwasserwelt zu bewundern ist, immer kleiner. Das UNESCO-Weltnaturerbe ist ernsthaft in Gefahr, da eine ganze Reihe von Ursachen dazu beiträgt, das einzigartige Ökosystem zu zerstören. Schutzmaßnahmen sollen zum Erhalt des Weltnaturerbes beitragen, auch um eine der größten australischen Attraktionen für Touristen weiterhin attraktiv zu machen. Doch der Tourismus trägt selbst dazu bei, die Korallen zu zerstören.

1. Ordnen Sie das GBR topographisch, klimatisch auf dem australischen Kontinent ein (M1, Atlas).
2. Charakterisieren Sie den Tourismus am GBR (M1, M4, M6).
3. Gliedern Sie die Einflussfaktoren auf die Lebensfähigkeit des GBR nach klimatischen, ökologischen und wirtschaftlichen Faktoren (M6, M1, M2, M7, M8, Kap. 1.7, 2.2, 3.3).
4. Fertigen Sie ein Kurzreferat an:
   a) zur Korallenbleiche,
   b) zur Massenausbreitung von Dornenkronenseesterne,
   c) zur Funktion von Mangroven (Internet).
5. Erörtern Sie folgende Vorschläge zum Schutz des GBR, um einer Einstufung als „gefährdetes" Welterbe zu entgehen:
   a) Verbesserung der Wasserqualität des Oberflächenabflusses aus dem GBR-Einzugsgebiet,
   b) Reduzierung des Touristenzugangs zum GBR.

- Größe: 344 400 km² (entspricht ungefähr der Landfläche Deutschlands oder 48,5 Mio. Fußballfeldern)
- circa 2300 km Länge (fast die Länge der US-amerikanischen Westküste von Vancouver bis zur mexikanischen Grenze)
- circa 3000 Einzelriffe
- circa 600 Koralleninseln
- Heimat von: 1625 Fischarten, 600 Korallenarten (Weich- und Hartkorallen), 100 Quallenarten, 3000 Muschel-, 2500 Schwamm-, 1300 Krebstier-, 630 Stachelhäuterarten (Seesterne, Seeigel, Seewalzen, Seegurken), 30 Arten von Walen und Delphinen, 136 Hai- und Rochen-, 400 bis 500 Algen-, 6 Meeresschildkröten-, 41 Küstenvogelarten, 1 Seekuhart
- Arbeitsmarkt: 64 000 direkte und indirekte Arbeitsplätze hängen vom GBR ab, 33 000 davon in Queensland

M2   Kurzportrait des GBR Marine Parks

M3   Taucherboot im Great Barrier Reef

Als Kapitän James Cook im Jahr 1770 mit seinem Schiff von Süden her in Australien ankam, segelte er genau in die bis zu 270 Kilometer breite Senkung zwischen Riff und Festland. Erst nach mehreren Tagen merkte er, dass er sich nicht auf dem offenen Meer befand, und suchte nach einem Durchschlupf. Nach mehreren Hundert Kilometern Fahrt fand er schließlich eine Passage mit einer Breite von zwei Kilometern auf der Höhe des heutigen Cooktown, durch die er das Riff verlassen konnte. [...] Große Gebiete des Riffs gehörten vor langer Zeit noch zum Festland. Durch den steigenden Wasserspiegel wurden Erhebungen auf dem Festland zu Inseln. Neben den echten Barriere-Riffen entstanden durch das steigende Wasser auch Saumriffe und Atolle*, die zu einem mehr oder weniger eng verbundenen Komplex verschmolzen sind. In dieser Zeit haben sich auch die rund 700 sogenannten Kontinentalinseln gebildet, die zwischen Küste und Riffgürtel liegen. Bislang wurden nur 20 dieser Inseln für den Tourismus erschlossen. Von ihnen aus lassen sich die einzelnen Riffe sehr gut erkunden, denn teilweise ist der Abstand von der Küste zum Riff so groß, dass man eine eintägige Bootstour einplanen muss. Für die Regierung ist der Tourismus in dieser Region ein Balanceakt: Auf der einen Seite sind die Menschen auf die Einnahmen angewiesen, auf der anderen Seite muss die Regierung das Great Barrier Reef, das den Status eines UNESCO-Weltnaturerbes genießt, schützen. Bis in die 1970er-Jahre hinein hat ein unkontrollierter Tourismus an den küstennahen Regionen des Riffs große Schäden angerichtet. [...] Leider sind sich viele Wissenschaftler darüber einig, dass das Riff im Jahre 2100 kaum noch an das Naturparadies von heute erinnern wird.
Quelle: Götz Bolten: Great Barrier Reef. Planet Wissen, BR 24.3.2020

M4   Quellentext zum Tourismus im Great Barrier Reef

M1 Great Barrier Reef (Karte)

© Westermann 18838EX_1

Papua-Neuguinea

Pazifischer Ozean

Cape Flattery
Cooktown
Grafton Passage
Cairns
Mourilyan
Palm Passage
Lucinda
Townsville
Hydrographers Passage
Abbot Point
Proserpine
Australien
Mackay
Capricorn Channel
Rockhampton
Port Alma
Gladstone
Curtis Channel
Bundaberg

— Grenze des Great Barrier Reef Marine Parks
▨ Kontinentalabhang
▨ Korallenriff
□ Lagune
▨ Zuckerrohranbau (und Zuckerverarbeitung)
▨ Wassereinzugsgebiet des GBR
■ Haupthafen
— Hauptschifffahrtsrouten

0   100   200 km

M1   Great Barrier Reef

M5   Unterwasserwelt am Great Barrier Reef

M9   Korallenbleiche

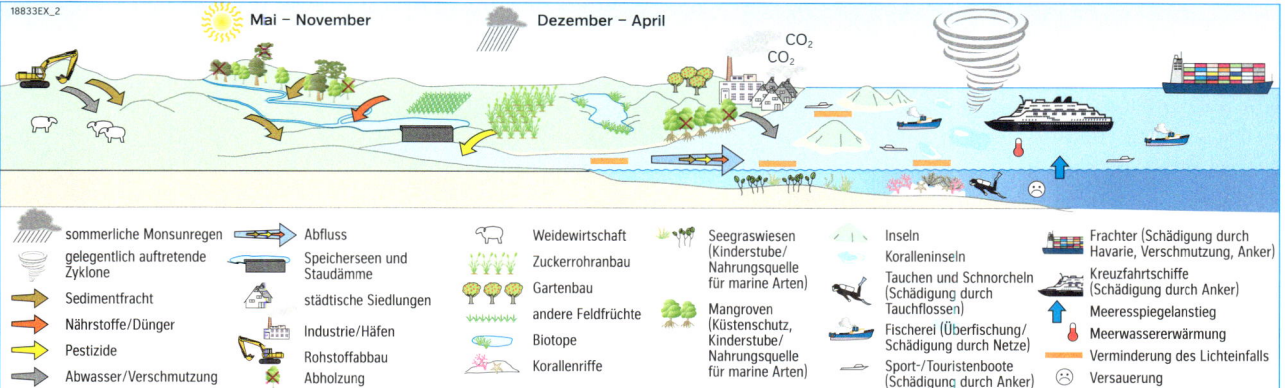

M6   Einflüsse auf das Great Barrier Reef

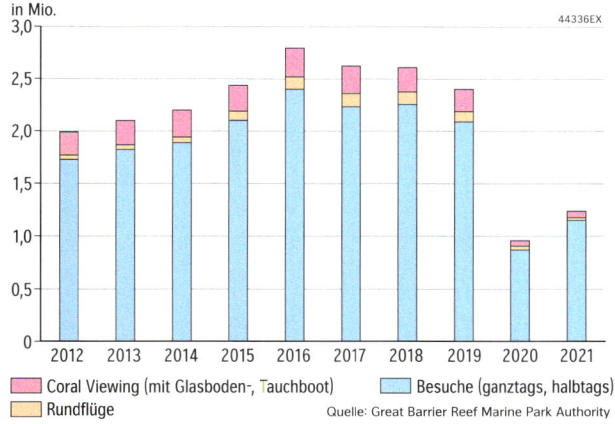

M7   Entwicklung der Besucherzahlen im GBR Marine Park

Das Great Barrier Reef ist das größte Korallenriff der Welt. Fische schätzen es als Kinderstube, Touristen als Ausflugsziel. [...] Das UNESCO-Welterbekomitee hat das größte Korallenriff der Welt 1981 als Weltnaturerbe eingestuft. Der Zustand des Riffs verschlechterte sich aber seither so stark, dass dieser Status in Gefahr ist. Die UNESCO drohte in den vergangenen Jahren immer wieder, das Riff auf die Rote Liste des gefährdeten Welterbes zu setzen. Die australische Regierung stellte deshalb im September 2014 einen Katalog an Schutzmaßnahmen unter dem Titel „Riff 2050 Langzeit-Nachhaltigkeitsplan" vor und bringt seither erste Maßnahmen auf den Weg. Anfang Juli 2017 lenkte dann das zuständige UNESCO-Komitee ein und setzte das Great Barrier Reef vorerst nicht auf die Rote Liste. Mit verschiedenen Maßnahmen soll das Ökosystem gemäß dem „Riff 2050 Langzeit-Nachhaltigkeitsplan"

bis 2050 besser geschützt werden. Unter anderem will die Regierung umgerechnet rund 1,3 Milliarden Euro investieren, um die Wasserqualität zu verbessern und das Absterben der Korallen zu verhindern. [...] [Der Nachhaltigkeitsplan] sieht unter anderem ein Verbot zur Entwicklung neuer Häfen im Fitzroy Delta, in der Keppel Bay und auf der Insel Curtis im Bundesstaat Queensland vor. Für zehn Jahre sollen zudem in und um das Korallenriff keine Aushubarbeiten für neue Häfen oder zum Ausbau bestehender Häfen vorgenommen werden dürfen. Allerdings sind Ausnahmen für als wichtig eingestufte Entwicklungsprojekte vorgesehen. Umweltorganisationen kritisierten den Plan als ungenügend. Auch die australische Akademie der Wissenschaften erklärte, die Pläne der Regierung berücksichtigten weder die Auswirkungen des Klimawandels, noch gäben sie eine Antwort auf die Probleme der Wasserqualität, der Küstenentwicklung und der Fischerei. [...]
[Seit der starken Korallenbleiche im Jahr 2016 gab es innerhalb von nur sechs Jahren drei weitere Massenbleichen (2017, 2020, 2022). 2020 wurden zwei Drittel der Korallen am GBR beschädigt.]
Ausgelöst wird die Korallenbleiche von hohen Wassertemperaturen. Durch den Klimawandel und das Klimaphänomen El Niño* hat sich das Meer zeitweise auf bis zu 33 Grad erwärmt. Dann produzieren Algen, die die Korallen normalerweise mit Nährstoffen versorgen und die bunten Farben erzeugen, Gift und werden abgestoßen. Die Korallenstöcke werden weiß und anfälliger für Krankheiten.
Tropenstürme, die wegen des Klimawandels immer stärker werden, und Dornenkronen (Acanthaster planci), Korallen fressende Seesterne, setzen dem Great Barrier Reef ebenfalls zu. [...] Den Korallen setzen jedoch [...] auch die Wasserverschmutzung durch die Schifffahrt und die Landwirtschaft in Küstennähe zu.
Quelle: Korallenriff auf der Intensivstation. BR Wissen 13.9.2018

M8   Quellentext zum Schutz des Great Barrier Reef

5.3 Uluru: neuer Tourismus am Heiligtum der Aboriginines

Der Uluru (Ayers Rock) ist das Wahrzeichen Australiens schlechthin. Mit seinen „Geschwistern", den Kata Tjuta, zieht der Nationalpark im Outback jährlich fast 400000 Besucher an. Dass der Ort zugleich ein wichtiges Heiligtum der indigenen Bevölkerung ist, führte über Jahrzehnte zu zahlreichen Konflikten. Heute betreiben die Anangu den Nationalpark gemeinsam mit der australischen Regierung, auch um ebenfalls vom Fremdenverkehr zu profitieren.

1. Ordnen Sie die Region des Nationalparks räumlich, klimatisch und wirtschaftlich innerhalb Australiens ein (Atlas).
2. Beschreiben Sie die touristische Erschließung des Uluru-Kata Tjuta National Parks (M2, M4, M9).
3. 2013 wurde das Ayers Rock Resort vom Climate Council of Australia zum Vorzeigeprojekt für Ökotourismus* ausgerufen. Erörtern Sie diesen Status des Resorts (M5).
4. Beurteilen Sie die Beteiligung der Anangu an der touristischen Vermarktung des Uluru (M3, M5, M6, M8).
5. „Dieser Berg gehört allen Australiern!" Nehmen Sie Stellung zu dieser Aussage der australischen Politikerin M. McCarthy.

M3   Touristenführung mit einem Anangu

„Viele Aborigines machen sich immer wieder auf den Weg zu Orten wie [dem Uluru]. Hier tanken wir Kraft, indem wir die Verbindung zu unserem Land und zu unseren Ahnengöttern stärken. Deshalb ist es für uns alle sehr bedeutsam, dass dieser heilige Berg nicht mehr erklettert werden darf. Seine traditionellen Hüter, die Anangu, sind richtiggehend krank davon geworden, dass Besucher immer wieder auf den Uluru hinaufgestiegen sind. Dass sie vor Ort Kritzeleien hinterlassen oder Gesteinsbrocken mit nach Hause genommen haben. Diese Leute wissen einfach nicht, wie viel uns dieser Berg bedeutet. Für uns stellt der Uluru die Stätte aller Stätten dar." So die Aborigine-Elders David Ross und Bob Sutor aus den Blue Mountains, nicht weit von Sydney. [...]

Aborigines glauben, dass allmächtige Wesen vor langer Zeit alle natürlichen Dinge ins Leben riefen und an besonderen Orten ihren Geist und damit ihre spirituelle Energie hinterlassen haben. [...] Die Ahnenwesen sollen damals das Land, die Sprachen und die Menschen erschaffen und ihnen ebenjenen Teil der Welt dann anvertraut haben. Die göttlichen Ahnen teilten den Kontinent in unterschiedliche Regionen auf und schufen so die Stämme. [...] Heute gibt es mehrere Hundert Stammesgemeinschaften, die sich beinahe 300 verschiedener Sprachen bedienen. Die Clans pflegen zum Teil sehr unterschiedliche Rituale und folgen ureigenen Stammesgesetzen. „Unser Leben ist durch und durch von Spiritualität bestimmt. Dies ist etwas, das alle Stämme miteinander verbindet. Und: Unsere Identität ist eng mit unserem Land verknüpft, mit der Sprache, unserer Kunst, den Geschichten und den Träumen. Ausnahmslos alles wird von unserer Spiritualität berührt."

Quelle: Margarete Blümel: Die Ahnengötter geben Kraft. Deutschlandfunk 31.1.2018

M1   Quellentext zum Uluru

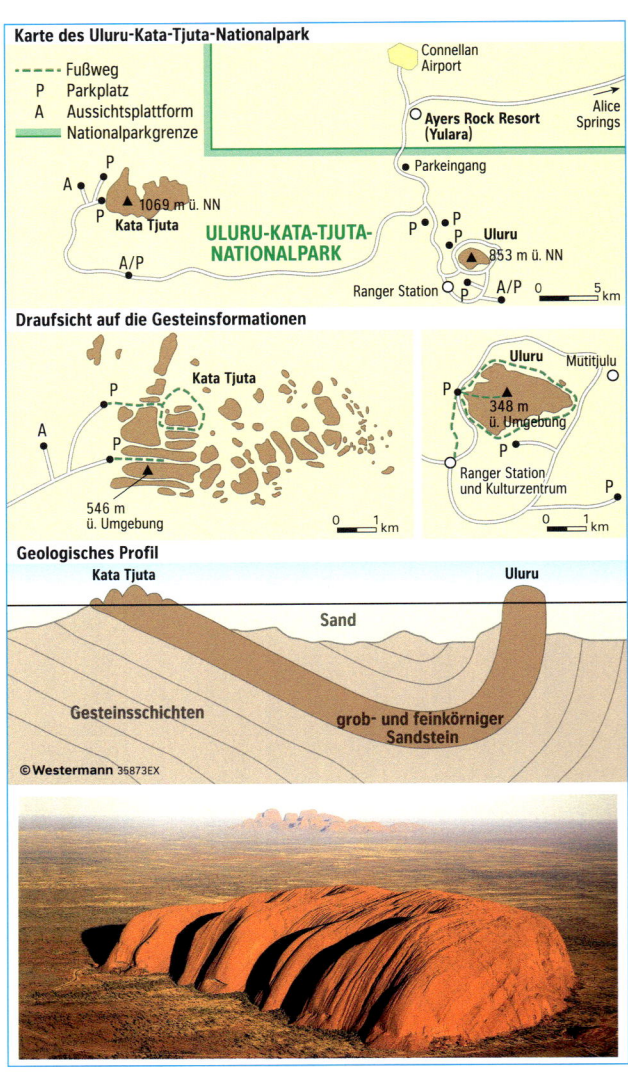

M4   Uluru-Kata-Tjuta-National-Park

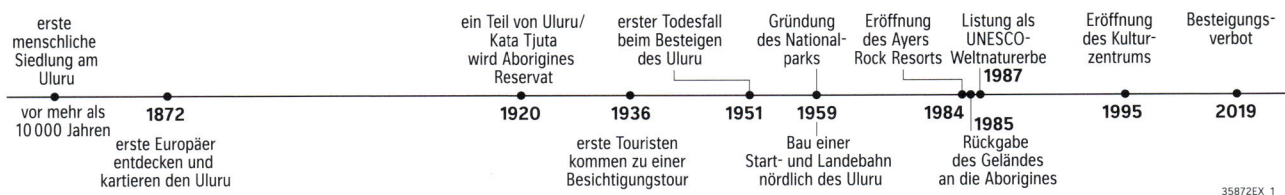

M2   Zeitleiste zum Uluru-Kata Tutja National Park

Beschäftigungsverhältnisse (2019) und Mitarbeiterversorgung

- Gesamtbeschäftigung im Resort: 910 Mitarbeiter
- 730 Mitarbeiter wurden über große Entfernungen jährlich eingeflogen oder reisen mit dem Auto an.
- für junge Familien: Kinderbetreuung, Unterrichtsversorgung bis zur 7. Klasse, School of the Air Center bis zur 12. Klasse

Versorgung

- Road Trains von Adelaide nach Yulara (1663 km einfache Fahrt) zweimal wöchentlich, Länge: 55 m bei 3 Hängern, beladen mit 66 Paletten Material und Lebensmitteln
- Rücktour der Road Trains als Abtransport von Recyclingmaterial: Glas, Metall, Papier, Pappe (ca. 2650 t, 2016)
- tägliche Lkw-Touren mit lebensnotwendigen Gütern von Alice Springs zum Resort (443 km)
- jährliche Lieferung von 85 716 l Milch, 348 300 Eiern, 14,8 t Wassermelonen, 33 496 960 Blatt Toilettenpapier
- technischer Service: jährlich 35 500 Wartungs- und Reparaturarbeiten mit 137 Fahrzeugen

Wasserbeschaffung

- Trinkwasser aus fossilem Grundwasser des Amadeus Basin Aquifers (Alter: 10 000 – 30 000 Jahre, eigentlich nicht erneuerbar, momentan nur minimaler Grundwasserzufluss, Klimawandel: Temperaturerhöhung und Verstärkte Verdunstung reduzieren Grundwasserzufluss, Abhilfe nur durch evtl. Sturmereignisse mit Extremniederschlägen)

Entsorgung

- 6058,50 m³ Abfallentsorgung aus dem Resort und der Mutitjulu-Gemeinde auf einer eigenen Müllkippe in der Nähe von Yulara (außer Recyclingmaterial, s.o.)
- biologische Klärung von Schmutzwasser zur Verwendung als Bewässerungswasser

Energieversorgung

- durchschnittlich 15 % des Stroms aus Solarenergie mit 5 Fotovoltaikeinheiten zu insgesamt 5770 Modulen (entspricht dem Durchschnittsverbrauch von 150 australischen Haushalten)
- 85 % der Stromerzeugung aus Erdgas (CNG), Transport des Erdgases aus Alice Springs (450 km) mit Roadtrains

Bebauung

- Anlage des Resorts außerhalb des Nationalparks
- kein Gebäude überragt die umgebenden Dünen
- Gebäude spenden sich gegenseitig Schatten
- große Verglasung nur auf der sonnenabgewandten Seite
- 40 % Einsparung bei der Klimatisierung durch Dachisolierung

Integration der Anangu

- Kunstmuseum (Malkurse, Aufführung von Theaterstücken mit traditionellen Geschichten)
- im Nationalpark: Kulturzentrum (Führungen für Touristen (M 3), Verkauf von Kunsthandwerk)

M 5   Ayers Rock Resort auf einen Blick

Das Resort wird durch „Voyages Indigenous Tourism Australia " (Aborigine-eigenes Unternehmen der ILSC: Indigenous Land and Sea Corporation) verwaltet. Das ILSC ist eine australische Behörde, die Aborigines beim Erwerb von Land und bei der Verwaltung von Vermögenswerten unterstützt. Voyages bietet erlebnisorientierte Reisen an spektakuläre Orte des Outbacks wie zum Uluru-Kata-Tjuta-National Park im „Roten Zentrum" Australiens an. Gewinne aus den Geschäftsaktivitäten fließen in den Aufbau von Ferienanlagen und in die Unterstützung der indigenen Ausbildung und Beschäftigung in ganz Australien. „Voyages" verpflichtet sich, mit lokalen Gemeinschaften einen nachhaltigen Umwelttourismus, Respekt und Unterstützung lokaler Kulturen, Angebot von Beschäftigung und Ausbildung der Aborigines zu erreichen. Neben der ökologischen Nachhaltigkeit als treibende Kraft bei allen Aktivitäten von „Voyages" steht die Versöhnung mit den Nachkommen der Ureinwohner Australiens. Die Anangu erhalten 25 Prozent der Eintrittsgelder des Uluru-Kata-Tjuta-Nationalparks.

M 6   Organisation des Resorts

M 7   „Ayers Rock Resort" mit Blick auf den Uluru

- Gesamtbeschäftigung der Aborigines (2019): 315 Angestellte (davon 66 Trainees) = 35 % der Gesamtbeschäftigung
- Circa 50 der Aborigine-Angestellten arbeiten in Führungspositionen
- Entwicklung des Aborigine-Personals: 1 Angestellter (2010), 170 Angestellte (2012), 262 Angestellte (2015), 315 Angestellte (2019)

M 8   Beschäftigungsverhältnisse von Aborigines im Resort

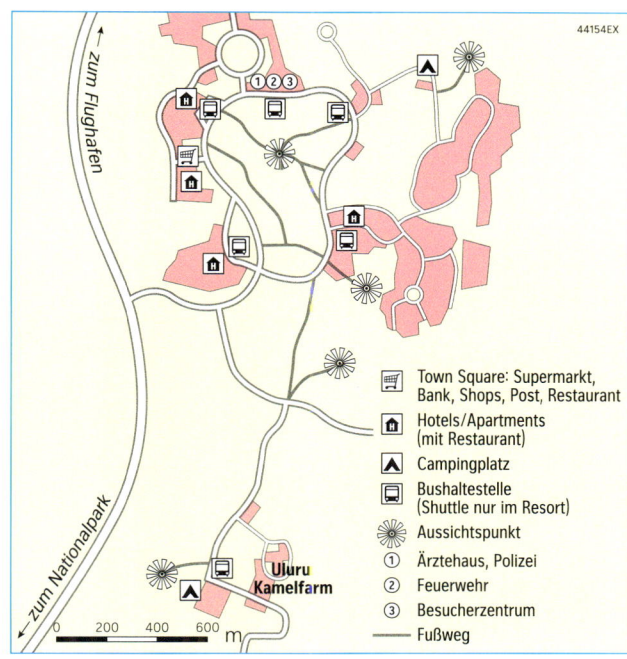

Town Square: Supermarkt, Bank, Shops, Post, Restaurant

Hotels/Apartments (mit Restaurant)

Campingplatz

Bushaltestelle (Shuttle nur im Resort)

Aussichtspunkt

① Ärztehaus, Polizei

② Feuerwehr

③ Besucherzentrum

Fußweg

M 9   Lage und Ausstattung des Ayers Rock Resorts

5.4 Queenstown: die südlichste Touristenhochburg der Welt

Queenstown gilt als die südlichste Touristenhochburg der Welt. An den östlichen Ausläufern der Neuseeländischen Alpen (Southern Alps) am Lake Wakatipu gelegen ist die ehemalige Goldgräberstadt (heute ca. 13 300 Einw.) Neuseelands Touristenziel Nummer eins. Sie bildet den Ausgangspunkt für ein ganzjähriges Tourismusangebot weit über die Stadt hinaus. Queenstown vermarktet sich als Abenteuerhauptstadt Neuseelands. Sie ist aber nicht nur der Tourismusmagnet für die junge Generation der Backpacker*, sondern möchte zukünftig auch mehr finanzkräftigere Ältere anlocken.

1. Erstellen Sie eine Kurzcharakteristik über die Touristenhochburg Queenstown (Lage, Naturpotenzial*, Erreichbarkeit, Tourismusangebot etc.) (M1–M6, M11, Atlas, Internet).
2. Beschreiben Sie die Tourismusentwicklung des Queenstown Lakes Districts (M4, M7, M9, M12).
3. Analysieren Sie die Stadtentwicklung von Queenstown (M7, M8, M11).
4. Charakterisieren Sie die ökonomische Bedeutung des Tourismus im Queenstown Lakes District (M10, M13).
5. Beurteilen Sie die Erschwinglichkeit von Wohnraum aus der Sicht einer Servicekraft in einem Restaurant in Queenstown (M14).
(Z) 6. Erstellen Sie ein Wirkungsgefüge zum Einfluss globaler Ereignisse auf den Tourismus (M12).
7. Erörtern Sie die Aussagen des Bürgermeisters von Queenstown und der Tourism Strategy Working Group Central Otago (M15).
8. Beurteilen Sie die Zukunftsfähigkeit der Vermarktungsstrategie als „Adventure Capital of the world".

- Bungee-Jumping, Canyoning, Jetboat, Rafting, Fallschirmspringen
- Wellness: Spa, Massage, Beauty, Yoga, Hot Pools
- Familie: Kino, Spielplätze, Swimmingpools, Ski, Snowboard
- Wandern: allein, geführte Touren, Klettern
- Fahrrad: Fahrrad- und Mountainbiketouren
- Luft: Rund-, Charter- und Helikopterflüge, Ballonfahrten
- Sightseeing: per Pferd, Allrad, Motorrad, Auto, Bus
- Wasser: Kreuzfahrten, Motorbootvermietung
- Sport: Angeln, Tennis, Jagen, Wintersport (5 Skigebiete), Golf
- Kunst, Kultur: Galerien, Museen, Stätten des Kulturerbes
- Natur: Ökotourismusaktivitäten, Naturerlebnisse, Parkbesuche
- Besuch von Winzereien, Weintouren

M1   Aktivitäten und Attraktionen in Queenstown (Auswahl)

Die Geschichte der Stadt Queenstown beginnt Mitte des 18. Jahrhunderts als Siedlung von Goldgräbern. Doch der Goldrausch hält nicht lange an. Schon wenige Jahre nach der Gründung 1861 versiegt die Ader. Die Siedler von Queenstown erkennen aber das Potenzial der Gegend und so entsteht um 1900 ein erster Tourismusboom, der Reisende aus aller Welt anlockt. Ein wichtiger Erfolgsgarant ist das zu dieser Zeit schon gut ausgebaute Schienennetz Neuseelands, das neben den abgebauten Bodenschätzen auch Touristen transportiert. In den 1950er-Jahren erbaut die „Mount Cook Group" ein erstes großes Skiresort und professionalisiert den Tourismus damit endgültig. Es folgen diverse weitere Sportangebote in und um Queenstown. So wurde 1970 auf den Flüssen der Umgebung das Jetboating entwickelt, bei dem ein Boot mit Wasserstrahlantrieb oft ohne Wasserkontakt rasant durch die Canyons rast. Spätestens mit der Erfindung des Bungeeseils Ende der 1980er-Jahre und der erfolgreichen Vermarktung in Queenstown als Heimatstadt dieses Extremsports, konnte man das Trademark „Adventure Capital of the World" in den Köpfen der Reisenden verankern.

M4   Geschichte des Tourismus in Queenstown

Kaum eine andere Stadt hat in den vergangenen Jahrzehnten eine derartige Adrenalin-Industrie aufgebaut wie Queenstown. [...] Zwischen Sommerrodelbahn, Bungee-Plattform und Hochseilgarten sucht eine Wandergruppe den richtigen Weg. In der Luft ziehen Paraglider ihre Bahnen [...]. Fehlen nur noch die Mountainbiker, die über Stock, Stein und Sprungschanzen möglichst schnell ins Tal wollen. So geht es den ganzen Tag auf dem Ben Lomond, ein einziges Rattern und Quietschen von Reifen und Bremsen verschiedenster Verkehrsmittel. Dazu die Musik und die Schreie der Bungee-Springer, die sich im Minutentakt in die Tiefe stürzen. Ist das nun ein Fitness-Paradies oder eine Extremsport-Hölle? [...] Bis jetzt hat die Adrenalin-Industrie viele Besucher – und viel Geld – nach Queenstown gespült. Doch allmählich rumort es unter den Bewohnern. Nicht jedem passt der groß angelegte Ausbau der Seilbahn, der ein mehrgeschossiges Parkhaus und nahezu eine Verdopplung der Bergstation vorsieht. Hinzu kommen die üblichen Wohnraum-Probleme, weil Eigentümer lieber das schnelle Geld mit Urlaubern machen, als an Einheimische zu vermieten. Auf einen Einwohner kommen in Queenstown 34 internationale Besucher – der höchste Wert in Neuseeland.

Quelle: Steve Przybilla: Queenstown in Neuseeland: Wo geht's denn hier zum Abenteuer? Süddeutsche Zeitung, München 13.5.2019

M5   Quellentext zum Tourismus in Queenstown

M2   Bungee-Jumping

M3   Jetboat

M6   Mountainbiking

M 7 Tourismuswerbung 1935

M 11 Paragliding über Queenstown

Jahr	Queens-town LD	Wachstum QT-LD	Wachs-tum NZ
2000	16 750	4,0 %	0,6 %
2005	22 900	5,0 %	1,1 %
2010	27 500	2,2 %	1,1 %
2015	33 400	6,7 %	2,1 %
2020	47 400	5,8 %	2,2 %
2021	48 300	1,9 %	0,6 %

Quelle: Stats NZ

M 8 Einwohnerentwicklung Queenstown-Lakes District (LD) und Neuseeland (NZ)

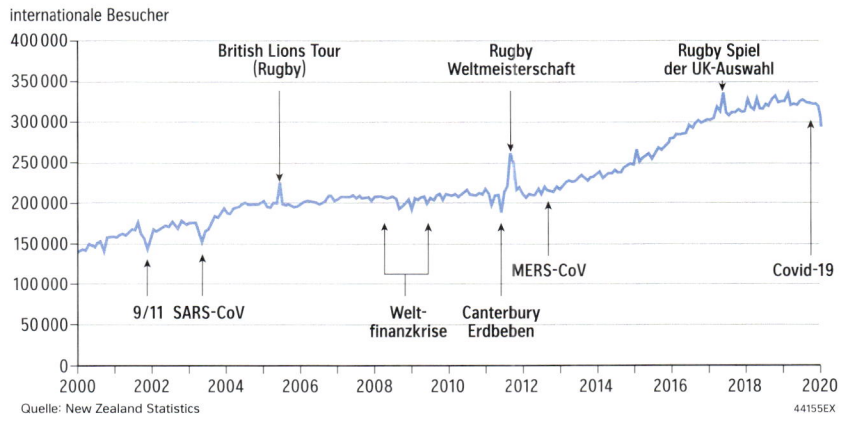

M 12 Internationale Touristenankünfte in Queenstown

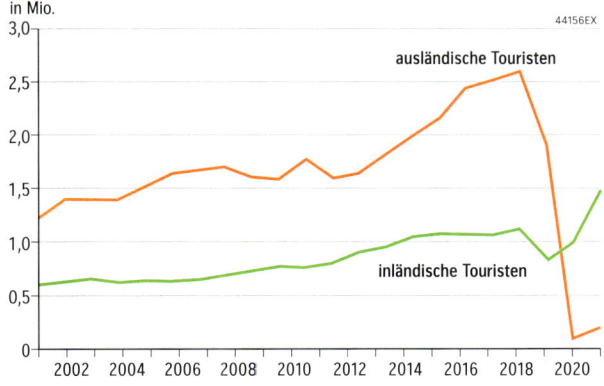

M 9 Übernachtungen in Queenstown

M 14 Erschwinglichkeitsindex für Wohnraum

Jahr	Veränderung gegenüber Vorjahr QT-LD	NZ
2001	12,6 %	7,6 %
2005	11,5 %	7,4 %
2010	8,9 %	6,3 %
2015	18,8 %	16,2 %
2020	4,8 %	6,5 %

Quelle: Queenstown Lakes District Council

M 10 Beitrag des Tourismus zum BIP*

Jahr	Veränderung gegenüber Vorjahr QT-LD	NZ
2001	9,1 %	3,0 %
2005	6,5 %	3,9 %
2010	-3,1 %	- 5,8 %
2015	12,5 %	5,6 %
2020	2,1 %	2,5 %

Quelle: Queenstown Lakes District Council

M 13 Beschäftigung im Tourismus

„Unsere einzigartige Landschaft ist ein wichtiger Grund, warum uns die Leute besuchen. Schon deshalb müssen wir dafür sorgen, dass die Interessen der Wirtschaft und der Umwelt ausgeglichen werden."

Jim Boult, Bürgermeister in Queenstown

„Der Tourismus hat viele positive soziale, kulturelle und infra-strukturelle Folgen, die sowohl den Einwohnern als auch den Besuchern zugutekommen und ihre Bedürfnisse erfüllen."

Tourism Strategy Working Group Central Otago

M 15 Zitate

5.5 Instagram-Tourismus: Reisen für „Likes"

Urlaubsfotos waren früher eine mehr oder wenige private Sache, um sich, Freunde und Bekannte an eine Reise zu erinnern. Mit dem Aufkommen von Smartphones und sozialer Netzwerke haben Urlaubsschnappschüsse eine andere Funktion bekommen. Es ist ein Kreislauf entstanden: Touristen sehen ein Motiv auf Instagram, was sie dazu bewegt, an denselben Ort zu reisen. Sie posten das Motiv wiederum selbst, um auszudrücken: „Ich war hier." Das Ziel besteht darin, viele Likes zu bekommen, was als soziale Anerkennung wahrgenommen wird. Auch in Neuseeland gibt es eine Reihe von Instagram-Hotspots, die bereits Tausende Male fotografiert wurden.

1. Nehmen Sie einen Perspektivwechsel vor. Sie beschreiben als Tourismusmanager die Landschaft um Wanaka (M2, M6).
2. „Circa 40 Minuten Wartezeit für ein Foto!" Charakterisieren Sie die Welt hinter den Instagram-Posts (M5, M10).
3. Analysieren Sie die Maßnahmen zur Belebung des Tourismus in Wanaka (M3, M4).
4. Erläutern Sie die Folgen des Tourismusbooms (M1 – M13).
5. Nehmen Sie Stellung zur Aussage eines neuseeländischen Reporters zur Parkplatznot am Roys-Peak-Wanderweg: „The more you build, the more people will come!" (M7 – M13).
6. Beurteilen Sie die Dynamiken des Instagram-Tourismus.

Da viele Influencer auf der Fotoplattform bei ihren Bildposts mit Hashtags oder Ortsmarken den genauen Standpunkt angeben, ist es leicht, die Orte ausfindig zu machen und selbst abzufahren. Auf der Suche nach dem perfekten Bild bringen viele, vor allem jüngere Menschen, zwar ihre Handys, Kameras oder Stative mit – in den meisten Fällen aber nur wenig Zeit. Das Ziel ist nicht mehr die Gegend an sich, sondern der „Hotspot" – festgehalten in genau der Perspektive, wie er auf Instagram schon tausendfach zu sehen ist. Sogar die Art der Nachbearbeitung ähnelt sich auf vielen Bildern, je nachdem, welche Farbfilter gerade angesagt sind. […] „Es wird jedes Jahr ein bisschen mehr. Es gibt keine Ruhezeiten mehr, sie kommen ab halb fünf in der Früh, da geht's los, da wird geparkt und stur durchs Feld hochmarschiert, auf diesen berühmten Punkt da oben. Dann wird das Bild gemacht und die sind dann auch wieder weg. Ich glaube, dass die nicht einmal wissen, wo genau sie sind."

Quelle: Sandra Demmelhuber: Vom Postkartenmotiv zum Hotspot: Instagram-Tourismus. Bayerischer Rundfunk, München 3.9.2019

M1   Quellentexte zum Instagram-Tourismus

Der boomende Tourismus auf der Südinsel bricht Rekorde und übertrifft das Wachstum auf der Nordinsel um fast zwei zu eins. Die Tourismusbehörden führen das Wachstum zum Teil auf eine Sache zurück: Die Südinsel sieht auf Instagram gut aus. Im zweiten Jahr in Folge ist die Zahl der Gästeübernachtungen in Teilen der Südinsel auf ein noch nie da gewesenes Niveau gestiegen, da die Touristen in Ecken und Winkel vordringen, die Außenstehenden bisher unbekannt waren. […] In Wanaka wurde das Wachstum, insbesondere bei den ausländischen Besuchern, auf Instagram zurückgeführt. Lake Wanaka Tourism [regionale Tourismusbehörde] hat 2015 etwas Neues ausprobiert – es hat „Influencer" angelockt, Menschen mit einer großen Online-Fangemeinde, die durch ihre Nutzung der sozialen Medien Trends setzen. […] „[Influencer] kommen sehr glaubwürdig und authentisch rüber, im Gegensatz zu einer Werbung, von der man weiß, dass sie von einem Unternehmen oder einer Region bezahlt wurde." Simon Milne, Professor für Tourismus an der Technischen Universität Auckland, sagte, Neuseeland sei weltweit führend darin, sich online zu verkaufen. Davon hätten auch abgelegene Regionen profitiert. „Es ist ein wirklich guter Weg, sich zu vermarkten", sagte er. „Man hat sich zum Beispiel darauf konzentriert, hochkarätige chinesische Besucher ins Land zu holen. Sie reisen durch die Südinsel und tweeten, während sie unterwegs sind.

Quelle: Charlie Mitchell: Instagram thanked for South Island tourism boom. Stuff, Auckland 26.3.2016 (Übersetzung: Klaus Claaßen)

M3   Quellentext zum Instagram-Tourismus in Neuseeland

Mackenzie	14 %
Wanaka	14 %
Fjordland	10 %
Southland	8 %
Canterbury	7 %
Queenstown	7 %
Timaru	7 %
Nelson-Tasman	6 %
West Coast	6 %
Dunedin	5 %
Waitaki	4 %
Marlborough	1 %
Clutha	1 %
Hurunui	0 %
Central Otago	−3 %

Quelle: Ministry of Business, Innovation and Employment (MBIE)   44158EX

M4   Änderung der Übernachtungszahlen nach einer Social-Media-Kampagne

M2   Wanaka Tree, der meistfotografierte Baum Neuseelands

M5   Schlangestehen für ein Foto

M 6 Selfie am Roy's Peak

Diese Wanderung führt durch die umwerfende Wanaka Region. Vom Lake Wanaka geht es durch weite Tussockgraslandschaften bis zum Gipfel von Roy's Peak. Der Wanderweg beginnt auf einer steilen [Schotter]strecke, die vom Parkplatz zum Umweltschutzgebiet führt. Durch wildes Tussockgrasland geht es weiter aufwärts auf den Gipfel von Roy's Peak. Unterwegs gibt es jede Menge Gelegenheit, die spektakulären Aussichten vom Felskamm aus zu genießen. Der fantastische Blick reicht über einen großen Teil von Lake Wanaka und die Gipfel der Umgebung, inklusive Mount Aspiring.

- Der Weg beginnt am Roy's Peak Track Parkplatz an der Mt Aspiring Road.
- Parkplätze können zu Spitzenzeiten voll belegt sein; alternativ kann der Weg zu Fuß oder per Fahrrad von Wanaka aus erreicht werden.
- Wanderer sollten die markierten Pfade nicht verlassen. [...]
- Unterwegs gibt es keine Möglichkeit, Trinkwasser aufzufüllen.
- Die Toiletten befinden sich 200 Meter vom Parkplatz entfernt.

Quelle: Roy's Peak Track. New Zealand Tourism: 100 % Pure New Zealand

M 7 Tourismuswerbung

M 8 Roy's Peak Track

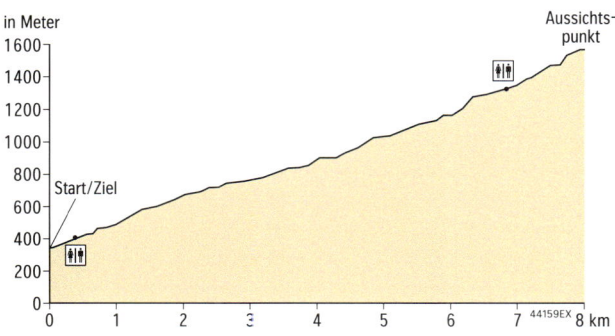

M 9 Parken am Roy's Peak Track

M 10 Schlangestehen für ein Foto

Jahr	Besucher	Jahr	Besucher
2016	58 000	2019	81 350
2018	75 000	2020	86 000

Quelle: New Zealand Department of Conservation

M 11 Besucher am Roy's Peak Track

Der angesagteste Fotohotspot auf der Südinsel ist momentan am Ende eines Wanderwegs des Roy's Peak: grandioser Ausblick, Einsamkeit, Schafe, endlose Weite Mit dem Wohnmobil am Ausgangspunkt des Tracks, dem befestigten kostenfreien Roys Peak Parking, um 8.30 Uhr angekommen, ist der Stellplatz bereits zur Hälfte gefüllt. Über eine Holztreppe klettern wir auf die andere Seite des Zaunes, ausgerüstet mit ausreichend Wasser und einem Sonnenhut für den ca. sechsstündigen Aufstieg ohne Schattenplätze. Wir besuchen noch einmal die Toilette (Plumpsklo), denn die nächste ist erst in knapp 6,5 Kilometern. Wäre der Roys Peak Track ein Restaurant oder Kino, so würde die Verwaltung 47 Toiletten verlangen, statt nur zwei aufzustellen. Selbst die Naturschutzministerin findet das „unangemessene Toilettenverhalten" der Wanderer inakzeptabel. Mr Levy, ein Bewohner neben dem Wanderweg, sagte uns: „Man kann doch seinen Urin nicht einfach so lange aufhalten, bis man wieder nach Hause kommt." Er hat bereits elektrische Tore installiert, damit nicht ständig für einen Toilettengang bei ihm angeklopft wird. Am Endpunkt des Aufstiegs sieht Einsamkeit jedoch anders aus: Menschenschlange! Wartezeit auf das Fotoshooting ca. 20 Minuten! Jeder möchte ein Foto ohne andere Wanderer haben! Nach dem Rückweg quillt der Parkplatz von Fahrzeugen über. Sie stehen sogar einige Hundert Meter auf der Straße im Parkverbot, manche benutzen eine benachbarte Wiese als Stellplatz und haben sich dort im weichen Boden festgefahren.

M 12 Wanderbericht vom Roy's Peak

M 13 Toilettenhäuschen kurz vor dem Gipfel

5.6 Französisch-Polynesien: Tourismus im Paradies?

Traumhafte Inseln und eine atemberaubende Unterwasserwelt, leider zu weit abgelegen im Pazifik. Ein Teil der Inselwelt hat sich vom französischen Atomtest- und vom US-amerikanischen Militärgebiet zu Luxusreisedestinationen entwickelt und dadurch seine ökonomische und kulturelle Eigenständigkeit fast aufgegeben.

1. Ordnen Sie Französisch-Polynesien topographisch und klimatisch ein (M1, M2, M5, Atlas).
2. Vergleichen Sie die NO-SW-Ausdehnung Französisch-Polynesiens mit der Europas (M2, Atlas).
3. Stellen Sie Standortfaktoren des Tourismus in Französisch-Polynesien in einer Tabelle zusammen (M1 – M5, M8, Atlas).
4. Charakterisieren Sie die Bedeutung und Entwicklung des Tourismus in Französisch-Polynesien (M4, M6, M7, M10).
5. Beurteilen Sie die soziokulturellen Auswirkungen des Tourismus in Französisch-Polynesien (M7, M9).
6. Der Ausbau des Tourismus ist alternativlos für die die wirtschaftliche Entwicklung Französisch-Polynesiens. Erörtern Sie diese Aussage (M4, M6, M8, M10).

M3   Resort auf dem Tikehau-Atoll

Auf gängigen Atlanten ist Französisch-Polynesien immer schwer und manchmal gar nicht zu finden. Zu klein, zu unpraktisch. Liegt auf der Weltkarte – je nach Ansicht – entweder genau im mittleren Falz, wo man es kaum erkennt, oder am Rand, wo man es auch weglassen kann. Ein Nichts – und doch etwa so groß wie ganz West- und Südeuropa zusammen. An Ausdehnung. Die Landmasse – alle 118 Inseln und Atolle* zusammengenommen – nicht viel größer als Mallorca, eine Insel, bei der von „Landmasse" zu sprechen auch schon etwas übertrieben klingt. Fünf Inselgruppen und -grüppchen: die Gesellschaftsinseln, mit den „Inseln des Windes" und den „Inseln unter dem dem Wind", die Tuamotus, die Austral- oder Tubai-Inseln, die Gambier und die Marquesas, die längst schon Îles Marquises heißen, weil sie von den Spaniern nur entdeckt, aber nie besiedelt wurden. Namen zum Träumen. Aber Tahiti, die größte der Inseln Französisch-Polynesiens, ist nur ein winziger Punkt auf der Weltkarte. Und die anderen Inseln noch weniger als das. Von Los Angeles, der letzten Etappe eines Flugs von Europa nach Tahiti, fliegt man knapp acht Stunden übers Meer, ohne je Land unter sich zu sehen.

Quelle: Dieter Mayer-Simeth: Südseeparadiese – Die Trauminseln Französisch-Polynesiens. WDR 5 27.12.2020

M1   Quellentext zum Flair der „Südsee"

Vor der Kolonialisierung beruhte die Wirtschaftslage der polynesischen Inseln auf einer Bedarfsdeckungswirtschaft. Die Bevölkerung schuf gemeinsam die Grundlagen für einen ertragreichen Lebensraum, vor allem im landwirtschaftlichen Sektor und in der Fischerei. Mit Eintreffen der Europäer in der Region lebte der Export von Landwirtschaftsprodukten wie Orangen, Kaffee, Kopra (getrocknetes Kokosnussfleisch, aus dem Kokosöl gewonnen wird), Baumwolle und Vanille auf. Auch schwarze Perlen und Sandelholz wurden exportiert. Als die Ressourcen nahezu erschöpft oder von eingeschleppten Krankheiten geschädigt waren, fiel diese Einnahmequelle weg. In den 60er-Jahren des 20. Jahrhunderts stationierte Frankreich Militärpersonal auf den Inseln und startete Atomtests auf Moruroa. Hierdurch erhielt der Service-Sektor Auftrieb und auch der Tourismus kam in Gang. Heute ist (er) der wichtigste Wirtschaftszweig. Auch die Perlenzucht und die Tiefseefischerei sind von großer Bedeutung. [...] Die wirtschaftliche Lage [ist] recht unstabil, da die Importe die Exporte weit übersteigen und das Land wenig natürliche Ressourcen als Rückhalt aufweist.

Quelle: Wirtschaft in Französisch Polynesien. www.tahiti.de

M4   Quellentext zur Entwicklung Französisch-Polynesiens

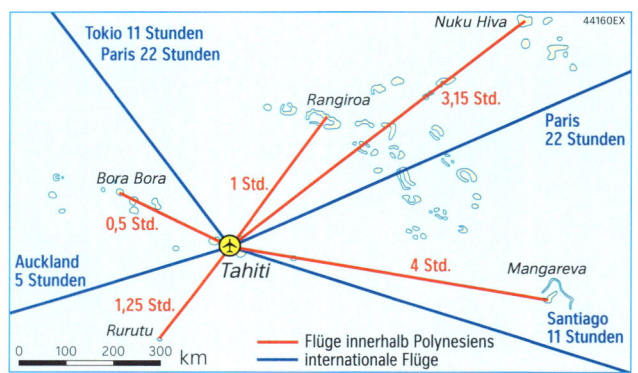

M2   Flugverkehrsverbindungen Tahitis

- Lage: Südpazifik (Polynesien)
- Französisches Überseegebiet
- Gesamtfläche: ca. 4 Mio. km² (99,9 % Wasserfläche)
- Inselgruppen: Gesellschaftsinseln (14 Inseln und Atolle: z. B. Tahiti, Bora Bora), Tuamotu-Archipel (78 Atolle, 45 davon bewohnt, Inselgruppe mit der größten Ausdehnung auf der Erde), Marquesas-Inseln (14 Inseln, 6 bewohnt), Austral-Inseln (7 Inseln), Gambier-Inseln (43 Inseln, 5 bewohnt)
- Bevölkerung: 279 300 (2020)
- Geschichte Frz.-Polynesiens: Besiedlung der Gesellschaftsinseln ca. 200 v. Chr. von Tonga und Samoa aus (vgl. Kap. 2.1 M5), 1521 entdeckt Magellan das Tuamotu-Archipel, 1880 Frz.-Polynesien wird französische Kolonie, 1891 Paul Gauguin erreicht Tahiti, 1942 Bora Bora wird US-Stützpunkt, Atomtests Frankreichs auf dem Mururoa- und dem Fangataufa-Atoll zwischen 1966 und 1996: 193 (46 oberirdisch, 147 unterirdisch)

M5   Kurzcharakteristik Französisch-Polynesiens

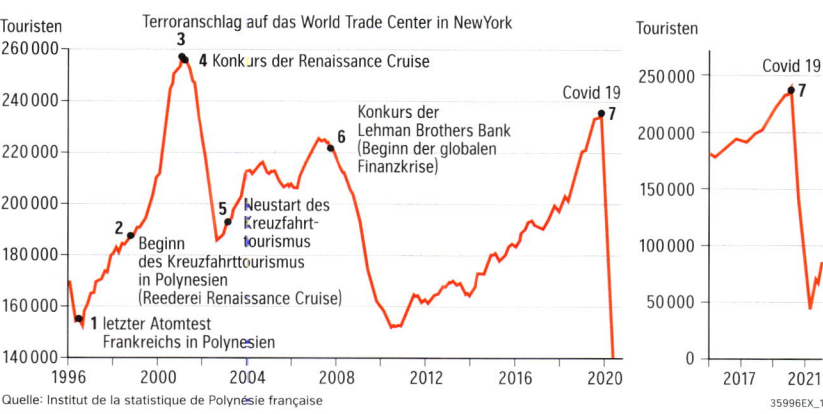

Quelle: Institut de la statistique de Polynésie française

35996EX_1

1000 CFP = 8,50 Euro (2022)
Quelle: Institut de la statistique de la Polynésie française

	2019	2020
	in Mio. CFP	
Reisebüros	1875	427
Beherbergung	39981	14859
Transportmittel-vermietung	1825	1275
Gaststätten/ Restaurants	16650	14034
Touristenbeförde-rung	51844	26121
Freizeit	2922	1865
Tourismus insg.	115097	58590
Alle Branchen	684624	655806

M 6 Entwicklung der Touristenzahlen in Französisch-Polynesien

M 10 Umsatz touristischer Betriebe

Als Tausende französische Militärs ins Land kamen, brachten sie nicht nur Geld, sondern auch ihren Lebensstil mit. Nach Jahrtausenden von Fisch und Kokosmilch fanden die Einheimischen Geschmack an Pommes, Fleisch und Zigaretten.

Quelle: Sophie Stigler: Das wurde aus Polynesien nach Frankreichs Atomtests. DLF 17.11.2016

Wenn es den Touristen aus den USA und aus Japan [...] langweilig wird, können sie sich polynesisch „verheiraten" oder schon bestehende Lebensbünde bestätigen lassen [...], reine Touristenattraktion, vor keinem Gesetz der Welt gültig. Dann kommen ein paar halbnackte „Wilde", möchte man sagen, wenn man nicht wüsste, dass sie abends brav wieder zu ihren Familien zurückkehren und sonntags in die Kirche gehen, musizieren und tanzen und machen den Affen für Urlauber aus Tokio oder Los Angeles, die sich dabei nichts denken. Auf einer Barke steht schon der eisgekühlte Champagner bereit [...]. Das Hochzeitsvergnügen ist ein Extra und kostet bescheidene 100000 Pazifische Francs, rund 800 €. „Wer auf Bora Bora keine Arbeit findet, der sucht auch keine", sagt Teiva Buchin, oberster Tourismusmanager der Insel. Vier von fünf Haushalten leben direkt oder indirekt von den Fremden aus aller Welt, fast jeder Besucher Französisch-Polynesiens kommt auch nach Bora Bora, das damit zur reichsten Gemeinde des Inselstaats geworden ist. [...] „Der Tourismus hat die Mentalität unserer Bevölkerung stark verändert. Früher kümmerte sich kein Mensch hier um Trinkgelder, heute gibt dir einer zehn Dollar Tip und da sagt keiner mehr Nein, wie es eigentlich üblich wäre. Andererseits gibt es auch mehr Gleichheit. Man kann die Menschen heute nicht mehr an Äußerlichkeiten unterscheiden in Leute, die Geld haben, also Fremde sind, und Einheimische, die keins haben. Jeder hat hier mehr Geld als etwa auf [der Nachbarinsel] Raiatea. Dort ist man noch ein

wenig zurück, dort hält man auch noch mehr auf Traditionen, weil das Geld nicht auf der Straße herumliegt. Bei uns brauchst du nur zu arbeiten, wenn du Geld brauchst, da drüben muss man Arbeit erst mal finden." [...]

Weil aber die westliche Welt ihren Lebensstandard auch auf Tahiti und den Inseln zur Norm gemacht hat und weil niemand guten Gewissens sagen kann, die Polynesier dürften das nicht tun, was sich der reiche Westen schon seit Langem erlaubt, braucht man das, was man hierzulande eine „weltmarktfähige Wirtschaft in Zeiten der Globalisierung" nennt. Früher bekamen die Eingeborenen Glasperlen geschenkt, heute dürfen sie sich Mars und Snickers und Coca Cola statt Kokosnüssen in den Inselläden noch des kleinsten Atolls kaufen, mit ziemlich schrecklichen Folgen: Übergewicht und Diabetes sind die größten Gesundheitsprobleme Polynesiens, klagen die Ärzte. [...] Außer acht Tonnen Schwarzer Perlen, deren Preis in den letzten Jahren um das Siebenfache gefallen ist, außer ein paar Tausend Tonnen Noni-Früchten und hoch subventionierter Kopra – getrockneter Kokosnuss zur Ölgewinnung, die auf dem Weltmarkt keiner will und niemand braucht – hat Französisch-Polynesien nichts zu exportieren. Was sollte auf den Inseln auch fabriziert werden, das einen Transport über Tausende von Kilometern lohnen würde, und in den nah egelegenen Billiglohnländern Südostasiens nicht längst schon hergestellt würde? Dagegen müssen achtzig Prozent aller Waren importiert werden. Einschließlich der Lebensmittel: In den Supermärkten von Papeete, Bora Bora oder Raiatea liegen einheimisches Obst und Gemüse in finsteren Ecken, während teure Äpfel und Lammkoteletts aus Neuseeland in den Kühlregalen drapiert werden.

Quelle: Dieter Mayer-Simeth: Südseeparadiese – Die Trauminseln Französisch-Polynesiens. WDR 5 27.12.2020

M 7 Quellentexte zur Veränderung des Lebensstils in Französisch-Polynesien

	Frz.-Polynesien	Frankreich
Hotelzimmer 2 Personen: günstig	133 €	+ 145 %
Oberklasse	355 €	+ 36 %
Essen im Restaurant	21 – 38 €	+ 25 %
Wasser (1-Liter-Flasche)	1 – 1,40 €	+ 73 %
Bier (importiert, 33-cl-Flasche)	2,10 – 3,40 €	+ 105 %
Brot (500 g)	1,20 – 2,00 €	+ 21 %
12 Eier	3,20 – 3,50 €	+ 24 %
Milch (1 l)	6,50 – 7,50 €	+ 5 %
lokaler Käse (1 kg)	23 – 28 €	+ 100 %
Salat (Kopf)	4,20 – 6,30 €	+ 397 %

M 8 Urlaubskosten im Vergleich

Unter Akkulturation versteht man allgemein den Prozess der Übernahme von Elementen einer bis dahin fremden Kultur durch Einzelpersonen, Gruppen oder ganze Gesellschaften. Diese Übernahme betrifft Wissen und Werte, Normen und Institutionen, Fertigkeiten, Techniken und Gewohnheiten, Identifikationen und Überzeugungen, Handlungsbereitschaften und tatsächliches Verhalten und auch die Sprache.
Die Auswirkungen des Tourismus auf die Kultur einer Zielregion können vielfältig sein: Sie reichen von der vollständigen Übernahme der Fremdkultur bei gleichzeitiger Aufgabe der eigenen kulturellen Identität bis hin zur Konservierung der Kultur, da für die Touristen die Präsentation dieser „ursprünglichen" Kultur eine wesentliche Attraktion der Destination ist.

M 9 Soziokulturelle Auswirkungen des Tourismus

5.7 Klausurtraining

Bora Bora – Tourismusziel unter Druck

1. Lokalisieren Sie Bora Bora und beschreiben Sie die Insel und ihr touristisches Potenzial.
2. Erläutern Sie die Tourismusentwicklung auf Bora Bora.
3. Internationale Luxushotels auf Bora Bora werben mit der Umweltfreundlichkeit ihrer Hotelanlagen (Müllentsorgung, Wasseraufbereitung, Fotovoltaikanlagen, Kühlung der Hotels mit Meerwasser aus 900 Tiefe etc.). Erörtern Sie den Nachhaltigkeitsaspekt eines Bora-Bora-Urlaubs.

M1   Überwasserbungalows auf Bora Bora

Bora Bora. Romantik in Perfektion. Die Insel erhebt sich aus dem mächtigen Blau der Tiefsee über das Farbenspiel der Lagune bis in die Luft und verursacht ein Prickeln auf der Haut. Ihre Kraft erfüllt jeden einzelnen Herzschlag. In nur 50 Minuten von Tahiti oder Moorea aus erreichbar, gleicht Bora Bora mit seiner Lagune der Farbpalette eines Künstlers. Ihre leuchtenden Blau- und Grüntöne sorgen für Liebe auf den ersten Blick. Liebespaare aus aller Welt feiern diese Insel mit dem Mount Otemanu, wo üppig-grüne Hügel, blühende Täler mit Hibiskus und palmengesäumte motu – die türkisblaue Lagune – wie eine Perlenkette umgeben. Perfekte, weiße Strände bilden den Rahmen für das Smaragdgrün mit einer bunten Fischvielfalt, die für Leben in den Korallengärten sorgt, und riesige, gelassen vorbeigleitende Mantarochen. All das könnte auch das Zentrum des romantischen Universums sein, mit luxuriösen Resorts und Spas mit Wasserbungalows, strohgedeckten Villen und einem märchenhaft schönen Ambiente. Kurz und gut, Bora Bora zählt zu den schönsten Inseln der Welt. [...]
Es gibt viele Möglichkeiten, [...] das motu und den Ozean zu erforschen. Dazu gehören [...] Fischen, Bootsfahrten, Jetski, Kiteboarden, Stand-Up-Paddeln, Auslegerkanus und vieles mehr.
Quelle: tahititourisme.de/de-de/inseln/insel-von-bora-bora

M2   Werbetext von Tahiti Tourisme

Jahr	Touristen	Bevölkerung	ITI[1]
2007	107966	8927	12,09
2012	93880	9610	9,76
2019	119143	10549	11,29
ITI[1] für ausgewählte europäische europäische Städte (2018)			
Venedig	19,3	Amsterdam	10,0
Lissabon	10,7	Barcelona	8,1

ITI*: Index der touristischen Intensität = Zahl der Touristen : Bevölkerungszahl

M3   Touristische Intensität

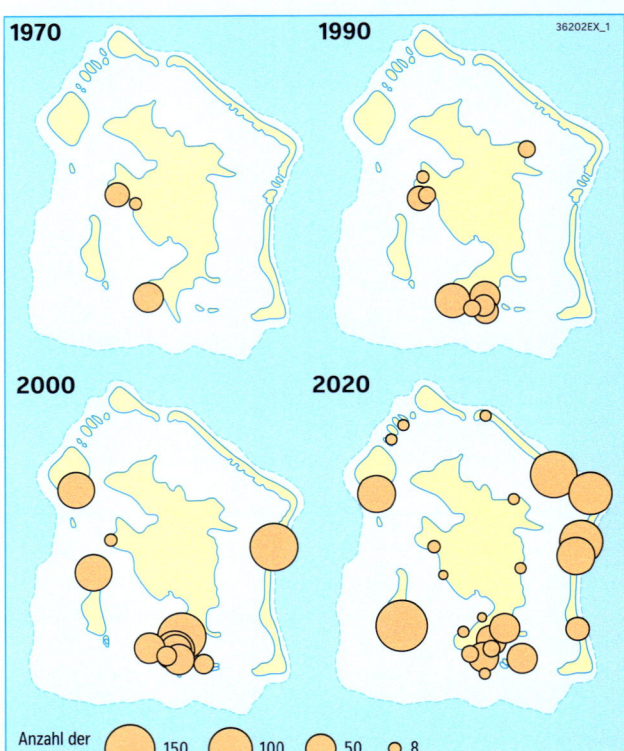

M4   Entwicklung des Hotelzimmerangebots auf Bora Bora

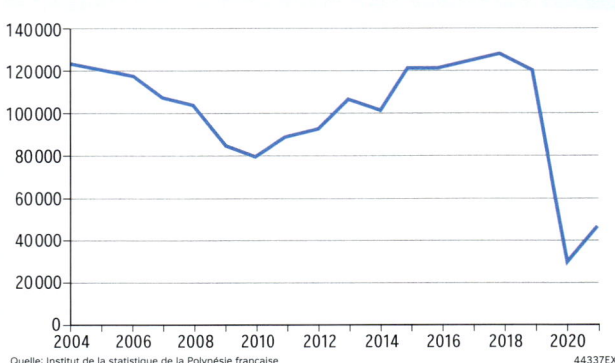
Quelle: Institut de la statistique de la Polynésie française

M5   Entwicklung der Touristenzahlen auf Bora Bora

1963 verliebten sich drei Kalifornier [...] in Französisch-Polynesien. Ohne jede Tourismus-Erfahrung eröffneten sie auf zwei Gesellschaftsinseln, Moorea und Raiatea, zwei Hotels, die sie „Bali Hai" nannten. Da es auf Raiatea keinen Sandstrand gab, hatten die drei Geschäftspartner die Idee, die Gästebungalows über dem Wasser zu bauen! Die Dächer deckten sie mit Pandanblättern, die Stelzen ließen sie aus Kokospalmenstämmen bauen. Sie inspirierten sich für ihre Überwasser-Bungalows, die schnell zur Signatur des Reiseziels Polynesien wurden, an der traditionellen Bauweise in Polynesien. Im Überwasser-Bungalow kann man sich zum Geräusch der schwappenden Wellen entspannen, sich von der Terrasse aus ins Wasser gleiten lassen, um zu schwimmen oder den Meeresgrund mit Schwimmflossen, Maske und Schnorchel zu erkunden, auf dem Ponton sitzend mit baumelnden Beinen den Sonnenuntergang bewundern oder durch den Glasboden des Schlafzimmers hindurch die bunten Fische der Lagune beobachten. [...] In Französisch-Polynesien bieten heute 22 Hotels auf 7 Inseln insgesamt 884 Überwasser-Bungalows an.
Quelle: Charlotte Cabon: Wussten Sie, dass der Überwasser-Bungalow in Französisch-Polynesien erfunden wurde? Explore France 18.3.2022

M6   Quellentext über Überwasser-Bungalows

M 7 Bora Bora (siehe auch M 8, S. 17)

Der Bürgermeister von Bora Bora hat erklärt, dass die Situation für die Inselbewohner aufgrund der Touristen, die während der Zwischenstopps zahlreicher riesiger Kreuzfahrtschiffe an Land gehen, unerträglich geworden sei. Er entschied sich daher für eine „vernünftige Entwicklung" seiner Gemeinde, indem er die Entwicklung von Hotelkapazitäten an Land auf 1000 Zimmer (gegenüber 700 heute) sowie das Anlegen von Schiffen auf See begrenzte. Zu diesem Zweck will er ab 2022 die Zwischenstopps der Kreuzfahrtriesen verbieten, um die Zahl der Touristen zu vermindern, die sich in der Lagune und auf dem Wasser der Insel aufhalten. [...] Mit der Anwesenheit von 1000 Touristen auf der Insel steigt die Dichte (2017 von 346 Einwohner/km²) auf 378 Einwohner/km². Viele Touristenstädte wie Barcelona, Venedig usw., die an den Besucherströmen ersticken, haben ebenfalls diesen Weg eingeschlagen und eine maximale Touristenkapazität festgelegt.

Quelle: APE: La commune de Bora Bora en Polynésie définit une capacité d'accueil touristique. 23.1.2020 (Übersetzung Klaus Claaßen)

M 8 Quellentext zur Begrenzung der Touristenzahlen

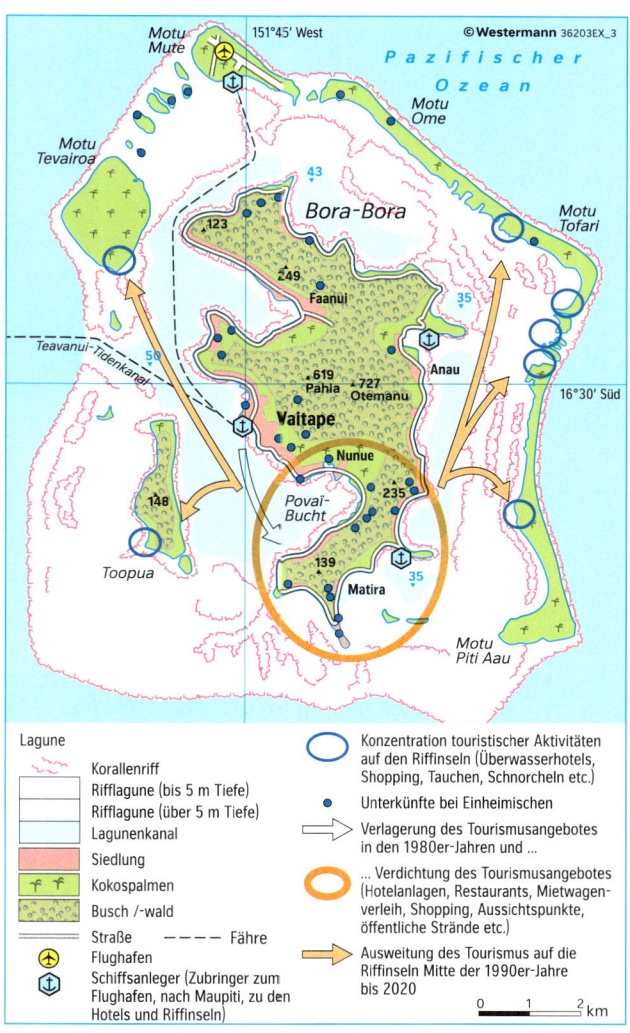

M 10 Tourismusentwicklung auf Bora Bora

- Trinkwasserver- und Abwasserentsorgung: ab 1992 Aufbau eines Trinkwasserleitungsnetzes (vorher Wasser aus Quellen und Wasserlinsen von schlechter Qualität)
- Wasserbeschaffung aus Trinkwasserbrunnen und Meerwasserentsalzungsanlagen (ab 2017 mit Solarpanel)
- CO_2-freie Insel ab 2030 durch Fotovoltaik und Nutzung thermischer Meeresenergie
- Anschluss der Riffinseln durch Unterwasserleitungen im Sand der Lagune an das Ver- und Entsorgungsnetz; 2 Kläranlagen (vorher private Entsorgung im Boden, in der Lagune, im Meer)
- Müllentsorgung: Kompostieranlage (2002), Sondermüllsammlung, Sondermülldeponien (ab 2005), Verschiffungszentrum für Recyclingmüll (2007), Verbesserung der Mülltrennung (ab 2012)

M 11 Bora Bora: Nachhaltigkeit und Infrastruktur

Urlaub im Hotelresort
- **Flug**: ca. 32 400 km (mit Rückflug, insgesamt 4 Zwischenlandungen)
- **Dauer**: 14 Tage;
- **Fortbewegung am Ort**: Wassershuttle (Flughafen – Motu Tofari), Pkw (Inselrundfahrt), Wassershuttle (Motu Tofari – Matira: Mietwagenverleih; Motu Tafari – Vaitape: Restaurant, Shopping, Sehenswürdigkeiten), Motorboot (Lagunenrundfahrt); Taxi in Vaitape; insgesamt ca. 160 km;
- **Aktivitäten**: Sightseeing. Schwimmen, Schnorcheln, Stand-Up-Paddle, Jet Ski, Wandern

Urlaub in einer einheimischen Pension
- **Flug**: ca. 32 400 km (mit Rückflug, insgesamt 4 Zwischenlandungen)
- **Dauer**: 14 Tage;
- **Fortbewegung am Ort**: Linienboot (Flughafen – Vaitape), Taxi (zur Unterkunft), Fahrrad (Inseltouren), Motorboot (Lagunenrundfahrt); insgesamt: 66 km;
- **Aktivitäten**: Sightseeing, Schwimmen, Schnorcheln, Stand-Up-Paddle, Wandern

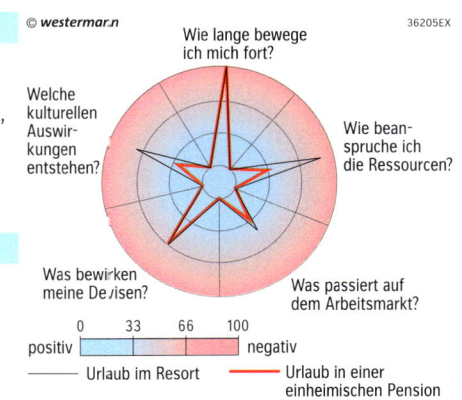

M 9 Reisestern Bora-Bora-Urlaub

Zusammenfassung

Tourismus als Wirtschaftsfaktor

In fast allen Staaten im Großraum Australien/Ozeanien trägt der Tourismus zum Teil erheblich zur wirtschaftlichen Leistung bei und auf einigen südpazifischen Inseln ist er sogar der wesentliche/einzige Entwicklungsfaktor. Der Erfolg als Tourismusdestination – trotz der weiten Anreise insbesondere für europäische Touristen – liegt im einzigartigen Natur- und Kulturpotenzial der Reisedestinationen und in der auf den Tourismus ausgerichteten Infrastruktur begründet. Doch Tourismus ist kein Selbstläufer. Er ist abhängig von globalen, nationalen und regionalen Trends und (gesundheits-)politischen, gesellschaftlichen und ökonomischen Ereignissen.

Tourismusziele in Australien

Hauptziele der Australien-Touristen sind neben Sydney und anderen Städten vor allem die einzigartigen Naturlandschaften – allen voran das Great Barrier Reef und der Uluru. Wie lange das Great Barrier Reef für die Besucher jedoch noch attraktiv bleibt, ist ungewiss. Die Landwirtschaft, der Rohstoffabbau im australischen Hinterland, der globale Rohstoffexport aus dieser Region, weltweite Klima- und regionale Habitatveränderungen sowie schließlich auch der Tourismus selbst bilden jeweils einzelne Mosaiksteinchen, die zum Sterben des Great Barrier Reefs beitragen.

Die spektakulären Inselberge Uluru und der Kata Tjuta in der zentralaustralischen Wüste sind nicht nur herausragende Naturdenkmäler, sondern auch Heiligtümer der Aborigines, die lange Zeit ohne entsprechende Beteiligung der Ureinwohner touristisch vermarktet worden sind. Erst langsam findet ein Umdenken statt. Man lässt die indigene Bevölkerung inzwischen finanziell am Tourismus teilhaben, bildet sie für den Tourismussektor aus und bindet sie zunehmend in die Vermarktung ein.

Tourismusziele in Neuseeland

Neben dem Kultur-, Natur-, Sport-, Bade- oder Städtetourismus weisen einige Tourismusdestinationen spezielle Highlights auf, ohne die der Fremdenverkehr an diesen Orten nicht erfolgreich wäre. In Neuseeland sind es zum Beispiel die Drehorte der Hobbit- und Herr-der-Ringe-Filme sowie einige Hotspots des Instagram-Tourismus, die die Touristen anziehen und dadurch viel Geld ins Land und in die regionalen/kommunalen Kassen spülen. Queenstown in den Neuseeländischen Alpen bietet Nervenkitzel aller Art. Aus dem ehemaligen Wander- und Skiparadies hat sich eine Tourismusregion entwickelt, in der fast alles an Fremdenverkehrsaktivitäten angeboten wird. Aufgrund der hohen Nachfrage und der ständig steigenden Touristenzahlen schreitet die Verstädterung rund um die ehemalige Goldgräberstadt extrem voran und lässt Boden- und Mietpreise durch die Decke schnellen, zum Leidwesen der einheimischen Bevölkerung.

Tourismusziele auf den südpazifischen Inseln

In das Südseeparadies Französisch-Polynesien verirren sich nur Touristen, die – auch für die extrem weite und komplizierte Anreise – einen entsprechend hohen Preis für ihren Urlaub bezahlen können. In der Regel handelt es sich um Luxusurlaube in teuren Hotelanlagen, die oft als Überwasserbungalows in die Lagunen gebaut wurden. Die Betreiber dieser Anlagen sind von der äußeren Faktoren abhängig, wie die Einbrüche nach weltwirtschaftlichen Krisen und zuletzt der mehrere Jahre andauernden Corona-Pandemie zeigten. Die nationale Wirtschaft leidet unter den fallenden Touristenzahlen und die einmal aufgebauten Hotelkapazitäten stehen leer, liegen brach und verfallen bei länger anhaltendem Ausbleiben der Urlauber. Alleinig auf die Tourismuswirtschaft zu setzen, ist für die südpazifischen Inselstaaten eine riskante Angelegenheit.

Weiterführende Literatur und Internetlinks

Internationale Tourismusorganisationen
World Travel & Tourism Council
• www.wttc.org
World Tourism Organisation
• www.unwto.org

Australien: Touristische Informationen
• www.australia.com/de-de

Australien: Statistik
Tourism Australia
• www.tourism.australia.com/en/markets-and-stats/tourism-statistics.html
Australian Government Australian Trade and Investment Commission
• www.austrade.gov.au/Australian/tourism
Tourism Research Australia
• www.tra.gov.au
Australian Bureau of Statistics
• www.abs.gov.au/statistics/industry/tourism-and-transport

Great Barrier Reef
• www.queensland.com/sg/en/places-to-see/experiences/great-barrier-reef

Great Barrier Reef Marine Park Authority
• www.gbrmpa.gov.au

Uluru-Kata Tjuta National Park
• parksaustralia.gov.au/uluru
Ayers Rock Resort
• www.ayersrockresort.com.au

Neuseeland: Touristische Informationen
• www.newzealand.com/de
• www.tourism.net.nz

Neuseeland: Statistik
Tourism New Zealand
• www.tourismnewzealand.com
Stats New Zealand
• www.stats.govt.nz/topics/tourism
Ministry of Business, Innovation and Employment
• www.mbie.govt.nz/immigration-and-tourism/tourism-research-and-data/tourism-data-releases/tourism-and-the-economy
Tourism Industry Aotearoa
• www.tia.org.nz/about-the-industry/quick-facts-and-figures

Südpazifische Inseln
South Pacific Tourism Organisation
• southpacificislands.travel

Südpazifische Inseln: Touristische Informationen
• www.tahiti-tourisme.com
• www.borabora-island.com
• www.fiji.travel
• www.cookislands.travel
• pristineparadisepalau.com
• visitkiribati.travel
• www.visitsolomons.com.sb
• www.samoa.travel
• www.tongaholiday.com
• www.newcaledonia.travel/en
• visit-micronesia.fm
• www.niueisland.com

Tourismusstatistiken zu Französisch-Polynesien
Institut de la statistique de la Polynésie française (französisch)
• www.ispf.pf/themes/SystemeProductif/Tourisme.aspx

Verbindliche Operatoren

Anforderungsbereich I	Anforderungsbereich II	Anforderungsbereich III
beschreiben strukturiert und fachsprachlich angemessen Materialien vorstellen und/oder Sachverhalte darlegen	**analysieren** Materialien, Sachverhalte oder Räume beschreiben, kriterienorientiert oder aspektgeleitet erschließen und strukturiert darstellen	**begründen** komplexe Grundgedanken durch Argumente stützen und nachvollziehbare Zusammenhänge herstellen
darstellen Sachverhalte detailliert und fachsprachlich angemessen aufzeigen	**charakterisieren** Sachverhalte in ihren Eigenarten beschreiben, typische Merkmale kennzeichnen und diese dann gegebenenfalls unter einem oder mehreren bestimmten Gesichtspunkten zusammenführen	**beurteilen** den Stellenwert von Sachverhalten oder Prozessen in einem Zusammenhang bestimmen, um kriterienorientiert zu einem begründeten Sachurteil zu gelangen
gliedern einen Raum, eine Zeit oder einen Sachverhalt nach selbst gewählten oder vorgegebenen Kriterien systematisierend ordnen	**einordnen** begründet eine Position/Material zuordnen oder einen Sachverhalt begründet in einen Zusammenhang stellen	**entwickeln** zu einem Sachverhalt oder zu einer Problemstellung eine Einschätzung, ein Lösungsmodell, eine Gegenposition oder ein begründetes Lösungskonzept darlegen
wiedergeben Kenntnisse (Sachverhalte, Fachbegriffe, Daten, Fakten, Modelle) und/oder (Teil-)Aussagen mit eigenen Worten sprachlich distanziert, unkommentiert und strukturiert darstellen	**erklären** Sachverhalte so darstellen – gegebenenfalls mit Theorien und Modellen –, dass Bedingungen, Ursachen, Gesetzmäßigkeiten und/oder Funktionszusammenhänge verständlich werden	**erörtern** zu einer vorgegebenen Problemstellung eine reflektierte, abwägende Auseinandersetzung führen und zu einem begründeten Sach- und/oder Werturteil kommen
zusammenfassen Sachverhalte auf wesentliche Aspekte reduzieren und sprachlich distanziert, unkommentiert und strukturiert wiedergeben	**erläutern** Sachverhalte erklären und in ihren komplexen Beziehungen an Beispielen und/oder Theorien verdeutlichen (auf Grundlage von Kenntnissen bzw. Materialanalyse)	**Stellung nehmen** Beurteilung mit zusätzlicher Reflexion individueller, sachbezogener und/oder politischer Wertmaßstäbe, die Pluralität gewährleistet und zu einem begründeten eigenen Werturteil führt
	vergleichen Gemeinsamkeiten, Ähnlichkeiten und Unterschiede von Sachverhalten kriterienorientiert darlegen	**überprüfen** Inhalte, Sachverhalte, Vermutungen oder Hypothesen auf der Grundlage eigener Kenntnisse oder mithilfe zusätzlicher Materialien auf ihre sachliche Richtigkeit bzw. auf ihre innere Logik hin untersuchen

Glossar

Aborigines
„Aboriginal People" oder „Indigenous People", Sammelbezeichnung für die → indigenen Völker Australiens (siehe auch S.28 und 34).

Anschlusszone (M 2)

arid
Gebiete, in denen in zehn bis zwölf Monaten die Verdunstung die Niederschlagsmenge übersteigt.

artesisches Wasser
Wasser einer Wasser führenden Schicht, die sich zwischen zwei wasserundurchlässigen Schichten in einem Becken befindet. Wasser steht an der tiefsten Stelle des Beckens durch seine Schüsselform unter großem Druck.

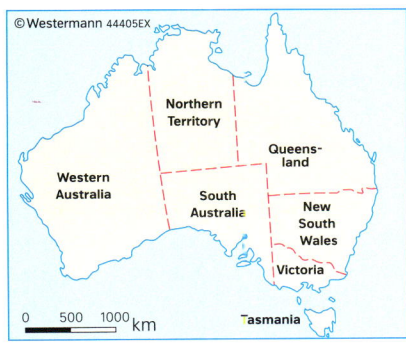

M 1   Bundesstaaten Australien

Assoziierung
enges (wirtschaftliches, politisches) Kooperationsverhältnis zweier Staaten.

Atoll (S.15)
ringförmiges Korallenriff, das eine Lagune umschließt.

Ausschließliche Wirtschaftszone (AWZ) (M 2)

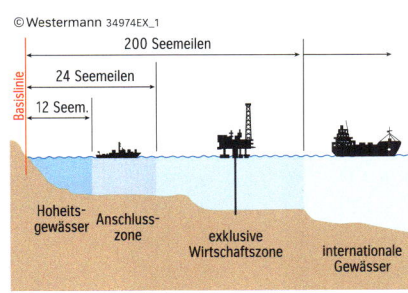

Basislinie	Niedrigwasserlinie entlang der Küste. Sie ist der Referenzpunkt für die Abmessungen des Seerechtsübereinkommens der Vereinten Nationen (UNCLOS).
Hoheitsgewässer	Von der Basislinie ausgehend 12 Seemeilen (22,2 km). Sämtliche Hoheitsrechte liegen beim Staat.
Anschlusszone	Von der Basislinie ausgehend 24 Seemeilen (44,4 km). Grundsätzliche freie Gewässer, in denen der Staat aber Zoll- oder Gesundheitskontrollen durchführen kann.
AWZ	Die AWZ (200 Seemeilen) räumt dem jeweiligen Staat ein exklusives Recht auf Erforschung und Ausbeutung, Erhaltung und Bewirtschaftung der lebenden und nichtlebenden natürlichen Ressourcen der Gewässer über dem Meeresboden ein.

Quelle: UNCLOS

M 2   Maritime Zonen im Seerecht

Backpacker
Rucksacktouristen, die nicht an einem Ort verweilen, sondern selbstbestimmt zu verschiedenen Orten reisen.

Basislinie (M 2)

Bauxit
Aluminiumerz, Grundstoff der Aluminiumproduktion. Weiterverarbeitung erfolgt in Aluminiumoxid-Raffinerien und Aluminium-Hütten.

Becken (engl.: basin)
großräumige Faltenstruktur, bei der die Schichten konvex zum Erdinneren verbogen sind.

Belt-and-Road-Initiative
(auch Seidenstraßen-Initiative) 2013 von China gestartetes Projekt zum Auf- und Ausbau interkontinentaler Handels- und Infrastrukturnetze (Straßen, Eisenbahnen, Häfen, Flughäfen, Pipelines, Telekommunikationsnetze etc.) zwischen China und über 60 weiteren Ländern Afrikas, Asiens und Europas (begrifflich angelehnt an die historische Seidenstraße zwischen China und dem Mittelmeerraum). Es wird dabei zwischen einer kontinentalen und einer maritimen Seidenstraße unterschieden.

Bewässerungsfeldbau
Form der landwirtschaftlichen Nutzung, bei der die Niederschläge in der Wachstumszeit nicht ausreichen. Dies kann in Gebieten mit geringen Niederschlägen der Fall sein oder bei Pflanzenkulturen, die besonders viel Wasser benötigen, wie zum Beispiel Reis. Bei unsachgemäßer Bewässerung in Trockengebieten besteht die Gefahr der Bodenversalzung.

Biodiversität
Vielfalt des Lebens, beschreibbar auf drei Ebenen: Vielfalt der Ökosysteme (Lebensräume wie Wald, alpiner Raum etc.), Vielfalt der Arten (Tiere, Pflanzen, Pilze, Mikroorganismen), Vielfalt der Gene (Rassen und Sorten von wild lebenden und genutzten Arten).

BIP (Bruttoinlandsprodukt)
Gesamtwert aller Güter, d. h. Waren und Dienstleistungen, die innerhalb eines Jahres innerhalb der Landesgrenzen einer Volkswirtschaft hergestellt wurden, nach Abzug aller Vorleistungen. BIP ist ein Maß für die wirtschaftliche Leistung einer Volkswirtschaft in einem bestimmten Zeitraum.

Buschfeuer/ bushfire
(Busch/bush: wenig besiedelte Landschaft Australiens, ohne genaue Vegetationsdefinition (Grasland, Wald, Gebüsch, Gestrüpp)); unkontrolliertes Feuer; in den USA auch als wildfire, wildland fire oder rural fire bezeichnet.

Cash Crops
für den Export angebaute Agrarprodukte.

Commonwealth
lose Verbindung souveräner Staaten, die in erster Linie vom Vereinigten Königreich Großbritannien und Nordirland und dessen ehemaligen Kolonien gebildet wird (56 Mitglieder). Unter ihnen wird unterschieden zwischen Commonwealth Realms, die den britischen Monarchen als Staatsoberhaupt haben (z. B. Australien, Neuseeland, Papua-Neuguinea, Salomonen, Tuvalu) und sonstigen Mitgliedern (Fidschi, Kiribati, Nauru, Samoa, Vanuatu).

Disparität
Ungleichheit, Verschiedenheit. In der Geographie beschreibt der Begriff meist ungleiche Bedingungen und Entwicklungen in Bezug auf soziale und räumliche Sachverhalte (z. B. Einkommensdisparitäten).

Drainage
Entwässerung eines Bodenareals mithilfe eines Grabennetzes oder eines unterirdisch verlegten Rohrsystems zur beschleunigten Ableitung von Sickerwasser (Vorbeugung von Bodenversalzung).

El Niño
kurzfristige natürliche Klimaschwankung des Klimasystems im Pazifik mit weitreichenden Auswirkungen auf das globale Klima (siehe Atlas 205.2)

endemisch
„inselartig", „einheimisch", nur in einem bestimmten Gebiet natürlich vorkommend bzw. ausschließlich in diesem Gebiet lebend.

Evapotranspiration
Summe aus Transpiration und Evaporation, also der Verdunstung von Wasser aus Tier- und Pflanzenwelt sowie von Boden- und Wasseroberflächen.

extensive Weidewirtschaft
Systeme der Tierproduktion auf großen, für andere agrarische Formen ertragsschwachen Flächen mit geringem Tierbesatz (Gegenteil von intensiver Tierhaltung).

Feedlot
großer, meist hochtechnisierter Viehmastbetrieb.

Fertilitätsrate
gibt an, wie viele Kinder eine Frau (15 – 45 Jahre) im Laufe ihres Lebens bekommen würde, wenn die für den Zeitpunkt maßgeblichen Fruchtbarkeitsverhältnisse der betrachteten Population als konstant angenommen werden.

Gartenbau
arbeitsintensive, teilweise auch recht kapitalintensive Form des Landbaus, v. a. wenn der Gartenbau als Glashausanbau auf verbrauchernahem, teurem Grund betrieben wird (Erwerbsgartenbau). Zum Gartenbau zählen Gemüsebau, Blumengärtnerei, Obstbau, Weinbau, Samenbau und Baumschulen.

Geburtenrate
Geburten pro 1000 Einwohner bezogen auf ein Jahr.

geophysikalische Ereignisse
Vulkanausbrüche, Tsunamis, Erdbeben.

Gondwana
Großkontinent auf der südlichen Hemisphäre, umfasste Südamerika, Afrika, Antarktika, Australien, Arabien, Madagaskar, Neuguinea und Indien.

Hoheitsgewässer (M 2, S. 93)

indigenes Volk
Bevölkerungsgruppe, die Nachkommen einer Bevölkerung sind, die vor der Eroberung, Ko-

lonisierung oder der Gründung eines Staates durch andere Völker in einem räumlichen Gebiet lebten, und die sich bis heute als ein eigenständiges „Volk" verstehen und eigene soziale, wirtschaftliche oder politische Einrichtungen und kulturelle Traditionen beibehalten haben.

Kokskohle
(engl.: coking coal) zur Stahlherstellung.

Lithosphärenplatte
Teil der Lithosphäre (oberste Schicht des Erdmantels, Erdkruste) subkontinentaler oder kontinentaler Größe (umgangssprachlich auch Kontinentalplatte).

Magnitude
Messgröße für die Stärke eines Erdbebens.

Maori
→ indigenes Volk Neuseelands, aus Polynesien stammend.

Migration
Wanderung von Individuen und Gruppen mit dem Ergebnis eines nicht nur kurzzeitigen Wohnortwechsels.

Monokultur
Vorherrschen einer Nutzpflanze auf agrar- und forstwirtschaftlichen Nutzflächen (meist Großflächen).

Monsun
großräumige Luftzirkulation der unteren Troposphäre im Gebiet der Tropen und Subtropen im Einflussbereich der Passatwinde.

Mortalität
Verhältnis der Zahl der Todesfälle zur Zahl der statistisch berücksichtigten Personen.

Nachhaltigkeit
ursprünglich aus der Forstwirtschaft stammender Begriff, der dort bedeutet, dass nicht mehr Bäume gefällt werden sollen als nachwachsen. Heute wird darunter verstanden, dass überall so gewirtschaftet und gehandelt wird, dass die nachfolgenden Generationen die gleichen Möglichkeiten haben wie die heutige Generation.

Naturpotenzial
Vermögen der Landschaft, gesellschaftlich nutzbare Leistungen zu erbringen und ökologische (Regulationsfunktionen), ökonomische (Produktionsfunktionen) und soziale Funktionen (Lebensraumfunktionen) zu übernehmen.

Nettomigration
Zahl der innerhalb eines bestimmten Zeit-

raums zugewanderten Personen abzüglich der abgewanderten Personen. Die Nettozuwanderung ist somit der Saldo aus Zuwanderung minus Abwanderung.

Ökotourismus
verantwortliches Reisen in naturnahe Gebiete, das die Natur schützt und das Wohlergehen der lokalen Bevölkerung fördert.

Outback (S. 42)

Palmöl
Palmöl aus dem Fruchtfleisch der Ölpalme und Palmkernöl aus ihren Kernen sind Öle, die vielfältigen Einsatz im Bereich der Ernährung und der Nahrungsmittelindustrie finden. Sie sind Bestandteil fast jeden zweiten Produkts in Supermärkten, z. B. von Speiseeis, Fertigsuppen, Waschmitteln und Kosmetika. Darüber hinaus spielt Palmöl eine wichtige Rolle als Biodiesel. Die extreme Ausweitung der Anbauflächen für Ölpalmen führt zu Landnutzungskonflikten mit der → indigenen Bevölkerung und zu einem großen Verlust an → Biodiversität.

Pangäa
letzter Superkontinent der Erdgeschichte vor etwa 300 bis 150 Millionen Jahren.

Pazific Island Forum
zwischenstaatliche Organisation zur Förderung der Zusammenarbeit zwischen den Ländern und Gebieten des Pazifischen Ozeans, einschließlich der Bildung eines Handelsblockes und regionaler friedenserhaltender Maßnahmen. 18 Mitgliedsstaaten (inkl. Australien, Neuseeland), Sitz: Suva (Fidschi), seit 1971.

Pegel
Höhe der Wasserlinie eines Gewässers.

perennierend
das ganze Jahr Wasser führend.

Plantage
kapitalintensive exportorientierte Betriebe, die auf Basis von Lohnarbeit große Flächen von oft mehreren Tausend Hektar vornehmlich mit einer mehrjährigen Dauerkulturpflanze (z. B. Ölpalmen, Zuckerrohr, Kaffee, Tee, Kautschuk, Ölpalmen, Ananas) in → Monokultur bewirtschaften und Fabriken zur Aufbereitung der Agrarprodukte unterhalten.

Plattentektonik
Modellvorstellung, nach der die Erdkruste zusammen mit der oberen Schicht des Erdmantels in unterschiedlich große und unterschiedlich mächtige Platten gegliedert ist, die durch Energie aus dem Erdinneren angetrieben werden und auseinanderdriften,

zusammenprallen und aneinander vorbeischrammen können.

PM$_{2,5}$
(particulate matter) Kategorie der Feinstaubmessung. Bei PM$_{2,5}$ haben die Partikel einen Duchmesser von maximal 2,5 Mikrometer.

Raffination
technisches Verfahren zur Reinigung, Veredlung von Rohstoffen. Bei der Reinstherstellung von Metallen wird das Rohmetall oft elektrolytisch raffiniert.

(statische) Reichweite
Wenn die am Ende eines Jahres verbleibenden → Reserven eines Rohstoffs durch die Höhe der Produktion in diesem Jahr geteilt werden, ergibt sich die Zeitdauer, die diese Reserven bei gleichbleibender Produktionshöhe reichen würden.

Relief
Höhengestaltung der Oberfläche.

Reserven
nachgewiesene, zu heutigen Preisen und mit heutiger Technik wirtschaftlich gewinnbare Rohstoffe.

Saisonarbeiter
Als Saisonarbeit wird intensive Arbeit bezeichnet, die zu einer bestimmten Zeit des Jahres anfällt, wie die Ernte in agrarischen Wirtschaftszweigen. Dort ebenso wie im Tourismus führt dies in befristeten Zeiträumen zu Arbeitsspitzen und erhöhtem Arbeitskräftebedarf, die von Saisonarbeitern übernommen werden.

SDG-Index
Die Bertelsmann Stiftung entwickelte in Zusammenarbeit mit den Vereinten Nationen den Sustainable Development Index (SDGI), der den Status der nachhaltigen Entwicklung einzelner Staaten sowohl komprimiert in einer Kennzahl anzeigt, als auch im Detail aufschlüsselt. Der SDG-Index kann maximal einen Wert von 100 – entsprechend einer einhunderprozentig abgeschlossenen nachhaltigen Entwicklung – einnehmen. Er stellt das arithmetische Mittel von 17 Einzelwerten dar, die den Stand der Entwicklung zu jedem der 17 Ziele einer nachhaltigen Entwicklung (→ Sustainable Development Goals) für ein Land anzeigen.
Der SDG-Indexeinzelwert für jedes Nachhaltigkeitsziel ergibt sich aus dem arithmetischen Mittel des Zielerfüllungsgrades in Prozent zu jedem dieser statistischen Einzelgrößen. Der SDG-Index zeigt also auf Länderebene und für Ländergruppen,

welche Erfolge erzielt wurden bzw. welche Notwendigkeiten und Herausforderungen bezogen auf eine nachhaltige Entwicklung bestehen.

Schwarze Raucher
hydrothermale Quelle am Grund der Tiefsee, aus der heißes Wasser austritt und das verschiedene Stoffe in Lösung enthält. Dabei scheiden sich gelöste Stoffe ab zu röhrenförmigen mineralischen Gebilden und bilden als feine Partikel je nach Zusammensetzung Wolken. So entsteht der Eindruck einer Rauchwolke, die aus dem röhren- oder kegelförmigen Gebilde quillt, das daher auch als Schornstein bezeichnet wird.

semiarid
Gebiete, in denen in sieben bis neun Monaten die Verdunstung die Niederschlagsmenge übersteigt.

SSP (sozioökonisches Entwicklungsszenario)
(engl.: Shared Socioeconomic Pathway) Szenario der projizierten sozioökonomischen globalen Veränderungen bis zum Jahr 2100. Er wird zur Ableitung von Szenarien für Treibhausgasemissionen bei unterschiedlichen klimapolitischen Maßnahmen verwendet.

Sterberate
Sterbefälle pro 1000 Einwohner bezogen au ein Jahr.

Stratosphäre
Schicht der Erdatmosphäre, beginnt in 8 km Höhe an den geographschen Polen und circa 18 km am Äquator, endet in 50 km Höhe.

Subsistenz
Wirtschaften mit dem Ziel der Selbst- bzw. Eigenversorgung.

Subduktion
Vorgang in der → Plattentektonik, bei dem eine → Lithosphärenplatte unter eine andere taucht und eingeschmolzen wird.

Sustainable Development Goals
Am 25. September 2015 haben 193 Staaten die Agenda 2030 für nachhaltige Entwicklung auf einer Generalversammlung der Vereinten Nationen in New York beschlossen. Grundlage der Agenda 2030 sind 17 Ziele für nachhaltige Entwicklung. Diese Ziele sind gleichermaßen gültig sowohl für Entwicklungsländer als auch für (Post-)Industrieländer. Der Zeithorizont für die Umsetzung der Ziele ist auf 15 Jahre festgesetzt. Die Fortschritte bei der Erfüllung dieser Ziele lassen sich dafür heranziehen, differenziert den Entwicklungsstatus von Ländern zu kennzeichnen.

Tagebau
Form des Bergbaus (Gegenteil von Tiefbau, Abbau von oberflächigen Lagerstätten bei geringmächtigen Deckschichten).

Thermalkohle
(engl.: steam coal) zur Wärmegewinnung in Kraftwerken.

Torres Strait Island (S.28)

Tourismus
(früher auch Fremdenverkehr) Tourismus bezeichnet zusammenfassend alle Erscheinungen und Wirkungen, die mit der Reise von Personen an einen Ort, der nicht ihr längerfristiger Wohn-, Arbeits- oder Versorgungsort ist, sowie mit dem Aufenthalt an diesem Ort zusammenhängen. Nicht zum Tourismus gehören daher Pendel- und Einkaufsverkehr. Je nach dem Zweck der Reise unterscheidet man verschiedene Arten von Tourismus, z. B. Wintersport-, Messe-, Bildungstourismus. Je nach Zeitdauer unterscheidet man zwischen Tages-, Wochenend-, Kurzzeit- und Langzeittourismus.

Trockengrenze
klimatische Trockengrenze: Grenzlinie/-bereich, an der der jährliche Gesamtniederschlag gleich der jährlichen Verdunstung ist; agronomische Trockengrenze: Grenzlinie/-bereich, bis zu der der Regenfeldbau möglich ist (in Australien im Norden ab 750 mm Niederschlag, im Osten 500 mm, im Süden 250 mm).

Tsunami
Durch Vulkanausbrüche, Seebeben und Massenbewegungen ausgelöste langperiodische, extrem hohe Wellen großer Energie und Zerstörungskraft an Meeresküsten.

Wassereinzugsgebiet
Gebiet bzw. die Fläche, aus der ein Gewässersystem seinen Abfluss bezieht.

White Australia Policy
australische Einwanderungspolitik mit dem Ziel, Nicht-Weißen die Einwanderung nach Australien strikt zu verbieten. Diese Migrationspolitik wurde von 1901 bis 1973 betrieben.

Work and travel
Kombination aus Arbeiten (Gelegenheitsjobs vor Ort) und Reisen in einem ausgewählten Land.

Zensus
Volkszählung, gesetzlich angeordnete Erhebung statistischer Bevölkerungsdaten.

Zyklon (S.19)

Quellenverzeichnis

(Fremdtexte ohne Quellenangabe unter dem Text)

S. 23 M 9 Zitate 1, 3, 4: Anne Poulsen: Starke Stimmen einer sinkenden Nation. Enorm 8.9.2021; Zitat 3: Lena Bodewein: Der sterbende Südseestaat Kiribati Deutschlandfunk Köln 12.12.2019
S. 28 Zitat: Douglas L. Oliver: The pazific islands. New York: Anchor Books 1961, S.84
S. 85 M 15 Zitate: Steve Przybilla: Queenstown in Neuseeland: Wo geht's denn hier zum Abenteuer? Süddeutsche Zeitung 13.5.2019; Tourism Central Otag: Towards Better Tourism Outcomes for Central Otago 2014-2019, S. 17

Bildnachweis

|Alamy Stock Photo, Abingdon/Oxfordshire: Auscape International Pty Ltd 14.1, 64.2; Ball, David 82.2; Beattie, Ian 31.3; Fowler, Lincoln 46.1; Horizon International Images 56.5; Hugh PETERSWALD 41.2; IanDagnall Computing 6.3; imageBROKER 3.5, 77.1; incamerastock 72.1; jeremy sutton-hibbert 49.2; Long, Suzanne 81.2; Mitton, Hugh 87.5; Oeland, Ingo 53.1; PA Images 12.1; public domain sourced / access rights from History and Art Collection 38.2; public domain sourced / access rights from Matteo Omied 24.1, 38.1; Ramerini, Marco 86.3; redbrickstock.com 3.4, 61.1, 68.1; RGB Ventures / SuperStock 62.1; robertharding 48.3; Universal Images Group North America LLC 28.1, 91.1; Vintage Travel and Advertising Archive 85.1; Williams, Michael 15.1. |Alamy Stock Photo (RMB), Abingdon/Oxfordshire: Bachman, Bill 43.2; Bachmann, Bill 82.1; Ehlers, Chad 17.2; Wall, David 50.5. |Del Rio, Anna, Brighton: 67.1. |Destination Queenstown, Queenstown: 84.3, 85.2. |Getty Images, München: Merry, Andrew 21.1; Walter, Phil 3.2, 27.1; Ward, Patrick/Popperfoto 17.1; Watts, Simon 25.2. |Getty Images (RF), München: Carnemolla, John 83.1. |iStockphoto.com, Calgary: Angela26 11.1; Annese, Mike 46.3; BeyondImages 42.3, 71.4; chameleonseye 11.2; choongmin63 84.1; georgeclerk 47.1; Greig, Johnny 40.1; InSydeMedia 84.2; JohnHodjkinson 23.2; Jummie 47.3; Kirk, John 65.3; KJA 80.1; kokkai 8.1; mikulas1 7.2; momo11353 31.2; narvikk Titel; Natsicha 78.1; Shiell, Dona 8.2; SolStock 47.2, 87.1; Tammy616 49.6; travellinglight 43.3; Viry, Julien 41.1; xavierarnau 6.2; Yang, Liu 24.2. |Kartographie Michael Hermes, Hardegsen Hevensen: 9.1, 9.2, 11.3, 18.1, 18.2, 21.3, 22.1, 23.3, 25.1, 25.3, 29.1, 30.1, 32.1, 35.1, 35.2, 36.2, 37.1, 37.2, 39.1, 39.2, 39.3, 41.3, 48.5, 49.4, 49.5, 50.1, 56.1, 56.2, 56.3, 56.4, 57.1, 59.1, 59.2, 62.3, 62.4, 62.5, 62.6, 63.1, 63.2, 64.1, 65.1, 65.2, 68.2, 70.1, 70.2, 70.3, 71.3, 73.2, 73.3, 73.4, 73.5, 73.6, 73.7, 73.8, 75.1, 78.2, 78.4, 79.1, 79.2, 81.3, 81.4, 82.3, 83.2, 85.3, 86.1, 87.3, 88.2, 90.1, 90.3. |Lohmann, Ulla, Enkenbach-Alsenborn: 15.2. |mauritius images GmbH, Mittenwald: nature picture library/Freund, Jurgen 19.1. |Otago Daily Times, Dunedin: Nugent, Sean 87.4. |Picture-Alliance GmbH, Frankfurt a. M.: Bildagentur-online/Runkel-MacPho 49.1; dpa/Charisius, Christian 69.1; dpa/Greenpeace 69.2; dpa/Lewins, Dean 39.4; dpa/Unicef Pacific/Crumb, Graham 6.4; HeritageImages/The Print Collector 28.3; REUTERS/Gray, Davic 67.2; REUTERS/POOL 12.2; WaterFrame/Rock, Tim 17.3; www.flyingdoctor.org 43.1. |Science Photo Library, München: Planetobserver 31.1. |Shutterstock.com, New York: 808isgreat 48.1; Adwo 65.4; Agent Wolf 71.2; AlmostViralDesign 78.3; Berry, Jonathan 19.2; Bostock, Steven 7.4; Carnemolla, John 53.2; Cousland, Neale 62.2; Damsea 88.1; fritz16 42.2; Holli 35.3; ingehogenbijl 42.1; Kinney, Brian 81.1; Lakeview Images 3.3, 45.1; Mac, Anni 18.3; THP Creative 73.1; Toa55 20.1; trabantos 31.4; travellight 3.1, 5.1; Watson, Sheryl 31.5; Worawat Dechatiwong 87.2; Wright Out There 7.1; Zijlstra, Peter 48.2; Zoomtraveller 19.3. |Spohner, Regine, Köln: 21.2. |stock.adobe.com, Dublin: 169169 6.1, 46.2; Alexander 86.2; amelie 58.1; bomboman 78.5; Brave, Greg 54.1; Carey, Richard 49.3; Dmitry 23.1; Evans, Michael 36.1, 57.2, 71.1; Gajic, Vladislav 14.2; hotshotsworldwide 24.3; Hypervision 50.3; Petr 7.3; sasimoto 28.2; Strauch, Daniel 74.1; Studio Barcelona 48.4; Sunflower 4.1, 4.2, 4.3, 4.4, 4.5, 4.6, 4.7, 4.8, 4.9, 4.10, 4.11, 4.12, 4.13, 4.14, 4.15; superjoseph 16.1; valeasca 90.2; Vyshnya, Taras 50.4; Wirestock Creators 50.2. |Wirtgen GmbH, Windhagen: 64.3.